一九五九武漢大旅社

黃秀華 編著

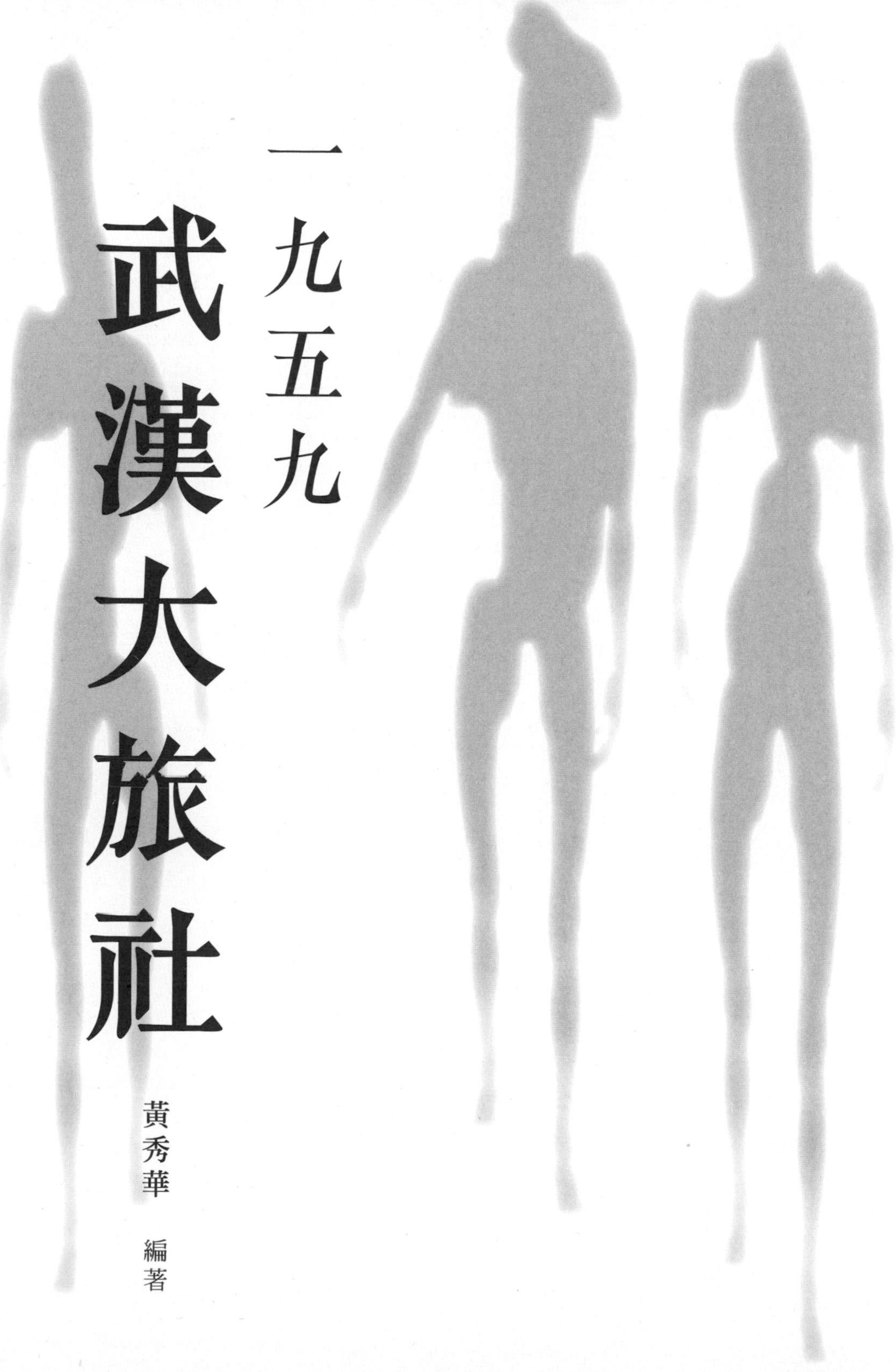

獻給——東哥、屏哥、嫒娜姊、老五、老六，

我們攜手度過最艱辛的孤兒童年，創造了自己的命運。

《武漢大旅社》再版緣起

發生於一九五九年的「武漢大旅社冤案」，創下了幾項歷史紀錄：一、纏訟長達四十七年，是中華民國訴訟最久的司法案件；二、這也是調查局介入司法案件的首例，從此「調查局」勢力擴張，人人談虎色變；三、調查局「平反專案小組」首度在立法院報告司法案件的破案經過，利用媒體大肆宣傳其「科學辦案」，造成未審先判；而正式開庭當天，民眾旁聽都必須經過申請才准進入。

該案的受難者：黃學文、楊薰春、陳華洲、林祖簪、游全球、吳亮、王藹雲，在調查局扣押長達七十九天，遭到特務慘無人道的各種刑求。他們被迫在「要當匪諜或殺人犯」圈選自己的罪名，終於屈打成招。他們被以共同謀殺罪名起訴，調查局炮製他們的犯案動機：「除為財產糾紛及陰謀爭奪台產大樓產權（按：指「武漢大旅社」產權）外，並有為匪作倀，從事海外統戰工作的企圖，目的在將姚嘉薦殺死後，造成華僑對政府的不滿」。

這七位受難者遭受無妄牢獄之災，一九六〇年初審，不服判決而不斷上訴，直到一九七六年，共九度更審。黃學文初審被判死刑，九度更審，八次被判死刑，前後被羈押、坐牢十五年，之後棄保逃亡，輾轉到美國。黃學文之妻楊薰春，初審判刑十五年，更九審判三年。她坐牢五年後，於一九六四年出獄，後來以依親的方式移民美國。陳華洲，初審判無期徒刑，但入獄四年後不堪折磨，病死獄中。林祖簪初審判死刑，入獄十一年後因病交保，但更九審判十五年確定後，又下獄補足刑期。游全球初審判死刑，更九審判十五年確定時，他已經坐牢十六年。吳亮初審判無期徒刑，因偵訊時被刑求導致內傷，羈押第七年開始胸部悶痛，痰中帶血，拖到第九年大量吐血才保外就醫，更九審改判七年，但出獄三年多之後舊傷復發病逝。王藹雲初審判死刑，更九審改判十五年，卻實際坐牢十六年。

一九九五年，逃亡長達二十一年的黃學文，收到「免訴」判決，意謂法院不再通緝，從此恢復自由。但他不服，發出「我要無罪，不要免訴」的控訴，立即返回台灣，在立法委員李進勇陪同下，到立法院控訴受難過程，要求平反。然而，法院取消「免訴」判決，改判黃學文「無期徒刑」，並發出通緝。黃學文只好再度潛逃美國。

黃學文、楊薰春夫婦，當年因冤案雙雙入獄，留下六個小孩，最大的只有十一歲，最小的只有三歲。六個孩子，只得拆散，前後由三個親戚照顧，最後自力更生。等到楊薰春坐牢五年後交保，才將孩子帶回照顧，但武漢大旅社已因所託非人，而荒亂如同貧民窟。

一九九五年，黃學文返台控訴悲慘遭遇，不但沒得到平反，反而被判無期徒刑。黃學文的小女兒黃秀華，回顧家族的不幸磨難，回顧兄弟姊妹度過形同孤兒的童年，撰寫了《武漢大旅社》，引起社會極大迴響。早在一九九二年，她就在美國邀集海外外省子弟，成立「台灣外省子弟台灣獨立支援會」，救援返台被捕的政治黑名單人物，也參與靜坐抗議「刑法一百條」而遭到逮捕。當白色恐怖受難團體推動平反時，她也積極參與。

一九九八年，立法院通過「補償條例」，白色恐怖受難者可向「戒嚴時期不當叛亂暨匪諜審判案件補償基金會」申請補償（而非賠償）。陳水扁執政後，更陸續頒給受難者「恢復名譽證書」，給予象徵性的「平反」。諷刺的是，同樣在白色恐怖下被炮製的「武漢大旅社冤案」，因爲不是軍法審判，未被歸類爲「政治案件」，而得不到平反，政府也就沒有道歉和賠償！

二〇一三年，黃學文在美國鬱鬱以終，他的妻子楊薰春也已年近九十高齡，以爲此生冤屈再也平反無望。二〇一六年，蔡英文執政。她宣示的「轉型正義」政策，又重新燃起楊薰春平反的希望。同案的其他六人都死不瞑目，只剩下楊薰春一人，她要拚最後一口氣來平反。親友拗不過她，幫她開設臉書帳號，引起一群網友的重視；鄭邦鎮教授更大力支持重新刊印《武漢大旅社》，認爲「武漢大旅社冤案」的反省，是二〇一七年台灣人應該關心注目的，一個大時代、大反轉、大正義的深度議題。

本社因此蒐集更多相關史料，增訂原書內容，並承鄭邦鎮教授賜序，再版書名易爲《一九五九武漢大旅社》。

推薦序

不認命，就抵抗

／鄭邦鎮（前台灣文學館館長，前台南市教育局局長）

一、自由，以前的名字叫血腥！

詩人張芳慈說：「你問起我，『自由』從前的名字，我說『血腥』。」哀莫大於心死，苦莫大於心不死。由抵抗血腥而爭來的自由，從來就是從槍口上綻放的鮮花！

五十多年國民黨的獨裁政權暴力血腥統治，千千萬萬的台灣菁英志士和無辜老百姓被虛構罪名而遭誣陷、屠殺、下獄，「一人在獄，十人在途」，緜延七十年的煉獄包括無數的司法冤獄。這些冤死、慘死的志士仁人與無辜生靈，何時能夠昭雪冤屈？兩三萬個橫遭變故因而破碎的家庭以及他們的遺屬，含冤受謗七十年來所過的非人生活，這些傷痛又何時能得到慰療呢？難道不是這批受難者的傷痛才換來了今日台灣的自由嗎？

世界疼痛醫學會有一句箴言：「世間只有一種痛是可以忍受的，就是別人的痛！」然而抗暴英雄的偉大就是他們不能忍受暴政施於別人身上的傷痛。爲抵抗暴力而被囚禁在黑牢二十七年的南非領袖「打不倒的勇者」曼德拉說：「如果天空總是黑暗的，那就摸黑生存，但不要習慣了黑暗，就爲黑暗辯護；如果發出聲音是危險的，那就保持沈默，但不要爲自己的苟且而得意；如果自覺無力發光，那就蜷伏於牆角，但不要嘲諷那些比自己更勇敢的人。——我們可以卑微如塵土，但不可以扭曲如蛆蟲！」這是人類古往今來何等文明的硬頸宣告！

一九五九年，發生在當時台北最豪華的「武漢大旅社」慘案，如果至今仍然被當作「別人的痛」而繼續「可以忍受」，甚至漠不關心，那麼，對台灣人來說，一九四五、一九四七、一九四九、一九五九、一九七九、一九八七、一九八九到如今的二〇一七，到底有何不同？果眞沒有不同，那麼一九四八年聯合國的〈世界人權宣言〉和十二月十日「世界人權日」，都屬無用具文，甚至讓「中華民國」的「司法」繼續「逍遙法外」？那麼台灣人內心究竟活成何等的自取其辱啊！只要相濡以沫而一息尚存，自己的痛，別人的痛，我們豈能一刻或忘？舉例來說，煎熬五十七年的「武漢大旅社」，會見到明天嗎？

二、一九四七和我

台灣七十年來的痛史慘史，當然以二二八最爲舉世皆知。

最近一年來，中國國民黨一手遮天的「中華民國」假相、敗象和虛妄，已經從政治、經濟、金融、民生各方面，敗露無遺，誠如《國民黨不告訴你的歷史》一書所謂「不當黨產的背後，是無數個台灣菁英被壓迫與破碎家庭的故事」，那已說明了一九四七年以來的傷痕。即使在人文藝術方面，也如美術史家謝里法教授所說：「掛在省展與台陽美展牆上的靜物畫與風景畫，與二二八絕對脫離不了關聯。」只一句話，已然道盡了二二八對臺灣美術發展的重大影響。

我出生在台灣慘遭「中華民國」二二八種族屠殺的一九四七年尾，但我成年許久之後，仍然不知道、也不懂得關心二二八是什麼。一九五九年左右開始，我小六到初中那幾年，常常清晨先去送報紙，但我並不知道報紙上有「武漢大旅社」慘案的消息。一九六一年秋，我非常不容易也十分幸運地考取彰中初中部，也開始學英文。剛擔任歷史教師的長兄（已故鄭邦雄老師）總是激勵我認眞求學，有一天寫了一個英文字，叮囑我說，一定要用功，多充實自己，以後才有能力「這個」，他指著那個字「revolution」。我查了字典，但當時並不知道「革命」的眞諦、對象和理由。也不知道這一九四七對我是除了生日的年份外有著更重大長遠的人生意義。

然而我深刻記得幾件事：一九六一年，我考進彰中初中部，連續六年每天從員林坐火車三十分鐘，十三公里，到彰化唸書。當時每學期的註冊手續中，都有一項「繳交保證人保證書」，就是必須有一個彰化市的大人出具保證書，保證這個年輕小孩「身家清白、思想純正」。我人生地疏，爲了取得一張保證書，總是到處輾轉懇託。一九六五年夏天，趁升高二前的暑假，返回母校員林國小，主辦了小學同學校友會。我們是戰後嬰兒潮的高峰，畢業生十班，計六、七百人，同學都是員林國小學區內的人，能來的約一百多人，昔日老師很開心，很多老師也來參加。這時幸好有一位老師提示，必須注意戒嚴法令的規定，聯誼會要在「室內」還是「室外」舉辦，就大費周章才手續完備，而未拖累學校。「中華民國」在台灣，連對鄉下初中、國小的孩童都有戒心。

一九六七年夏，我考上大學，按規定先上成功嶺接受學生兵的軍訓。記得蔣介石到營區檢閱前夕的最後一刻，全體受訓學生一萬多人的服裝，全部緊急交出集中管制，到第二天早晨集合前往受校的前一刻，才發下立即著裝。這時才發現，每人服裝包括上衣、長褲的口袋，已一律被縫紉封死，並且每人都要交出身上的手錶、鋼筆等金屬硬物，而抬頭仰望成功嶺周邊的制高點上，已各有武裝戒備。至於蔣總統，則披著那件招牌防彈大衣，站在吉普車上，緩緩駛過。當年已經實施黨禁、報禁、歌禁、書禁、山禁、海禁、教育控管、宗教控管、法律控管、司法控管、軍公教控管、出入境控管之外，連腳踏車也控管，藝術人文、言論思想更不用說，無一不在政府與情治單位的控制之下。在那樣層層壟斷政治權力和資源之餘，對新聞傳播和人民行為都這麼嚴密的威權監控下，一九五九年竟然能在「首都」台北市鬧區的咫尺眉前，任由發生「事後編造的他殺怪譚」，那麼，那些曲曲折折的舖排戲法，遮遮掩掩的定罪說詞，以及那些絲絲入扣的威權算計，只有誰才能辦得到，也就不難想像了。

三、台灣大災大難一九四七到一九五九

回顧一九四七年以來，林茂生、湯德章、陳澄波、王育霖等等的菁英被屠殺；接著構陷戕害葉廷珪、廖文毅、余登發等等的殘酷劣行；甚至對天真無助的青年學生顏世鴻、史庭輝、陳欽生等等的邪惡荼毒。

到了一九五九，當南台灣傳唱著蒼白無奈而離鄉背井到台北拼死討活的〈孤女的願望〉時，台灣人的苦楚已是遍地荊棘，卻正與白先勇寫照了朱門酒肉臭的《台北人》同時而正堪對比；胡適在《自由中國》發表〈容忍與自由〉時，正是一九五九年三月初，不論是爲民間組黨贊聲，或爲中國國民黨壓制民間組黨進諫，總之這時的「台北人」卻也正在「編造」武漢大旅社慘案的「劇本」！任由含冤莫白的黃學文、楊薰春等等及他們的孤雛，受盡「國家機器」的「拆吃落腹」，而呼天搶地，腸斷淚乾，其實已經可以想像。

接著一九七二年起的台大哲學系事件，一九七九年聲援余登發的橋頭事件，一九七九年的美麗島事件，一九八〇年二二八的林宅滅門血案，一九八一年的陳文成橫屍台大校園疑案，一九八九年余登發慘死八卦寮懸案，在在令台灣人提心吊膽，處處戒愼恐懼。

「中華民國」在台灣製造了這麼多的大災大難，罪行眞是罄竹難書。到了一九七五年四月，尚未被揭發的二二八元兇蔣介石享盡榮華富貴後，以八九高齡逝世，當時叫做「蔣公崩殂」，不但有舖天蓋地的兩首「蔣公紀念歌」，而且全國各界的配戴黑紗，瞻仰遺容，沿途路祭，舉行「國喪」；還要全國背誦「蔣公遺囑」，矗立蔣公銅像，甚至連電視也在「國喪期間」一律改爲黑白播出。以今視昔，這一切豈不都是戒嚴獨裁的殘酷證據？

上述舉例中，除了美麗島事件引發國際干涉而從軍法審判改爲司法審判，及台大哲學系事件歷經三十年而於二〇〇三年終獲平反之外，其餘仍在期盼人心回神，能有勇敢的當事人、家屬、證人的挺身揭發。想來中國國民黨的「中華民國」政府仍能吃定大屠殺和白色恐怖的裹脅淫威，而在噤若寒蟬的台灣社會中，繼續肆無忌憚我行我素，以致像一九五九年的武漢大旅社慘案，雖然黃秀華在三十六年後的一九九五年放膽地出版了《武漢大旅社》冤案實錄、一九九八年出版了《人間煉獄四月天》，卻仍然必須孤寂面對青史幾乎盡成灰的哭斷肝腸！

四、仍舊站在神這邊！

美國南北戰爭兩軍對峙時，有士兵問林肯，神會站在哪一邊。林肯說：「不知道，我只知道自己站在神這邊。」當我們面對邪惡，就是這樣，不能認命，只應抵抗。相信神，才是跟神站在同一邊！

一九八七年，台灣雖然終於宣布解嚴，卻仍禁止外省教師返鄉探親。那當然是違反人權的變相戒嚴，我們因此成立教師人權促進會，全力抵抗「中華民國」，直到成功爭回返鄉人權。一九八八年，我們發現號稱公平的大學聯考，歷來竟仍包藏十種特權身分的不光榮加分。我們也曾領導教師人權促進會，代表學生和各界，挺身跟教育部長毛高文談判，再次抵抗「中華民國」，直到實現眞正公平。一九九七年，我們曾經領導靜宜大學教師會，在校園廣場種下挺立不拔的二二八和平廣場楓香樹林；並進一步於二〇〇一年在校園矗立起銅雕二二八浴火鳳凰的紀念碑。我今藉此透露這些溫暖的消息，只是自覺就像諾亞方舟的鴿子，銜回一枝橄欖枝，算是帶來和平、安全即將登陸返回家園的訊息，更帶來二〇一七我們必定會繼續跟神站在同一邊的誓言！

何況，李登輝總統終結「人二」；經過三十年的抗爭，「教官」終於要退出校園了；一般校園內必然敬奉的蔣介石銅像也要消失了。很多人注意到，「中華民國」眞的已經逐漸在解構溶化。那些「中華民國」的節日，如「國父」誕辰、「國父」逝世紀念日、青年節、雙十節、光復節、「蔣公」誕辰、「蔣公」逝世紀念日、行憲紀念日等等，由於不斷受質疑，被挑戰，終於逐漸退縮，代之而起的是二二八紀念日、鄭南榕言論自由紀念日、湯德章正義與勇氣紀念日。這不就是貧賤不能移，威武不能屈的令人振奮的明日召喚嗎？聖經說：「因爲掩蓋的事，沒有不露出來的；隱藏的事，沒有不被人知道的。」（馬太 10:26）的確，持久堅定的抵抗已見救贖，因此更堅信徹底抵抗邪惡，顯揚正義，才能跟神站在同一邊！

五、出版，是最優雅的抵抗！

比起七十年來大大小小的冤案、假案來說，「一九五九武漢大旅社慘案」的蒙冤受害人，歷遍五十七年來含辛茹苦、天人永隔的煎熬，雖說迄未平反，慘痛也未嘗稍減；然而浩劫餘生的「未亡人」楊薰春，奮鬥抵抗也未嘗一日鬆懈，而讀者卻也因此照見全案唯一劫後餘生、尚在人間的楊薰春女士的堅苦卓絕，更見證天地神明的無限慈悲，依舊護持著她八八松齡的咬牙抵抗！中國南宋詩人陸放翁的詩〈飲牛歌〉說：

勿言牛老行苦遲，我今八十耕猶力。

牛能生犢我有孫，世世相從老故園。

這些摘句豈不恰似薰春女士和她的夫婿學文先生在天之靈，不還清白誓不歸的寫照？

六、《一九五九武漢大旅社》PK《大江大海一九四九》

二〇〇九年尾，從《野火集》熄了火似的龍應台，宣稱爲了一九四九一甲子，她「醞釀十年，耗時四百天」，撰寫了《大江大海一九四九》。當時我曾評論龍應台說：

> 戰後、二二八、「一九四九」以來，台灣蒙受「中華民國」的箝制和破壞，尤其徹底。單看一九四九以來台灣各地街路、節日、機關名稱之「中華霸道」，台灣幾乎被「大江大海」淹沒。
>
> 然而，論及「一甲子」以來的「大江大海」，統治者觀點下的台北，全市街頭看板、車廂廣告，全國平面、電子媒體，網路世界，鋪天蓋地一印十萬本的《大江大海一九四九》，加上各種強勢雜誌的同步高分貝宣傳，其實只是不顧其他十倍、百倍的甲子面向，而偏頗地無限上綱龍應台終於感應到的一個面向，似乎希望藉此換取台灣人民對國民黨做更大的諒解，好像台灣原是彈丸荒島，台灣人必須諒解這樣的「大時代」，台灣才夠「大江大海」。

這種呼籲「向前看」的立意原無不可，但比起一甲子以來台灣作家寫作環境之艱困，對照龍應台寫作此書時資源條件之優渥，若還要用特殊陣仗加持造勢，擴大強調某一面向，以致遮蔽或排擠其他面向，相信對於促進諒解幫助有限，對於歷史脈絡更是不公不義。

二十邊形會有一七〇條對角線，十邊形就減爲三十五條，四邊形會只剩二條，三邊形就變成全無對角線。因此問題不在諒不諒解，而在該不該被簡單化、刪減化。

台灣在忍受「光復」、二二八大屠殺、長期戒嚴禁錮、老賊誤台四十年之後，獨獨還要承受舉世唯一坐擁天文數字黨產的中國國民黨，就算有選舉也是不公平的假選舉，有這樣的多數黨的立法院，也算民主嗎？如果這麼邪惡霸道的黨產也諒解，那麼人間還有甚麼是非？（引自拙作〈台灣英雄，出列！〉台語詩人陳建成的布袋戲劇本《決戰西拉雅》序，國立台灣文學館出版。）

龍應台《大江大海一九四九》出版後，駁斥的人不少，李敖先生最直白地衝著龍應台，寫了《大江大海騙了你！》。我們回顧胡適先生一九五九年發表了〈自由與容忍〉時，殷海光先生也接著說：「就咱們中國而論，自古及今，容忍的總是老百姓，被容忍的總是統治者！」那麼，龍教授，龍部長，到底誰應該更容忍中國國民黨的爲虐和貽害呢？如今我們更可以說，比起龍應台的《大江大海一九四九》，眞正大時代、大反轉、大正義的《一九五九武漢大旅社》慘案的反省，才是眞正値得二〇一七的台灣人關心注目的大義春秋吧！以黃秀華《一九五九武漢大旅社》慘案與龍應台的《大江大海一九四九》相對比，的確更可突出台灣白色恐怖的沉淪和教訓！

七、楊薰春的生命三部曲

走筆至此，我想著人間三幅名畫中的三個女性形象：一為法國浪漫主義熱羅姆的〈羅馬的女奴拍賣場〉，反映的是無奈的認命；二為西班牙畢卡索的〈哭泣的女人〉，描寫的是內戰帶來的苦難主題；三為法國浪漫主義德拉克羅瓦的〈自由引導人民〉的女神，代表著成功推翻波旁王朝的七月革命。此刻我卻覺得三個女性其實都是同一人，並且都是楊薰春，也就是楊薰春生命的三部曲！

西臘古諺說：「快樂的源頭是自由，自由的源頭是勇氣。」老子說：「民不畏死，奈何以死懼之！」楊薰春不畏死的勇氣，才是恆久抵抗的源頭，才是眞正英雄的本色。如此本色，必使從前的傷痕，成為明日的勳章，更能在台灣蔡英文總統力推轉型正義的戰場上，再版此書，再升上一個不屈的天燈！

台灣新文學之父賴和一九四二年的抗日詩〈夕陽〉說：

影漸西斜色漸昏，炎威赫赫更何存。
人間苦熱無多久，回首東山月一痕。

幸好七十年來總有「革命」式的繼起抵抗，使「中華民國」終於近乎苟延殘喘。只要我們任何人、任何方位、任何強度的繼起抵抗，都更有助於早日終結「中華民國」，以伸手解救「別人的痛」。賴和這首詩，正是「希望的總和」，正可用來慰藉楊薰春女士，以及千千萬萬繼續奮力抵抗「中華民國」的台灣人。

台灣精神的堡壘前衛出版社，出版《武漢大旅社》已逾二十年，我不但先前未曾展讀，並且也愧未獲知。卻在去年十月二十五日，戰後台灣再淪陷日，偶然在臉書瞥見，當下怵目驚心，進而與楊薰春、黃秀華母女隔海結緣，並承前衛主人林文欽先生囑草更名再版之序言。雖自知謭陋，以情義所契，台灣命脈所繫，不敢推辭。念及：

書為天下英雄膽，
愛是人間好漢根！

更加樂意為此書新版添作此序，以贊聲援。謹以此篇，早覘人間冤雪，陰霾全消；並禱天佑台灣，早日建國！

脫稿於二〇一七，二二八「中華民國」在台灣種族屠殺七十周年紀念日

初版序一

埋冤之島・新興國家

／李喬（作家）

個人花十年時間去探訪、尋查、理解一九四七年「二二八慘案」以來國民黨政權的罪惡殺戮、恐怖冤屈事況，可是並未觸及典型而極具代表意義的「武漢大旅社冤獄」；是在街頭運動、民主演講場上遇到「劫後孤雛」之一的黃秀華女史，這才恍然面對國民黨政權的另一慘絕人寰的黑洞！

據說漢民族是很重視歷史的族類，可是吾人只要活得長久一點，在多變的現代史中，便會發現所謂歷史，往往是謊言所構成。歷史是研究過去的科學嗎？充滿僞造年代、作品、事件的中國古籍裡，歷史揑造成爲必要而不可缺的。歷史是由過去了解現在，由現在了解過去嗎？過去與現在都充滿扭曲僞造。然則吾人所「了解」的只有不可信一心得而已。所以「後設歷史學」的觀念，在這個生存空間是一種可能機會，也可能只是反諷而已。

就以「二二八慘案」言，中共、國府、獨派人士三者就有迥然各異的認定與說辭。尤其中共方面更有不同時期，據於不同政策需要而「創造」適切的意義釋放出來，令人歎爲觀止。至於世人，尤其歷事淺的國人就只好跟著暈頭轉向了。

然而，果眞人間就永恆的烏天暗地、眞僞不分嗎？就個人十幾年來的探索經驗，得來的抽象領會卻不以爲然。（一）「二二八慘案」中有一不忍傳說：百千無辜百姓被以鐵絲綑綁，三五人爲一串拋擲河海中。筆者巧遇同鄉經輾轉追尋，於汐止見到掙脫鐵索而不死的一人。正爲「孤證不舉」煩惱，張炎憲教授在基隆又覓得一活證，而且與筆者相見確認。（二）筆者數百萬字歷史素材小說，大抵是詳究背景史料，以社會科學、自然科學的理則爲梭，集納推演然後「虛構」人物與情節而成篇，其中極多關鍵性人事，在成篇後偶然獲得史料加以比對時，霍然發現「與事實完全吻合」。到此，年事已大的筆者乃確信：人間存在過的就不會消失，而掌握人間眞實者往往是貼切於事實的。何況世上義人俠士不少——本書中的黃秀華女史、李敖先生就是最佳例證。

國民黨爲了卸責與方便，將「二二八慘案」指爲偶發事件而由共諜操控；中共由於「距離的安全」認知下，爲了未來統戰頭緒，欣然照單全收；獨派人士則引爲歷史淵源，判爲獨立先聲。站在台灣人主體性立場言，「二二八慘案」的血腥屠殺是「震懾教育」，是「政策需要」下的行動。至於十載「白色恐怖」，非「赤色義士」專利，也非完全由匪諜所演出；「白色恐怖」與「二二八慘案」是同一系列的殘酷政治性屠殺——不同時段以不同方式整肅異己、掌控政權的「政策需要」罷了。本質相同，對台灣人而言，意義也一樣。

「武漢大旅社冤獄」正是「白色恐怖」中最具代表性的「政策需要」傑作，時過境遷反而水落石出，此案是謀財栽贓、政治鬥爭、特務機構肆虐爲惡三合一的荒唐鬧劇，卻是叫人泣血噴火的罪惡演出。國民黨政權的傷害是不分黨派族群的，以「匪諜」爲符咒的時代，勿論是政治鬥爭的敗北方、特務系統權力爭奪的弱者、台獨嫌疑一律貼上符咒，殺戮的合理合法性備焉。而大陸人「淵遠流長」所以非滅絕之不可。其中的消息意義，似乎不能淺薄單純認爲國民黨系統的殘酷狠毒而已！

這個理解是必要的。本案冤屈者不求減刑；如果死者是自殺，他們應判無罪；如果是他們殺人，那就判他們死罪——這個堅持的意義才更深刻高遠。然而國府就是要減刑，要不了了之，要冤枉百姓。這是卅六年的沉冤，幾條人命的含冤地下，數個家庭的潰散支離！

不能記取歷史教訓的族類，註定會被潮流所淘汰；能夠追尋悲劇根源者就有覺醒的機會，而覺醒只是一種動能的潛伏狀態，必須發而爲決然的行動才能掙脫樊籠，取得幸福。

一九九二年二月，一批台獨人士將被判刑入獄之際，黃秀華女史與幾位外省子弟在美國洛城成立「台灣外省子弟台灣獨立促進會」。這是石破天驚的春雷，眞正的從根本上救贖的偉大行動。同年八月，黃女史與在台三十多位人士共組「外省人台灣獨立協進會」；首務是拯救台獨人士，長遠目標是唾棄文化遺毒，戳破統一謊言；謀求新舊台灣居民的和諧相容，進而形成命運共同體，創造新而獨立的國家。

這是令人感動涙流的行動，是新台灣人誕生的鼓聲，亦是新國家、「現代國家」的誓詞保證。就黃秀華女史而言，是穿越國仇家恨的美麗莊嚴行動。至此，卅六年含冤逝者之魂、生者之心，可以略獲紓解，而彼怨恨鬱結之氣，轉化爲人間的和風麗日了。

這個過程是：呈現眞相，凝視史實，獲取教訓，霍然覺醒，果決的行動……。

現在黃秀華女史以震蕩碎裂的心，和涙而書，寫下這部《武漢大旅社》的血涙實錄，就是要更多的人凝視之，覺醒之，行動之。

個人寫下感想，並藉此機會，敬向黃秀華女史暨一起的「外獨會」朋友表達感佩尊崇之忱。也盼望閱讀本書的朋友，對本書冤案主人黃學文先生、楊薰春女士等被害人暨其子女家人，存一份慰問、憫惜的心意……。

謹此爲序。

（編按：此為《武漢大旅社》一九九五年初版序文）

初版序二

歷史・血淚・反省

／張炎憲
（前國史館館長）

兩年前（編按：一九九三年），黃秀華小姐自美返台，電邀相見。她得知我正從事二二八口述歷史的訪查工作，希望我能訪問她母親，紀錄「武漢大旅社」的冤案。但因當時正忙於二二八的採訪工作，我實在無法分身，只好忍痛推辭。

今年九月，她忽然來電，說她父親黃學文不服高等法院免訴的判決，再次提上訴，又被改判無期徒刑。她已撰寫完成《武漢大旅社》一書，打算出版，要我讀完之後，寫篇序文。我特地拜訪她母親楊薰春女士，讀完《武漢大旅社》之後，對黃家三十幾年來的悲慘遭遇，不只憤慨，更痛恨台灣司法的不公和蹂躪人權。

一九五九年七月十八日，武漢大旅社發生姚嘉薦命案。七名被告被判謀殺，均處重刑。死刑四人：黃學文、林祖簪、游全球、王藹雲。無期徒刑二人：吳亮、陳華洲。十五年徒刑：楊薰春。陳華洲已死於獄中，吳亮交保之後病發死亡，楊薰春坐滿五年出獄，黃學文坐滿十五年，保外就醫之後，逃亡二十一年，迄今三十六年，過著牢獄和躲躲藏藏的生活。

黃學文先生今年已七十五歲，耗盡青春歲月在平反冤獄。一九九五年二月二十八日，高等法院已宣判免訴，仍不服再上訴，希望能還其清白。七十五歲的高齡，仍堅信清白，要回名譽，其堅忍和自信超乎常人，足以證明含冤之情。

黃學文夫婦被捕時，黃家六個小孩自三歲到十一歲，突然從富裕的家境跌入窮困的深淵，三餐難以爲繼，大哥大姊輟學養家，全家大小受盡世間冷暖，卻不向命運低頭，堅毅奮上。書中所述眷村子弟、汀江公寓、學生和老師之間的相處、情治單位的欺壓等，都是活生生的現實寫照，刻劃出戰後台灣社會的陰暗以及大陸人和台灣人混合家庭求生奮鬥的意志。

戰後台灣歷史的重建，官方檔案資料無法充分顯現台灣民眾的辛酸。這本書所描述的體驗，正是一部民眾生活史，不只有別於官方記載，更是對國民黨高壓統治、排除異己的赤裸裸控訴。

兩年前，黃秀華發起「台灣外省子弟台灣獨立促進會」，積極投入建立台灣新國家的運動。她從痛苦經驗中，體認唯有與台灣舊移民共同攜手，才能清楚認識自己，走出獨裁統治的陰影，認同台灣，重新出發，以具體的行動告別悲苦的歲月，是黃秀華心路歷程的寫照和抉擇。

學歷史的我，訪查二二八事件的受難家屬，深刻體會台灣人的悲情；讀完《武漢大旅社》，外省人飄浮無奈的內心世界打開我思考的另一扇窗。這是歷史的心酸血淚，值得我們反省珍惜。

（編按：此為《武漢大旅社》一九九五年初版序文）

初版序三

勇敢面對白色恐怖時代

／田欣
（前台北市議員，外省人台灣獨立協進會成員）

一九四九年尾，因內戰失敗而逃竄到台灣的國民黨政權，為了要在台灣內部鞏固它絕對的控制力，以及排除中國共產黨政權對台灣的滲透，遂運用起國家暴力，以龐大的特務系統及線民對所有台灣住民進行持續的監視與威嚇，並以「掃紅」的名義在台灣內部展開血腥的鎮壓。五〇年代開始，在台灣內部所進行對左翼人士的全力搜索，株連數以萬計的無辜人士被祕密逮捕及槍殺，形成當時台灣社會人民心中深沉的恐懼，這一段恐怖統治的歲月被稱做台灣的「白色恐怖」時期。由於統治者對於白色恐怖的進行保持高度的神祕，對所有被迫害的人士進行嚴密的監控，更將所有涉案人士抹黑成為罪大惡極的反政府人士或匪諜，使得受難人及家屬都為當時的社會所排拒，而成為社會的邊緣人。

白色恐怖統治成功地塑造了整個社會面對統治者時噤若寒蟬的恐怖心情，進而鞏固了獨裁者在台灣的統治。在獨裁者的邏輯下，保有政權的重要性遠遠超過對於人民生命財產的維護，為獨裁者爪牙的特務機關抱著「寧可錯殺一百，不可放過一人」的心理，在過度恐共、仇恨與報復、搶功勞的心態下，將許許多多無辜的善良百姓屈打成招為「匪諜」及「叛亂犯」。在這樣的獨裁社會中，沒有公理與正義，沒有對於人民權益的司法保障，沒有人民批評政府的言論自由，有的只是社會中虛有其表的安定，特務人員爲所欲爲的囂張，與被閹割的人民對統治者高喊著萬萬歲的自由。

隨著蔣介石政權於一九四九年前後逃難來台的大陸人，由於他們與中國大陸存在著聯繫，加上這些遠離他鄉的「外省人」，在台灣缺乏親戚家人的聲援，被逮捕或殺害後不會引起太大的反彈，往往使得他們成爲特務機關「掃紅」時首先追查的對象，以及國民黨政權實驗恐怖統治的最好人選。這些「外省人」，有的因爲參加讀書會，有的因爲批評國民黨政權，有的因爲曾在中國與共產黨有過低程度的接觸，有的則是國民黨內部派系鬥爭的受害者，更有的是特務爲了爭功勞、搶獎金所加工製造而成的匪諜，他們的血淚與命運是台灣近現代歷史中異常悲慘的一頁。

在白色恐怖中被逮捕屠殺的外省人，與其他台灣人民一樣，是爲專制獨裁的國民黨政權所迫害的人民，這些外省人的故事必須被加入一般人所構建的外省人面貌中，如此才可以使得在台灣的外省人的歷史記憶更多元也更完整。其實在面對國民黨政權的國家暴力上，不論是本省人或外省人，都是國民黨政權在台極權恐怖統治的受害者。藉著一個個被國民黨壓制而支離破碎的外省人面貌，我們可以重新建構起被國民黨迫害的台灣外省人的歷史記憶。

對於白色恐怖的統治者而言，統治的意義僅僅在於如何維護統治者自我的榮光，微小無辜的人民血肉，若是與冠冕堂皇的國家利益口號相比，都是隨時可以被犧牲的，至於受難人的血淚及家屬的苦難，則更不在統治者的思考之中了。作者這本《武漢大旅社》回憶錄，就是對這樣的統治者所進行的血淚控訴，六名無辜的幼兒自孩童時期開始面臨家破人亡的痛苦成長經驗，武漢大旅社冤案的故事正一點一滴地編織出那個時代受難人及家屬的悲慘面貌。獨裁者將人民的受苦受難當成是他成功所必要的犧牲，但又是誰給了獨裁者這樣的權力呢？台灣雖然正一步步地踏入民主自由的社會，但國民黨政權卻仍不願面對自己的錯誤，不肯回顧面對白色恐怖時代，不願為自己過去的專制獨裁道歉，更不願向自己所捕殺陷害的無辜人民及家屬進行補救及賠償。武漢旅社冤獄案的受害人——作者的雙親，到現在仍然繼續受到腐敗司法的迫害，就是鐵證。我們不能再逃避過去了，只有勇敢地面對那個恐怖時代，我們才能保障這種殘害人權的事不會再度發生，畢竟我們努力推動台灣走入民主自由社會，不正是為了讓人民可以在公正的司法制度下，不會淪為獨裁者試煉權力的踏腳石嗎？

（編按：本文係《武漢大旅社》一九九五年初版序文）

初版自序

惡夜沉冤追憶錄

／黃秀華

一九九五年二月二十八日，我在海內外各報發表一篇〈白色恐怖是外省人的二二八〉，文中提及蔣氏父子政權下的白色恐怖，許多外省無辜受難者悲慘的命運和二二八受難家屬相同，也藉此文在敏感的政治事件紀念日裡，呼籲國人以愛心與和平非暴力的手段互相容忍，共同爲台灣的未來努力。一向不肯刊登我的文章的聯合報系，也派記者來洛杉磯詢問此文是否由他們獨家發稿。「二二八」受難者經過海內外人士的努力奔波，已陸續獲得平反；而白色恐怖中的受難者以大陸籍人士爲主，在一個陌生的島嶼上，面對一群陌生的人民和陌生的語言、文化，眞是無語問蒼天，冤情何處訴？

此文登出不久，《國際日報》記者劉玲女士來電，她以一種低沉而感性的聲調說：「黃秀華，我一直知道妳是誰，很早以前北美協調處的人就查出妳的背景了。不過，這幾年來妳絕口不提，我就不好追問。黃秀華！妳眞不簡單。」命運使然，簡單人物也得扛起不簡單的任務。接著她說：「妳應該把工作辭掉，好好花一年的時間把武漢大旅社冤案的故事詳細、完整地記載下來，公諸於世。」我保持沉默，沒有接腔。對我而言，這是一項沉重、悲痛的任務。

幾天後，聯合報系的《世界日報》駐洛杉磯記者劉永毅先生訪問我，希望就武漢大旅社冤案做一則呼籲平反式的報導。

美國洛杉磯的台灣人活動中，有三名常露面的外省子弟，即上述《國際日報》劉玲女士、《世界日報》劉永毅先生和我。我們的年紀相差近十歲，這幾年來，我們都相當努力去彌補國民黨政權製造出來的族群隔閡，共同推動族群融合的理念。劉玲和劉永毅也是幾十年來少數在某種機緣中得知武漢大旅社冤案，鍥而不捨努力揭發眞相的記者之一。一九七七年，《大華晚報》的年輕記者李敏欽訪問我們，準備做一系列詳盡的報導，才報導了兩天，就被官方施壓腰斬，李敏欽被調查局約談數天，從此不了了之。李敏欽因此成了我家的友人，我出國時，他也特地來機場送行。

劉玲積極鼓勵我出書的一番建言，令我陷入幾夜無眠深沉的思慮。

一九九二年二月十日，趕在一群台獨人士被捕開庭之前，我邀請幾位外省子弟在洛杉磯成立「台灣外省子弟台灣獨立促進會」。同年八月二十三日，我和台灣三十一位人士共組「外省人台灣獨立協進會」。我們的動機很單純，當務之急是把一群陸續由海外闖關回台遭逮捕的台獨人士拯救出來。當時，蔣家忠臣郝柏村仍當政，這些人生死未卜。另一目標是打破四十年來被國民黨視爲禁臠的外省族群所擁抱的愚忠式的統一思想，我們企圖引發理念性的再思考，我們是否無可避免地做了龍的傳人而必須要一代一代承續五千年來中國文化的遺毒？我們是不是一定要接受千年不變的大一統思想？在這大一統的謊言下充斥著宮廷鬥爭，人命如蟻。難道在世界民主人權的潮流衝擊下，我們仍無法拋棄舊有包袱，開創新的局面？

在推行運動的過程中，我一直強調：「外省族群和所有舊移民的台灣人應該有命運共同體的覺醒。」「命運共同體」近年來已經成爲一個政治名詞，可是對我的家人和白色恐怖受難者來說，卻是血淋淋的酷刑、噩夢，更是一生都抹滅不去的傷痕。於是我開始執筆記錄這個和台灣人命運與共的白色恐怖眞實故事。

我憶起父母入獄的第三年，也就是我十歲那年的某一天，我和哥哥、姊姊、弟弟正爲一天唯一的一頓餐食與一群陌生的成人做爭食的生死戰，在短短的幾分鐘內搶到幾口菜，正悶著頭吞食之際，大舅臉色凝重地站在飯廳門口，對我們六個孩子說：「你們的父親都快被槍斃了，你們還有心吃飯？」哥哥、姊姊立刻放下碗筷，眼淚撲簌簌地掉下來，而兩個年幼的弟弟仍捨不得丟下他們費了九牛二虎之力搶到手的食物，直到我們用力把他們抓離飯桌，他們只有嚶嚶哭泣。哭泣是爲了饑餓，而不是父母的生死。他們的生死已經離我們愈來愈遠，而無父無母的我們還得繼續生存下去。在獄中，在獄外，我們一家八口在兩個不同的無情世界掙扎……。

一九九五年七月，距離那段悲慘的日子已經三十幾年，我和家人開車由美國聖地牙哥到墨西哥邊界的城市提瓦納，一群衣著襤褸、滿身汙穢的墨西哥小孩尾隨著我們，向我們要錢。我的小弟左手拿著一根他兒子咬了一口不想再吃的玉蜀黍，右手拿著另外一根，一面吃一面誇這玉蜀黍味道眞好，和以前在台灣所吃的一樣，順便把左手中的那一根遞去給這群墨西哥小孩，其中一個小女孩搶到，緊握著玉蜀黍轉身飛快跑去，然後躲在遠遠的角落蹲著吃，其他小孩盯著小弟另一隻手中的玉蜀黍，更不肯離去。老六再也吃不下，把口中的那一根玉蜀黍也拿出來遞給他們。

隨後老六告訴我，三十幾年前，在台北車站常常有一群同樣穿著破爛、全身髒兮兮的野孩子，圍著候車的大人要錢、要東西吃。大人口中咬著一顆番石榴，吃了一半，車來了，順手把剩下的遞出，幾雙小手同時伸出來搶，搶到的小孩一口、兩口吞了下去，舌頭仍津津有味地舔著。這群野孩子其中的兩個是我的弟弟老五和老六。父母被捕時，老六三歲，老五五歲，富裕人家的子女一夕之間成爲在街頭遊蕩的孤兒。有三年的光景，幸運的我和姊姊被善良的外婆帶回眷村撫養，因此，哥哥和弟弟那段時間內的遭遇，我並不完全知道。編寫這本書時，我想從他們口中收集一些故事，所得到的答覆卻是：「我不記得了！」「我忘記了！」我們六個孤兒各自的內心中都有陰暗的一角，三十年來不曾向任何人提及，包括彼此之間。日久，就刻意地把它忘了。成年以後，雖經過努力的奮鬥，心頭上仍隱約留有悲慘童年的遺痕。

從我父母的記憶中挖掘資料，更是每每掀起情緒上的驚濤駭浪。說到他們被關在調查局毒打七十九天，生不如死，而欲以自殺了生的殘酷，說到司法界的腐敗惡質，常常令我忍不住摀住雙耳大叫：「好了！不要再講了！今天寫到這裡爲止。」丟下稿件，一個人開車到海邊去透氣。過了幾天心情穩定下來，我才說：「媽！告訴我那個死要錢、草菅人命的貪官叫什麼名字？」我在此書中記錄他們的姓名。當今（編按：一九九五年）台灣司法院副院長呂有文就是當年參與審理此案的法官之一。

幾十年來，我避免去碰觸那個傷痕。如今，我開始抽絲剝繭地問：「誰是陳華洲？」並著手研究調查局的資料，分析案情。寫到一半，我告訴父母，那些人要整肅的對象不是父親，依我的分析，他們要整肅的是和雷震關係密切的陳華洲教授，其他六個人、武漢大旅社和一具自殺的死屍則是煙幕。父母先是愕然，繼而想起許多細節，使我更加肯定這種推測。當年，是誰有這麼大的權力能令幾十名法官、調查局人員、法醫集體僞造這千古冤案？這一部分就留給讀者去推理。

不知有多少個晚上，我一面回想一面記錄，記憶像一隻聞到血腥咻咻而來的野獸，讓我從童年的惡夢中驚醒，嚇出一身冷汗。白天，我也常常陷入情緒上的低潮，我鄰座的同事，美國老科學家華納博士，走過來拍拍我的肩頭說：「麗娜！什麼事讓你看起來這麼悲傷？看看外面金黃的陽光，生命多美麗！」窗外是一片亮麗的藍天白雲和綠草如茵的大地，在以民主、人權爲立國憲章的國度裡，生命是美麗的，是享受，是尊嚴；但是對不知人權爲何物的中國大陸十一億人口，和前途未卜的台灣兩千萬人來說，生命是掙扎、惶恐，是最原始的生存。

今年元月，康乃爾大學校長邀請李登輝訪美，不瞭解台灣民主奮鬥史的他，誇讚李登輝締造台灣民主奇蹟；而李登輝登台演講一開口就推崇蔣氏父子對台灣的貢獻。七月，蔣宋美齡又受到一批美國參議員以第二次世界大戰碩果僅存者美譽加身，以酒宴相待。缺乏對歷史的認識，人類是愚蠢的；缺乏歷史眞相的記載，人類是健忘的。

蔣氏父子來台三年後，我出生；蔣介石去世、宋美齡赴美後四年，我也留學美國。蔣介石時代，我是白色恐怖的受難家屬；蔣經國時代，我不遺餘力參加海外的反對暴權運動，希望將來有一天，台灣歷史學家提到蔣氏父子的「功績」時，也提起白色恐佈中的武漢大旅社冤獄案；展示蔣家父子相片時，也同時展示此書前頁恐怖政權下六個遺孤的相片。

此書完成之日，或許是我們一家兩代八口，從惡夜風暴再堅強出發的一個起點吧！

（編按：本文係《武漢大旅社》一九九五年初版序文）

目次

第一部　怒海孤雛

第三部 正義呼聲

◉附錄

解開武漢大旅社冤獄案之謎

「武漢大旅社冤獄案」是台灣白色恐怖期間，當局假借司法進行政治整肅與派系內鬥的典型之一。情治特務以慘無人道的刑求、捏造證據，硬是把單純的自殺拗成謀財害命，將無辜的百姓判死刑，更利用媒體操弄訊息，誤導視聽。威權統治的時代過去了，解嚴三十年了，在台灣社會一片期待「轉型正義」的呼聲中，重新檢視被淹沒在時間裡的故事，抽絲剝繭，國家暴力體制、司法不公不義的共犯結構，鮮明現形……

武漢大旅社冤獄案發生於一九五九年十二月八日，因爲年代已久，加上三十六年之間（編按：至一九九五年為止）由情治單位控制的媒體以一貫抹黑的障眼法，故弄玄虛，將案情僞造成一樁撲朔迷離、內情複雜的兇殺案……

一九九五年四月，坐了十五年牢、逃亡二十一年的黃學文，拒絕接受法院欲以「免訴」神不知鬼不覺地結束此案，由立法委員陪同到立法院呼冤，控訴調查局酷刑逼供，卻越呼越冤。九月二十日，法院竟然撤銷免訴，改判黃學文無期徒刑，繼續追捕七十五歲的黃學文，更透過《中國時報》發表兩篇抹黑、諷刺受難者的文章。

爲什麼逃亡已久，案件早已塵封，且已被免訴的黃學文，要不顧生死再自投羅網？爲什麼一件事隔三十六年的刑事案件，卻令當時的司法界和情治單位風聲鶴唳，不斷使用汙穢的手段來欺騙民眾呢？

武漢大旅社案件不僅創下台灣司法史上訴訟時間最長的記錄，歷經蔣介石時代、蔣經國時代，到了李登輝時代，還沒有結束。其內情除了調查局慘無人道的刑求逼供，更有叫人所不知的司法腐敗和政治鬥爭。

首先，讓我們從幾個簡單的事實來分析這個案件：

（一）一具上吊自殺的死屍，舌頭長長地吐在外頭，爲什麼調查局偏偏要認定是被注入農藥巴拉松中毒致死呢？中毒而死的屍體怎麼會在被吊起來那一刻突然活了過來，自己把舌頭吐出來？這是完全不須深奧的醫學常識就可以判斷的。沒有被謀殺的屍體，也就沒有謀殺案，沒有謀殺案，也就沒有殺人兇手！

（二）七名被告中，除了一對夫妻外，其餘幾人非親非故，幾個有家有室的中年人有什麼動機要殺害一名窮困的老人？

爲什麼調查局人員要利用一具自殺死亡的屍體，僞裝成巴拉松中毒而死？爲什麼幾十名法官一致判七人重刑？爲什麼連蔣家父子都干預此案？

可以歸納出下列四個原因：

（一）調查局人員謀財害命

（二）調查局和警界的政治恩怨

（三）台大教授陳華洲介入高層的政治鬥爭

（四）貪官汙吏

這個結論是根據被害人的口述與資料的收集，再經過長期思考分析而得的。長久以來參與政治活動的經驗，令人深深瞭解政治的險惡和不合邏輯，也讓人在苦思此案盲點時，獲得解謎的靈感。以下是分析說明：

調查局宣稱科學破案的版本與七名被告

一九五九年七月，武漢大旅社經理姚嘉薦被發現在旅社大廳旁的門後上吊死亡。檢察官根據檢驗過數百具死屍的法醫葉昭渠的鑑定報告，認定爲自縊死亡；沒想到此事件結束五個月後，調查局人員逮捕黃學文等七人，宣布根據調查局法醫蕭道應的鑑定，姚的死因爲被注入巴拉松中毒死亡。調查局破案報告：

武漢旅社老闆黃學文因與死者有訴訟恩怨，懷恨於心，唆使員工三人、住客一人，由陳華洲教授提供巴拉松，其餘四人協助將毒藥注入姚體內。待姚死亡，再將死屍吊在門後僞裝自殺，黃妻同時在旁協助殺人。

七名被告：

黃學文　三十九歲　福建長汀人

武漢旅社老闆（頗具資產）
判刑：死刑

陳華洲　五十五歲　福建長汀人
台大化工系系主任
判刑：無期徒刑（四年後死於獄中）

楊薰春　三十一歲　台灣台北人
家庭主婦（黃學文妻，有六名三至十一歲的子女）
判刑：十五年（五年後出獄，更九審改判三年）

林祖簪　三十四歲　廣東人
旅社帳房（由黃學文登報應徵錄用一年多）
判刑：死刑（十一年後出獄，更九審改判十五年）

游全球　三十七歲　福建長汀人
旅社職員（退伍軍人）
判刑：死刑（十六年後出獄，更九審改判十五年）

吳　亮　三十三歲　安徽人
旅社工友（國民黨少年兵，由死者姚嘉薦任用，才任職數月）
判刑：無期徒刑（更九審改判七年，保釋出獄後，因刑求舊傷復發不久死亡）

王藹雲　三十五歲　廣東人

旅社住客（原由黃僱用，與黃不和離職，仍住旅社一樓員工宿舍）

判刑：死刑（十六年後出獄，更九審改判十五年）

由七人的關係來看，除了楊薰春是黃學文的妻子，陳華洲是黃學文在大陸就認識的同鄉外，其他人皆無關係。

謀財害命

錢財究竟在此案中扮演了什麼樣的角色？

黃學文因事業擴張，旅社業務繁瑣，分身乏術，遂經人介紹認識姚嘉薦。由姚和另外兩個合夥人共同支付股金十五萬元，黃學文將部分旅館經營權頂讓給三人，兩方各派一名帳房管理。由於帳目的爭執互相控告，這是訴訟的原因。黃預備將姚的股金退還、讓對方退股之時，姚卻自殺身亡。

原先調查局準備指控的罪名是黃學文因貪財而殺害死者，後來才改成因財務訴訟生恨。黃經商多年頗具資產，反而是死者除投資股金外身無分文，兩人財產差距懸殊，謀財害命不符情理。

我們再來看看從死者自殺到七人被捕，五個月間所發生的事：

死者在旅館吊死後，死者之內弟吳雪塵（前調查局高雄站站長）夥同一群打手至旅館打鬧，以致旅館無法營業，吳雪塵進而向黃學文勒索一百萬未遂，遭旅館工友吳亮斥罵。不久調查局人員逮捕六人，將黃學文家中保險箱內珠寶、美金、房地契全部搜走，隔日旅館即爲調查局人員占有。

帳房林祖簪被捕，表示調查局人員欲從旅社帳目動手腳；工友吳亮被捕，是因他斥罵調查局派來的打手；職員游全球和住客王藹雲被捕，皆因死者死亡當夜他們在旅社內，而眞正的原因是，以他們愛打抱不平的性子，一定會向外人說出實情，如此一來對調查局不利。

爲什麼要逮捕楊薰春？楊只是一名家庭主婦，除了照顧子女，從來不過問丈夫的事業。原因是：黃學文將武漢大旅社的產權和營業執照都登記在妻子名下，如果她不入獄，調查局人員霸占旅社產權的目的無法得逞。調查局爲占有武漢旅社的產權而製造冤案，最明顯的證據就是逮捕楊薰春。

武漢大旅社案件起因於調查局人員覬覦黃學文的財產，進而謀財害命。

調查局和刑警大隊

武漢大旅社案原由刑警大隊偵辦，按法醫葉昭渠的驗屍報告，鑑定是一宗自殺案而結案。五個月後調查局抓人，經過兩個月「偵訊」後，按調查局法醫蕭道應的驗屍報告鑑定是謀殺案，除了判七人重刑外，也同時逼黃學文誣攀刑警大隊法醫葉昭渠和檢定此案爲自殺案的檢察官收賄。

自殺案怎麼變成謀殺案呢？刑警大隊偵查認定死者是上吊自殺死亡，調查局偵辦後則認定是被注入巴拉松中毒致死。葉昭渠博士係當時台灣法醫界第一把交椅（最近美國審判美式足球明星辛普森〔O.J. Simpson〕案中出庭作證的名法醫李昌鈺就是葉昭渠的學生，李昌鈺曾經宣稱受到葉昭渠的薰陶），而法醫蕭道應係一名匪諜自新分子，沒有正式刑事驗屍經驗。

黃學文出身警界，而死者姚嘉薦的內弟吳雪塵為前調查局高雄站站長。黃學文係中央警官學校校長趙龍文的學生，曾任警察局長，趙龍文數度欲挽救黃學文並沒有成功。法醫葉昭渠博士因此案被調查局強迫離職後，趙龍文隨後將他聘到中央警官學校任教授一職。

據聞蔣介石聽信讒言，認為趙龍文擁有自己的派系人馬，忠貞可疑。不久，趙龍文即被鬥下台，改由親蔣介石的梅可望接任，趙龍文隨後沒多久氣憤而死。我們在此案中看出調查局和警界的角力，究竟是哪一派人馬之間的鬥爭？有待歷史家更進一步的查證。

前調查局副局長高明輝在《情治檔案：一個老調查員的自述》一書中坦承情治單位分工混亂，各單位都搶著辦案，其實各單位內都混有調查局的人馬。對蔣氏父子而言，調查局是他們的核心組織，而國民黨和其他單位只是外圍組織，調查局人員仗勢搶地盤也是各單位派系恩怨的主因。此案的七人，只因黃學文的警界背景而成為爭功搶案、政治恩怨的代罪羔羊。這是除了令人眼紅的財富外，也造成冤獄的第二個原因。

台大化工系主任陳華洲和巴拉松

此案最令人不解的是，如果要設計一群人謀殺一老人後再僞裝自殺，最簡單的方式就是把他打昏再吊起來，如此也符合許多目擊者見到死屍吐出舌頭的證詞。爲什麼調查局偏要製造成是被注射巴拉松死亡？如此一來，調查局還得大費周章製造一份和原先刑警大隊的驗屍調查報告完全不同的「中毒死亡驗屍報告」，且兩位法醫資歷懸殊，也會引人疑竇。另外値得一提的是，「武漢大旅社案」中一項重要的檢驗報告書，詳載著姚嘉薦屍體的狀況，法院卻以「寄往日本途中遺失」爲由，不再提供報告。就像無數個白色恐怖下製造出來的莫須有罪名，檔案被銷毀，無從查證。

注意此點，六人被施酷刑終於寫下自白書時，特務暗示他們要寫是用毒藥毒死的。而究竟用什麼毒藥，六名嫌犯猜了半天猜不出來，特務暗示是「巴拉松」，六名被告一生中在此時第一次聽到巴拉松這個農藥名詞，特務又暗示他們巴拉松是由台大教授陳華洲提供的，此時六人才知道陳華洲也被捕。

沒有教授陳華洲，也就沒有巴拉松，沒有巴拉松，陳華洲也就不會被捕。爲什麼要陷害一名教授？陳華洲並非一名普通的教授，他是日本投降後來台接收台灣的六十名官員之一。陳畢業於日本早稻田大學，來台之前，在大陸就很活躍，常常乘飛機往來南京、上海間。他的妻子原是南昌市長夫人，南昌市長被蔣介石槍斃後，她改嫁陳，和蔣宋美齡在同一官場社交圈。來台後夫婦兩人來往的人物皆是政壇上居高官者，如胡適、羅列（陸軍總司令）、戴仲玉（福建省主席）、雷震等。

此案發生後兩個月才公開審判。每次開庭，雷震都派一個小個子的人員旁聽記錄，當時陳華洲很有信心地告訴黃學文，調查局沒有什麼好怕的，雷震會營救他們。六個月不到，雷震案發生，雷震被捕，陳華洲這個時候即告訴黃學文沒有希望了。

雷震被捕等許多內幕消息，皆由一位姓葉的教授告訴陳華洲，再由陳華洲傳達給黃學文。以當時的政治環境，被調查局逮捕的人犯，人人退避三舍，顯然這位教授和陳華洲關係不尋常。

這位葉教授究竟是何許人？

葉秀峯　民國十八年任中國國民黨中央組織部黨務調查科科長

民國三十四年、三十六年任兩任中國國民黨中央執行委員會調查統計局局長

葉秀峯屬於陳立夫派的中統系。

從黃學文不清楚陳華洲的政治背景，也不知道葉秀峯是曾掌過大權的中統局局長，而陳也不告知實情來看，黃和陳的交往純屬於福建長汀同鄉情誼。黃學文是日本投降第二天就隨中央警官學校登陸台灣，後來來台的不少大陸人需要幫助時，都由人介紹給黃，黃也基於同鄉之情而相助，和政治派系找不出關聯。陳華洲已死無對證，許多與政治有關的線索都隨著他的死亡而無從查證。

除了上述陳華洲交往的背景，以及他被捕後所動用的關係外，更關鍵性的疑點是調查局非要七人承認殺人的武器是巴拉松，以及刑求七十九天後調查局一再提起的「科學」破案。

陳華洲和武漢大旅社的經營毫無關係，也不常來旅社找黃，姚嘉薦死亡那一晚，他不可能在場。「巴拉松」是爲了逮捕陳華洲而設下的陷阱，爲了逮捕陳華洲，原本牽強的謀殺案越編越離譜，漏洞百出，七份供詞也在逼供之下更形混亂、相互矛盾，顯示調查局要逮捕陳的決心。陳華洲是台大化工系主任，也曾任台灣省工業研究所所長，無疑是個科學人才，逮捕科學人才就得用科學破案的方法，難怪調查局一再向媒體炫耀說這是科學破案，顯係調查局特務的一種尖酸心態。然而化工系並沒有巴拉松，農化系才有，陳華洲的供詞中「巴拉松」的英文名稱係由特務告訴他拼法的。如此迷糊的破案卻可以欺瞞大眾，大多數人不清楚化工系和農化系差別在哪裡，再加上官方媒體的掩飾，調查局把台灣社會大眾騙得團團轉。

陳被捕後，一再向黃表示調查局沒有什麼好怕，顯示其政治背景的強硬。雷震原來積極地搜集證據，並預備透過《自由中國》雜誌來揭露此案，救援七人，但沒有成功，自己卻被捕了。陳華洲得到消息，便告訴黃學文沒有希望了。這表示陳知道整肅他的是比調查局權力更大的派系組織。

預謀逮捕陳華洲和黃學文的是不同動機的兩群人，只是藉著同一具已死亡五個月的屍體以達成不同的目的。

蔣介石針對此案下令「嚴辦以慰僑情」，而陳華洲友人胡適向蔣經國陳情，蔣經國說：「縱使陳華洲不會殺人，難道黃學文也不會嗎？」蔣經國爲什麼如此確定這七人的罪狀呢？

尤其涉案的包括一名教授，顯示他們早有先入爲主的成見，這成見顯然和政治恩怨有關。我們並沒有直接的證據證明陳華洲和雷震組黨的關聯，但也不排除這種可能性。

這是除了令人眼紅的財富和警界與調查局的權力較量外，造成冤獄的第三個原因。這個高層次的政治原因牽涉到蔣家父子對此案所下的指示和意見，使得七名受冤者永無翻身之日。

特務和法官的嘴臉

我們再來聽聽調查局特務一面刑求人犯一面咒罵的話，以驗證上述的分析和推理。

黃學文問調查局副處長范子文：「你們這樣害死我有什麼好處？」范回答：「爲了國家，爲了政治。」黃問：「你們逼迫我們承認殺人，對國家有什麼好處呢？」范聳聳肩膀，沒有回答。其他特務一面打一面吼叫：「上面交待下來就是要你們承認殺人，你們不承認殺人，我們交不了差。」「爲了國家，犧牲你們這幾個算得了什麼？」「不承認殺人，就當匪諜辦！」「不是匪諜也要刑成是匪諜！」「我本來要去上教堂，爲了你們這幾個還得跑來這裡，趕快承認殺人，省得挨揍，我也可以去上教堂。」

法官說：「上面交代下來，不辦行嗎？」「叫冤枉？冤枉的又不只你一個。」「我又不是包公，我有什麼辦法？」被告向法官申冤，說他們被冤枉了十六年，法官回答：「十六年有什麼了不起？三十年的大有人在。」

法官爲什麼怕調查局人員？因爲傳聞當時每個法官都受賄，司法界是「有錢判生，無錢判死」，每個法官都有把柄在調查局手中，調查局要辦法官輕而易舉，加上「爲了國家，爲了政治」，幾十名法官、推事爲了升官發財，和調查局人員狼狽爲奸。

結論

黃學文爲了找人分擔旅社業務而引入一個經濟狀況不佳的合夥人，此人生活不如意而自殺在旅社內，死者內弟吳雪塵利用其調查局的關係勒索不成，進而設計冤案逮捕六人，以達到占有旅社產權的目的。

黃學文警界出身的背景，在調查局和警界搶著辦案的恩怨中，乃成爲代罪羔羊。雪上加霜的是調查局監視已久的陳華洲是黃的同鄉，高層次的政治因素捲入，和蔣家父子的默許，更加強特務製造冤案的勢力。特務藉此掩飾了謀財害命的動機，以黃學文爲主謀，也掩飾了整肅陳華洲的動機。雖然特務捏造冤獄的手法粗劣、漏洞百出，卻也達成「一石三鳥」的目的。

此案並非單純的是與非，或死者是自殺還是被謀殺的爭議，而是各個派系的政治恩怨權力之爭。結果證明調查局的權力高過一切。

武漢大旅社案的冤獄總結如下：（一）起因是一群調查局人員覬覦黃家財富，欲霸占當年台北市最大的武漢大旅社。（二）黃學文的警界背景和死者內弟吳雪塵的調查局背景，引起警界和調查局辦案地盤及原有舊隙之爭。（三）黃學文的福建長汀前輩陳華洲的政治背景，使得此案涉及更高層次的政治鬥爭。（四）司法界的黑暗，貪官汙吏的狼狽爲奸，審判操縱於情治單位。這四項因素加在一起，終於使得陳華洲死於獄中，工友吳亮被毒打積傷致死，幾名和政治無關的老百姓背著殺人罪名，一輩子翻不了身。

這種利用淫威製造冤獄的作法，無法無天，令人髮指。然而各機構至今仍然不認錯，而且利用媒體再度大肆渲染，稱黃學文爲殺人犯，侮辱謾罵，是一種唯恐眞相被揭穿，欲蓋彌彰、愈描愈黑的掩飾手段。

一九九五年黃學文被改判無期徒刑，顯示台灣的司法仍和案發時一樣黑暗，無辜的老百姓必須在政治派系的恩怨中掙扎生存，它表示要使台灣變成一個司法獨立公正、具有正義的社會，仍然遙遙無期。

檢視台灣數十年來的重大社會案件，從一九五九年的武漢大旅社案、一九八〇年的林義雄母女血案、一九八一年的陳文成命案，到蘇建和等三人被判死刑案，太多的冤案變成懸案，太多的玄案變成「公案」，我們眞不知台灣政府能給人民什麼保障，我們也不知爲什麼天理在台灣特別難以昭彰？只能說：黃學文的無期徒刑，就是台灣人民的無期徒刑。

前言

我的父親黃學文是福建省長汀縣策田鄉人。策田鄉全是客家人。這一支客家人原是中原的世家大族，東晉五胡亂華，他們由中原遷至贛，沿長江南北岸一直到贛江上下游。數百年後，唐末黃巢之亂，他們的子孫再度逃亡。我的祖先「二十一人公」召集他的二十一個兒子，拜過先祖後，面示眾人：「逃到扁擔斷節之時，就是你們落腳之處。」眾兒孫聆聽祖訓後，惟恐遭追兵認出，各自攜家帶眷，分成二十一路向南逃奔。

翻過嚴峻陡峭的山嶺，渡過洶湧危急的湍流，其中一房到了現今福建西北角汀江流域汀州府的長汀縣開始建立客家庄。父親老家的客家庄，全庄百餘人都姓黃。分散逃亡之前，祖先二十一人公以數句詩句囑兒孫代代相傳，以詩句來認祖歸宗，凡是外鄉人來到黃姓客家庄能口誦這些詩句，庄人當以豐宴款待，父親從小由祖父口傳，其中的一句是：「早晚莫忘祖宗香」。

明末清初，滿人南下，部分汀州府的客家人再向南逃，逃到四周有海水當天然屏障的台灣，分佈於桃園、中壢至台中東勢間的丘陵及山谷間，成為台灣客家人的一支。

客家人擇地而居，是「入山惟恐不深，入林惟恐不密」。顛沛流離的遷徙，養成客家族群堅忍、刻苦的精神，強烈的宗族觀念使得他們封建而保守。逃入閉塞貧瘠的山區，他們繼續和天災人禍作無止境的抗爭。

辛亥革命以後，清朝被推翻，封建帝制的觀念並沒有因此被打倒，人人都想擁有帝王的權威，人人都想作皇帝。民國成立，展開國民黨和共產黨之間無休無止的交戰。父親同父異母的三哥黃蓮采，任國民黨陸軍軍官，在江西和共產黨作戰時陣亡。一九三四年，父親同父異母的四哥在家鄉被共產黨殺害。我的大姑丈的父親原是長汀的大地主，擁有軍隊和自製銀票，有一回坐在轎子上領著部下去打共產黨，被共產黨從山頭瞄準，一槍打死。樹倒猢猻散，姑丈繼承父職，勢力已大不如前。後來中國大陸解放，姑丈被共產黨以地主身分五花大綁清算鬥爭致死，年輕貌美的姑母守寡一生。

黃家在長汀屬於要被共產黨鬥爭的小地主。說是地主，其實在貧瘠的武夷山地有什麼肥沃的土地可以耕種？不過是守著祖先留下來的一片田產，足以塡飽肚皮罷了，小地主和貧民是一碗飯和半碗飯之差。然而一扯上政治就非得鬥得你死我活，人類殘酷的本性利用冠冕堂皇的口號發揮得淋漓盡致。大部分老百姓毫無選擇地被動盪的時局牽著走。

有一次，個性倔強的父親和家人賭氣，跑到山上要去當共產黨。爬到了共產黨的紮營區，躲在密集的草叢中窺視著共產黨兵的一舉一動，想要投兵的心意和曾祖父的告誡在他心中折騰了良久，最後想到曾祖父曾說：「共產黨兵會殺你們這些小孩子的。」於是他在草叢中躲了一夜，翌日一大清早在共產黨兵不知不覺中，又溜下山。還有一次，在兵荒馬亂之中，九歲的父親隨著堂兄和侄子運糧到城中，途中遇到共產黨，堂兄和侄子躲在大石後面，父親著急四望找不到親人，就遵守著曾祖父的話，跟著撤退的國民黨部隊走。一群逃難者跟著部隊露宿餐風，爬山越嶺，渡過急流。當難民自顧不暇逃亡推擠之際，年幼的父親掉入湍流，差點被沖走，所幸難民群中有個和曾祖父相識的鄉人，一把抓住他，因而保住小命。渡過大河，共產黨兵停止追擊，可是父親的腳腫得無法步行，部隊的軍人教他以自己的小便敷蓋療傷，果然見效。有個女孩和父親從小指腹爲婚，她的父親也在這次共產黨突擊時被捕喪命。

就這樣，父親成爲國民黨員，既然不願意當兵，只有當警察。十七歲時，他與家鄉的朋友一起投身福建警官學校，受訓時扛著一支比他的個子還高的槍枝，吃盡了苦頭。二十歲，他領著家鄉子弟兵二十餘人，任上杭、策田、策武三鄉的鄉長，鄉人來迎接時，一看，很驚訝鄉長居然是個年輕小伙子。國共鬥爭之時，鄉長是個賣命的職位，幾場派系鬥爭後，隨著父親來的二十幾名子弟兵中有不少受傷殘廢。有一次父親也遭鄉裡另一派系的人馬圍捕拘禁，隨父親同去的閩叔，帶著一名親信，摸黑從小徑逃到縣裡通報，縣政府派兵將父親救出。後來，任命父親爲鄉長的縣長自己的手下叛變被圍剿，整個縣政府被對方人馬包圍，縣長棄職而逃。新任的縣長仍請父親當鄉長，父親的子弟兵以命不保夕爲由，紛紛請辭回鄉種田，父親也婉拒國民黨軍再度要他出任鄉長之意，赤掌空拳打天下的雄心大志鎩羽而歸。不久，他便投身中央警官學校。

一九四五年，日本投降，第二次世界大戰結束，父親隨著中央警官學校在美軍的護航下從基隆港登陸台灣。當年他二十四歲。

我的母親，當年十六歲，正在淡水高女念書。在老師的集合下，一群女學生站在基隆港口揮舞國旗，迎接抗日時期一心嚮往的中國大軍來臨。他們誰也不認識誰，卻是冥冥中註定糾纏的一生。

第一部

怒海孤雛

1945

第一章

海市蜃樓

1959

從小曾祖父就告訴父親：「看到共產黨就躲，永遠跟著國民黨走。」

小小年紀的父親，背著弟妹，領著他那正在做月子的母親，逃入武夷山區躲共產黨。許多親友都被共產黨殺害或鬥爭清算而死，他也親眼看過國民黨員殺共產黨員，頭砍下來，血往上直噴，身體還在向前逃跑的恐怖景象。

來台後沒幾年，因為厭倦了殺戮，也厭倦在國民黨的派系鬥爭、政海沉浮，他摘下了徽章，褪下了制服，離開警界。

娶了台灣女子為妻之後，父親專心一意做生意，在空曠的土地上開始建立他的王國。武漢大樓鶴立雞群地矗立在大都是日本式平房的鬧區中，一樓開設「大上海浴室」，二樓是當年全台北市最大的「武漢大旅社」，三樓是「汀江公寓」，提供較長期的住宿，住客都是往來於台、港兩地的生意人，或是逃難來台的大陸人。

站在正在擴建的四樓頂上，俯視著台北市，父親滿懷著信心對母親說：「將來我要把四周的房地產都買下來，蓋一棟大樓，像美國摩天大樓一樣高聳，直入雲霄。我們的六個小孩也將一個一個送去美國念博士。」他一心要做個成功的商人，開始一層一層的往上加蓋，建立自己夢中的王國。他開始在台灣紮根，他的子女將在這片淨土上成長，沒有死亡，只有希望。

他盼望著早日反攻大陸，可以返鄉探望日思夜憶的老母、弟弟和親人。如今從政界的友人口中得知反攻無望，他必須面對現實，在新的土地上生存。父親的「反攻無望」論早在雷震之前。

武漢大旅社——棄警從商

武漢位於中國的長江、漢水匯合處，京廣鐵路線上。由隔江鼎立的三個古代重鎮武昌、漢口、漢陽組成。

一九四九年蔣介石率領國民黨軍隊撤退到台灣，仍念念不忘「反攻大陸，收復失土」，遂將行政中心所在地台北市的每條舊有日式街名都以中國各大都市名加以命名：長沙街、廣州街、漢口街、武昌街、南京東路、西路，再加上鼓吹中國固有的「四維八德」——忠、孝、仁、愛、信、義、和、平，這樣整個大中國的版圖和中國文化就從海峽對岸搬移到小小的海島，縮影在小小的台北市中。

我的父親在一九四五年日本投降後，即隨著福建中央警官學校渡海來台。隨後「二二八」事件發生，數萬名台灣人被陳儀手下的軍隊用機槍射死。「二二八」過後，接著「白色恐怖」開始，原來在中國大陸爲對付共產黨而設的情治單位，也隨著蔣介石遷台而來，開始捕捉潛伏在台灣島內的共產黨員，稱之爲「匪諜」。被逮捕的匪諜以隨國民黨來台的「外省」人爲主，因爲台灣人到過大陸或者所謂的「台共」還是少數。

父親在大陸當學生時，受了「民族救星」蔣介石的感召，爲了抗日愛國而加入警官學校，看到的竟然是慘絕人寰的殺戮，還有政警界無情的派系鬥爭，往往所熟悉的人昨天還與你談笑風生，今天就聽說被抓走了，從此不見蹤影。沒有人敢問爲什麼，也沒有人查詢他的下落，大家心裡都知道是被當「匪諜」辦了。是眞是假？是公仇？還是私怨？沒有人知道，沒有人敢追究，人人爲求自保，惟恐受牽連，避而遠之。原來對政治沒有什麼興趣和野心的父親，因此決心離開複雜莫測、勾心鬥角的警界，專心從商。剛剛開始，開銀樓、委託行、織襪廠、五金行，由於經驗不足，均告倒閉，之後開始和友人合夥蓋房子。當時，從大陸斷斷續續來了一大批一大批逃難者，攜家帶眷，急於找一容身之處。頗具生意慧眼的父親，靈機一動，就開始收購便宜的空地，在空地上蓋平房賣。

經營「武漢大旅社」的黃學文（1956 年）。

當別的小女孩在家裡抱洋娃娃、玩家家酒，我卻和哥哥姊姊們在工地上玩蓋房子的遊戲。他們用磚頭把鐵釘敲進大塊木板裡去，我就撿小木塊排成一排玩。父親蓋的房子都是一整排十幾棟連在一起，先蓋起一間簡陋的小屋，帶著全家搬進來住，一面監工、一面開始賣。每次一排的房子屋架釘好，媽媽就對著蹲在工地前玩耍的我們開玩笑說：「趕快去寫上你們的名字，蓋好以後，一人一棟。」哥哥姊姊趕快跑過去，一個個站在大木柱前用破磚塊刻上自己的名字，說：「這一間是我的。」我也跑過去，搶占了一間，我還不會寫自己的名字，就隨便劃幾下。

房子還沒蓋好就全部賣光，連我們住的那一間也賣掉了。我們又搬到另一塊新的工地上，全家像老鼠搬家一樣搬來搬去。天眞的我們把媽媽開玩笑的話當眞，向媽媽吵著要房子，不肯搬家，媽媽就說：「爸爸會再蓋幾棟更大的給你們。」到了新的工地，我們又在新蓋的房子大柱上刻名字。沒有建築經驗的父親，起先並沒有把握能把那些蓋得不三不四的房子賣出去，沒想到逃難的大陸人太多了，有些是帶著金條逃來台灣的，房子供不應求，父親因而發了一筆小財。對蓋房子、買賣房子已有信心的父親，從此到處打聽何處有空地可以蓋房子。

有一天，他查問到在武昌街和漢口街之間的城中市場對面有一塊很大的空地，屬於華南銀行所有，原本爲他人所租用，預定要開拓另一個市場，因故取消計畫，只見空地上四角豎立了四根大柱子，其他空無一物。父親以他精明的生意腦袋仔細盤算，前面是書店街重慶南路，後面是熱鬧的博愛路，很多逃難來台的上海人在這條街上開布莊、服裝店，離總統府不到一百公尺，離台北車站也很近，每年十月十日有不少華僑返國都需住宿。父親認爲這個地點大有可爲，作爲市場實在可惜，就和華南銀行立下契約，準備興建一棟當時台北市最高水準的大旅社，取名「武漢大旅社」。沒想到「武漢大旅社」後來竟成爲我們一家人一生中逃不過的夢魘。

「二二八」後被捕，在綠島被關了五年的大舅，因爲背著「叛國分子」的罪名，沒有人敢僱用，藉著姻親的關係替我父親做事，父親讓他負責底層「大上海浴室」和「家庭浴室」

的興建工程。「大上海浴室」是模擬上海租界的三溫暖浴，兩個大且深的浴池供一群男人泡在池中喝茶、抽煙、吃小點心、談生意、談私事。下了浴池，有服務生遞毛巾，也有職業按摩師按摩身體。共有八十張並列的長型躺椅，每兩張躺椅共用一張茶几。泡完熱水浴的顧客，舒適地躺著，由男性盲人按摩師訓練有素地按摩、捶打著疲倦的身軀，幾十雙有力的手捶打在幾十個脫得精光的身軀上，發出巨大的「啪！啪！」聲，連武昌街口都聽得見。浴室內的男人們最多圍著一條毛巾，這裡是女人禁地，就連女性盲人按摩師也不能入內。

大舅柯炤（中）抱著黃秀華的二哥黃屏藩。這張照片拍攝半年後，柯炤就被捕，關到綠島。

唯一例外的是五歲的我和六歲的姊姊。有一個長假日，浴室不開放，全面清洗並換水。這給調皮得可以天翻地覆的大哥知道了，領著我們幾個小蘿蔔頭進去，穿著內衣褲跳進池子裡，分成兩隊人馬，各據一池打起熱水戰，整整玩了一個下午。看守員看得有趣，也沒給爸媽打小報告。

「大上海浴室」在大樓左邊，右邊是「家庭浴室」，有四間大型的「家庭浴室」和十間小型的「個人浴室」。大型的家庭浴室供全家大小一齊浸浴。當時一般人家裡沒有浴室的設備和空間，大都在廚房旁擺個大澡盆，平時用來洗衣服，晚上沖一沖，就拿來洗澡用。身材矮小的孩童還可在盆子內洗，大人們只有蹲在旁邊，用杓子舀熱水往身上沖。寒冷的冬天，只有一面打哆嗦，一面快速地胡亂沖洗，急急擦乾，穿上衣服。經濟狀況好一點的家庭，每個星期來到大樓下，繳個十幾元，全家大小就可在家庭浴池內泡上幾個鐘頭，享受熱氣騰騰的溫水浴。天冷時，生意極好，大人小孩帶著毛巾、換洗衣服，捧個臉盆，一個個坐在浴室前的走廊長凳上很有耐心地等著。「個人浴室」是給單身者或夫妻式小家庭洗浴用，房間比較小，較舒適。「大上海浴室」和「家庭浴室」是在物資貧乏的第二次世界大戰後，一種摩登、新式的消費。大樓左邊巷內有一座兩人高的大鍋爐，日夜有員工看守，加煤看火、燒開水、燒飯供應賓客。

大樓正面有兩扇鐵門，平時都敞開著，只有過年休業時才關上，中間留有一個人身可出入的門縫，只表示過年休假不營業，沒有實際的關鎖作用，除了交叉網狀的鐵門外，並沒有內門。一入門，有兩根紅色的大圓柱並立左右，右柱上用黑墨書寫著「武漢大旅社」五字。柱旁一個朱紅的大櫃台，接待生坐在裡面，看到客人一面按鈴通知二樓，一面幫客人提拿行李上樓。「武漢大旅社」在當時是台北市最大最豪華的旅社，站在大廳中往前看上去，彷彿置身古時宮殿前的台階下。寬大高聳的樓階，一級一級地踏上了六步，是一個歇腳的平台，再上去六級，連接另一平台，左右分兩翼伸展上了二樓。左翼上旅社大廳，右翼上客房。中間是一道大石壁，壁前掛著一面大鏡子，鏡子兩旁的紅字，已經記不清楚寫些什麼。壁上就是二樓的看台，父親空閒時，就站在那裡看著他一手建立的王國，心裡計畫著拓展「武漢帝國」的鴻圖大業。只要父親一站在那裡，樓下的職員、工友、三輪車伕立刻停止竊竊私語，作鳥獸散地回到各自的崗位，埋頭整理櫃台上的記錄本、清掃台階、抹亮鏡子，忙得不亦樂乎。

二樓左右兩翼的大樓梯，各轉四十五度角，又伸展出八級的階梯，在二樓和三樓中間的平台交會。再上十級就看到兩扇玻璃門，右手門用紅漆書寫「汀江」兩字，左手門寫著「公寓」。

二樓的「武漢大旅社」供客人短暫休息和短期居住。爲了應付政府官員，常不得已要特價優待或免費招待他們。其中有一些常來往於大陸、香港、台灣的情治人員，帶著一麻袋一麻袋的大陸人民幣投宿於旅社，利用特權賴帳，打低折扣，我們做生意的，抱著忍氣生財的原則，只能睜一隻眼、閉一隻眼，叫手下職員馬馬虎虎打發走，算了！

三樓「汀江公寓」提供較長期的住宿，有住一個月的，住半年的，有的客人從大陸逃難來台，沒有攜帶家屬，出來時也帶著一些金條，就乾脆長期住在汀江公寓內。住客都是從大陸來的，有香港、台灣兩頭跑的生意人，有四海爲家的船員，有親屬逃往菲律賓、泰國，而本人不肯隨行，暫時跟著老蔣蹲在台灣隨時準備「反攻大陸」的銀行家。閒暇時，客人們出了自己的房間，來到大廳上坐著談天，話題不離大陸局勢及香港、新加坡、南洋一帶華人的活動情況等。共同的語言和共同的話題，在被稱爲「反攻復國基地」的陌生島嶼上的一個溫暖的窩，讓這群無根的「外省人」有賓至如歸的感覺。有些住一、兩個月就走的客人，隔些日子又回來「汀江公寓」住，看到熟識的老房客，大家總是熱絡地互相寒暄問好。

汀江是福建西邊的大江，流經長汀縣，連接武夷山。父親是福建長汀人，汀江有他懷念的童年，在台灣島上建了一棟「武漢大旅社」，三樓取名「汀江公寓」，每晚父親處理完公事上樓休息，看到玻璃門上這四個紅漆大字，就彷彿回到了福建老家，安慰遊子寂寞的鄉情。

整棟大樓的地板與階梯都是用當時最昂貴的小細紅石子鋪成，用人工十幾人蹲在地上，花數個月的時間磨成光滑亮麗的平面。許多生活貧困的親友都來我家作磨石子工糊口。

在武昌街口、重慶南路口和漢口街口，都可以看到醒目的朱紅色招牌，寫著「武漢大旅社」五個字。走到附近，提及「大樓」、「旅社」就是指這棟大樓。大樓裡有最新穎的裝潢設備，樓內有兩座安全梯，也留有將來要裝設電梯的空間。

我們全家原來不住在旅社內，而是住在泉州街，父親每天搭著自用三輪車早晚兩頭跑。「汀江公寓」蓋好後，我們全家才搬過來，住在三樓最右邊的四個房間內。蓋「汀江公寓」時，我的印象非常深刻，那時我四歲，母親不知在哪兒看到別家女兒炫耀似地跳芭蕾舞，也把我送去萬華學跳芭蕾舞。原先是要送大我一歲半的姊姊去學，沒想到外向活潑的姊姊五分鐘都坐不住，只喜歡黏著大人屁股後頭要糖，父親才剛整理好衣服，她已經跳上三輪車，等著跟父親去別人家當小客人。姊姊無論如何不肯去受那舉腿、舉手的呆板訓練，母親看我膽子小小的，總是躲在姊姊背後，就決定讓我去學芭蕾舞，改一改小裡小氣的個性，看能不能變成大大方方的大家閨秀。

剛開始從基本動作訓練「ONE、TWO」、「ONE、TWO」開始。我不懂「ONE、TWO」是英文，只知道「ONE」時要彎下腰，彎得不夠深，老師從背後「啪」一下打下去；「TWO」時，頭往後揚，揚得不夠後面，老師從胸前「啪」一聲打下去。除了基本動作外，就是一手抱著洋娃娃，一手拿著中間有一顆鈴鐺的搖棒跳「娃娃舞」。跳了幾個月，洋娃娃不知什麼時候少了一條腿，我也不敢向媽媽抱怨，父親是「勤儉致富」，家中除非有必要，否則就連小孩的玩具也不隨便買的。於是我抱著殘廢的洋娃娃繼續練了幾個月的芭蕾舞。

我家的三輪車伕一大早先把父親載到「武漢大旅社」辦公，中午再回到泉州街載我去萬華跳芭蕾舞，下午來萬華接我去旅社等父親一同回家。我是個很安靜的小孩，大部分時間都坐在二樓客廳的櫃台裡。有時，在父親下班之前，就跟著他上三樓去查看「汀江公寓」工程進度如何。父親手中拿著一根長長的指揮棒，東敲敲西敲敲，和工頭討論，我抱著斷腿娃娃尾隨在後。有一次眼尖的父親看到地上凌亂的木屑、木塊磚瓦中有異物，用尖長的指揮棒挑開，竟是我的洋娃娃的「玉腿」。「這是誰的腿？」父親回頭對我笑著問，我趕緊蹲下去撿起來。父親是很嚴肅、很威嚴的老闆，一心一意要建立自己的大事業，一大早出門，很晚才回家，很少和小孩子們說話，除了什麼都不怕的姊姊外，我們對父親都很敬畏，看到平時不苟言笑的父親對我笑，這還是第一次，所以蓋第三層樓「汀江公寓」時，我的印象特別深刻。

「汀江公寓」蓋好後，我們全家人就搬進來這裡住。底層「大上海浴室」和「家庭浴室」

的生意興隆，二樓「武漢大旅社」的客人來往不絕，聘來一位姓姚的菲律賓華僑當經理，還是忙不過來。數十名員工除了帳房、管理員、工友外，其他服務生都是台灣人，父親不會講台語，溝通有問題，母親是福佬人，加上天生的領袖能力，搬來「汀江公寓」後，所有女服務生、女佣人、煮飯的、洗衣服的都歸母親管理，父親如虎添翼。「武漢大旅社」生意蒸蒸日上，父親準備再加蓋第四層樓。

楊薰春和長女黃嫚娜、最小的兒子黃國藩（1959）。

搬來「汀江公寓」之後，我就不跳芭蕾舞了。學了半年的芭蕾舞並沒有把我害羞內向的「小家子氣」改掉。有一回，母親興高采烈地請了一群朋友來家中看我表演，我看這麼多大人睜大眼睛瞪著我，我怯怯地把雙手隨便揮了幾下，轉個圈子，轉得東歪西倒，回到原地，再也跳不下去，只好站著發呆。大人們笑成一團，讓媽媽不太有面子。

芭蕾舞不跳了，我就整天在家裡玩「跳樓梯」。只有父親出外談生意時，我才可以到一樓玩。媽媽說樓下是做生意的，不能下去玩，平時在三樓「汀江公寓」也不可以大吵大鬧。

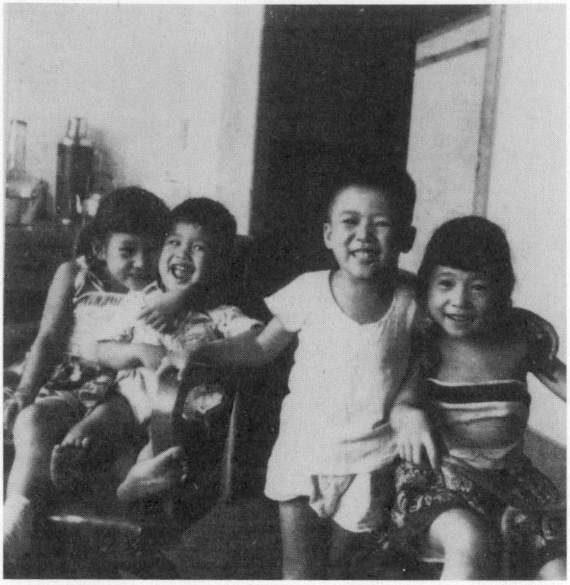

左起：黃嫚娜、黃國藩、黃來藩、黃秀華（1959）。

黃秀華（左）和老六黃國藩（1959）。

其實這條規定只有父親在的時候，我們必須遵守，父親不在時，母親很放縱我們和下人。父親又常常出外去洽商購買其他的土地，他一下樓，踏上三輪車，整棟大樓嚴肅的氣氛立刻改變了。女佣人提高嗓門說笑，男職員和女服務生也開始打情罵俏，在我家任職的大舅也因此和女服務生相戀起來，小孩子也在一條條的走廊上捉迷藏。芭蕾舞沒學成，半途而廢的我最喜歡「跳樓梯」，從「汀江公寓」的玻璃門開始，最先兩級、兩級跳，跳下平台，歇一下再跳，以後我可以一下子跳十級，兩臂一張地飛下去。有時，我們也坐在樓梯的扶手上，從三樓滑到最底樓。底樓的工友——和善的吳亮，在大廳等著接待客人，一看我們跳下去或滑下去時，就站在樓梯口，張開雙臂，等著我們失誤時接住。我的技術很好，從來沒有失誤過。父親一離開大樓，整棟大樓就像沒有大貓的房子，所有小老鼠全部跑出來了。我很少離開「武漢大旅社」，一方面留在大樓裡整天和哥哥、弟弟、家裡員工在一起就有得玩，另一方面我也離不開，因爲一離開「武漢大旅社」幾步路，我就會迷路走不回來。

有一回過年前，母親帶著我和大弟去距離武漢大樓不到五百公尺的「孔雀行」買童裝，店裡人潮擠得水洩不通，母親囑我看好弟弟後就擠入人群中，老半天還沒出來。平時我們都是和家中佣人在一起的，不知怎麼，我覺得母親一定是忘了我們，自己回家去了，就牽著弟弟要回「武漢大旅社」，結果愈走愈遠，心裡害怕，就哭哭啼啼起來。走了好遠，碰到一個十來歲的女孩子，手上牽著她弟弟要去醫院，好心地問我住在哪裡，我也說不出住址，只說是「武漢大旅社」。這個叫「阿仙」的女孩，腿上被蚊子叮得一泡一泡像紅豆冰一樣，她叫我不要哭，她知道我家在哪裡，會帶我們回去，不過她要先帶弟弟去看病。我牽著弟弟跟著

後排右起：黃秀華的母親楊薰春、二舅，前排左起：二哥黃屏藩、讀幼稚園的黃秀華、大姊黃嫚娜、大哥黃東藩。黃東藩手上拿著印有「孔雀行」的提袋。

她們繞了半個台北市，等看完了醫生，再繞回旅社時，已經是傍晚了。家裡的員工遠遠地看到我們，大叫：「麗娜、老五回來了！」從旅社跑出一群人，「阿仙」看到這麼多人嚇了一跳，說了句「你家到了」，也沒等家人向她道謝，牽著她的弟弟回頭就走。原來年底人擠，買東西花時間，媽媽拎著大包小包出來，一看兩個小孩都不見了，問了旁邊擺書攤的人，說是有個小女孩牽個小男孩，一面哭一面往相反方向走。母親報了警，然後跳上三輪車，一條街一條街找。那時我和弟弟正坐在診所內等「阿仙」的弟弟看病。城中區派出所有不少父親的熟人，也幫忙尋找失蹤的兒童。

這種糗事從不會發生在姊姊身上。我學跳芭蕾舞時，她才六歲，家裡三輪車沒空，媽媽叫姊姊來接我，給了她三輪車費，她不坐三輪車，把車費偷偷放在口袋中，自己走到芭蕾舞教室來接我。我抱著洋娃娃跟姊姊手牽手，一路走一路玩，姊姊把車費都買了糖果，叫我不能告訴媽媽，然後在回到家門前，把糖果都吃完，而且沒有迷路。姊姊才大我一歲半，卻比我機靈許多。爸爸媽媽也覺得奇怪，兩個姊妹年紀差不多，姊姊活潑能幹，我卻是一副傻不隆咚的樣子，什麼都不懂。

在博愛路孔雀行迷路後，我對認路更沒信心了，再也不敢走離大門口太遠，只有和對面洗衣店老闆的女兒陳美娥一起在自家旅社前「跳房子」。直到我開始上小學一年級，左鄰右舍的小朋友一大清早就聚集在漢口街口排隊，由隊長吳經緯喊「一、二、一、二」，大家一齊踏步，朝中華路旁的「福星國小」走去上課，我才慢慢認識漢口街這條路。

爸爸媽媽事情多、應酬多，只好把我們交給佣人帶。除了樓下旅社的職員、守門員、工友外，我們還有煮飯、洗衣服、帶孩子的佣人，每次一開飯，就是四大桌坐得滿滿的。爸爸常常和職員們一起吃飯，順便聽聽報告，很少和我們一起吃。我們都留在三樓，如果媽媽不在，就由佣人帶著我們上飯桌。我們幾個孩子和佣人們都處得很好，我們家的小孩很善良，不像有些有錢人家小孩會欺負下人。我們吃藥時，因爲藥苦，媽媽通常會買些米紙，把藥包在裡面吃就不苦。有時佣人們會向哥哥要，哥哥就去媽媽房間拿，讓她們拿回家給小孩子吃藥用，但哥哥從不會向媽媽提這些事。

帶小孩子的佣人都很會講故事，她們告訴我「虎姑婆」和很多鬼故事。我不愛聽鬼故事，因爲我的膽子很小，於是她們就換個可憐孤女到有錢人家做女佣的故事，結局總是孤女離開了那個有錢人家回家鄉時，背後飛來一堆金子打在她的頭上，她很高興地撿起來帶回家。佣人房是半人高的榻榻米床，四、五個人一間。有時，十七、八歲的女佣人一面半躺著聽收音機的歌仔戲，一面用手帕擦眼淚，大概是才子佳人的故事，那時的我很好奇爲什麼小小的方盒子會讓她們掉這麼多眼淚。不過我們家掉眼淚最多的就是姊姊，每次她黏著爸爸坐三輪車出去後，回來就是大包小包的糖果，二哥眼尖，一看到就從她手中搶走，原來笑嘻嘻、得意洋洋的姊姊，一下子大哭大鬧跟著後面追。只有那些時候，我才看到有人掉眼淚。

有時佣人們也帶著我去城中市場旁的廟前聽歌仔戲，許多人都自己帶凳子去，擠得水洩不通。在大樓裡，大人各忙各的，通常是安安靜靜的，來到這種熱鬧的場合，人擠人，令我興奮不已。

但好景不長，一九五九年七月的某一天，吳亮突然神色緊張地跑上三樓要找爸媽。爸爸媽媽一聽了報告，兩人急忙往樓下走。二樓起了嘈雜聲，大姊跟著大人後頭，也跑下去再跑上來，睜大了眼睛告訴我：「樓下那個姚經理死掉了，下面很多人都在看，妳要不要去看？我帶妳去！」我的膽子一出生就很小，不敢下去。姚經理是個六十多歲的菲律賓華僑，由親友介紹給父親來到旅社裡當經理。

自從國民黨撤退來台灣後，國共之間恩怨仍未結束。共產黨開始清算地主、國民黨員，台灣的國民黨也一天到晚抓潛伏在島內的匪諜，特務像獵犬一樣，到處嗅嗅是否有隱藏在各行業、各階層的共產黨員。只要是一九四〇年左右來台的大陸人都可能是匪諜，搞得全台的大陸人人人自危，不敢多事。五〇年代，大陸正在整肅有海外關係的大陸同胞，只要有親友在海外，不管是新加坡、菲律賓、泰國、日本

左起：黃嫚娜、黃來藩、黃國藩、黃秀華，於新公園池畔（1959）。

黃秀華（左）和大姊黃嫚娜站在新公園的博物館大門台階上（1959）。

或台灣，就有通敵的可能，開始被整、被鬥。

父親來台，除了我的一個叔叔、一個姑姑和表哥跟過來之外，全家都還留在福州和長汀。因爲父親跟隨國民黨來台灣的關係，父親的兩個弟弟——閩叔和桂叔，都被下放到邊遠地區勞改。海峽兩岸，以無辜人民的生死，從事沒完沒了的政治競技。有所不同的是，蔣介石撤退來台，鑑於台灣太小，不足以和對岸毛澤東的廣大疆土匹敵，遂採取相對的華僑政策，拉攏華僑，花大把大把的銀兩在世界各國成立許多公所，如中華公所、龍岡公所，在媒體上宣傳這些華僑都是忠貞的「反共」愛國分子。不少大陸人去國外晃一圈，到了台灣就以「華僑」身分享盡特權。

在海外媒體大肆宣揚歡迎海外僑胞返國，每年雙十節都有海外「僑領」回國參加慶典。遊行的隊伍走過重慶南路，我們都跑去看，每個人都穿西裝、打領帶，手上揮著青天白日旗，很神氣。海峽兩岸來往斷絕，不通郵，我們寄給大陸祖母的匯款、信件也都透過新加坡的「華僑」親友轉寄。「華僑」的身分是貴賓，比本地人高一級，他們可以透過「僑務委員會」和政府高級官員接觸。父親透過朋友介紹，聘請姚老先生來當旅社經理，也是爲了生意上的公共關係，加上旅社裡常常有政府官員利用特權來揩油，讓具有「華僑」身分的經理來擋駕或許比較有力，不料竟招來橫禍。

每次我走下樓就會看到姚老先生，他坐在旅社大廳中，蒼老的臉上沒有一絲笑容，不太快樂的樣子，其他大人們會逗小孩玩，他則很少理會我們，那時我以爲老人都是這樣不快樂。長年漂泊於異鄉，受了「蔣總統的感召」而返國，但這裡並非他所熟悉的中國大陸，語言不通，人生地不熟，訟案纏身，又無處可去，就自殺死了。

這件不幸的事發生後，父親心情很不好，臉色不太好看，很少出去談生意。大部分時間都留在「汀江公寓」，兩手背在後面，踱來踱去，向媽媽抱怨著：「眞倒霉！樓下死了人，客人嚇跑了，生意不好做。還以爲歸國華僑都如國家所宣傳，是爲了愛國回來建設的，沒想到是落魄走投無路才回來。」姚老先生有個親戚在調查局做事，挾著淫威來旅社大鬧一陣，向父親勒索巨款。父親以爲旅社只管做生意，此人死亡和我們沒有關聯，所以不加理會。「武漢大旅社」維持近百名員工的生計，被人這樣東勒索一下，西勒索一下，怎麼做得下去？父親遂對這批無賴的要求採取相應不理的態度，只管叫職員打發走。不料從此埋下禍根。

事情發生後的幾個星期，生意清淡不少。父親看了帳簿入不敷出，著急得很，常常站在二樓的看台神色憂慮地往下望。兩個月後，生意慢慢恢復正常，父親終於放下一顆忐忑不安的心。

正在加蓋的四樓，又開始動工。「汀江公寓」的陽台旁架起一個臨時的木梯，用來運送建築材料，我們小孩子不可以靠近。爸爸告訴媽媽，周圍的鋼筋都綁好了，也灌了水泥，木工開始釘屋架。哥哥們開始猜第四層樓要叫什麼名字，他們已經上學了，知道很多中國大地方的地名。我想是叫做「福州大」什麼的，因爲媽媽常常提：「你們那個福州祖母……」祖母是福州人，除了福建長汀外，我只認得福州。

十二月初，二哥很高興地扳著指頭，每天算離他十歲的生日還有多久。媽媽答應給二哥開一個「大大的」生日派對，他可以邀請「女師附小」班上的小朋友來參加。老五也吵著要開生日派對，媽媽說：「麗娜、老五、老六都太小，要等長得像哥哥姊姊一樣大才可以作生日。」不知道爲什麼，媽媽老是從「麗娜」開始就把我們分成小的這一邊。我們很羨慕哥哥姊姊，希望自己快快長大。二哥的生日是十二月八日，媽媽決定提早一天幫他過生日。那天，二哥邀了好幾個大哥哥來我家玩。平時爸媽應酬忙，很少全家在一起吃飯，這晚父親照舊和生意朋友在外面應酬，媽媽卻難得在家。佣人煮了好多長壽麵和蛋，媽媽給每人夾了一大碗，並且告訴我們吃長壽麵時，麵線不可以夾斷，我乾脆站在椅子上拉起長長的麵線看它有多長。佣人告訴母親，臨時買不到煮紅蛋的材料，母親打開皮包，拿出口紅，在每個蛋上畫一個紅紅大大的圓臉，有眼睛、鼻子，和一個大笑著的嘴巴，然後寫上每個人的名字。有母親在的場合總是令人興奮的，她永遠打扮得光鮮時髦，燙得捲捲、短短的頭髮，兩邊往後梳，前額留下一束向右梳，把她漂亮的面孔襯托得更美了。

平時媽媽都在大樓裡管理員工，有時興致一來，便提著菜籃到城中市場買菜。每回老五、老六也吵著要去，一人一邊拉著媽媽的旗袍，大哭大鬧，媽媽只好佯裝說不去了，叫阿巴桑去。我會了意，悄悄地拎著菜籃下樓，在樓下等媽媽。一下子，媽媽就擺脫了兩個小鬼的糾纏，躡手躡腳地下了樓，一手接過菜籃，一手拉著我往市場去。母親快步地走，我也飛快地跟，以免被背後兩個小追兵逮住。通常逃到武昌街就安全了，這才放慢腳步。我們過了馬路，走到市場裡，每一個人都認得媽媽，媽媽一面揀菜、講價，一面和菜販聊天。「爲什麼這麼貴？」「頭家娘，風颱作水，有什麼辦法？」一面用手指甲戳一下魚，說：「這魚新鮮不新鮮？」「新鮮啦！昨天才抓的。」媽媽在每個攤子都停留很久，當離開這個攤子到下一個攤子，菜販的眼光還是一直尾隨著她。她喜歡上市場，小時在農村長大，市場裡有她熟悉的童年、熟悉的人物。「武漢大樓」是她的責任，她是老闆娘，她是妻子，她是六個孩子的母親。父親擴展事業的野心常常帶給母親不少精神壓力。

大部分時候媽媽是快樂的，她常常哈哈大笑。只要她一出現，整個氣氛就活潑起來。我總是喜歡搶坐在媽媽旁邊，她身上總是飄來一股香香的味道。

在二哥的生日派對上，一群男孩子們開始大吹特吹，小壽星二哥興高采烈地說，他將來長大要蓋一棟比「武漢大旅社」更大的房子送給媽媽，好好孝順媽媽。當時我不知道「孝順」是什麼？不過我想一定和「乖」一樣，就是聽話，不要吵鬧。二哥要蓋的房子一定很大很大，我每天在「武漢旅社」裡從三樓玩到一樓都玩不完了，他們蓋更大的房子，怎麼玩得完呢？二哥的死對頭姊姊也不甘示弱地說，她也要蓋一棟比二哥那一棟更大的房子給媽媽，二哥瞪了她一眼，吼著：「今天是我的生日！」伶牙俐齒的姊姊仍不肯善罷干休，兩人吵吵鬧鬧的，媽媽只好笑著說：「好啦！好啦！明年三月就輪到你作生日。」姊姊才安靜下來。

我和弟弟都喜歡這種場合，有很多小朋友，還有媽媽、哥哥、姊姊，橫霸無理的老五也格外安靜。那時的我年紀還很小，插不了口，只是高興地一面吃著麵線，一面聽著他們七嘴八舌。哥哥姊姊都好棒，他們長大都要和爸爸一樣蓋大房子，我卻不知道長大後要做什麼？只想著如果每天都是像這樣，媽媽、哥哥、姊姊、弟弟都在，最好爸爸也在（不過他實在太忙了），每天快快樂樂的，我長不長大也沒有關係。

嘴裡含著一口麵線，眼皮開始沉重，我努力想睜大眼睛往上撐，頭卻往下點。媽媽叫佣人把我帶回房間睡覺，我百般不願意，可是手腳卻不聽話，只有任人擺佈。什麼時候我長大到媽媽也給我作生日呢？我依依不捨地進入了夢鄉。

不知道過了多久，迷迷糊糊的睡夢中，一陣陣急躁的木屐聲夾著人群喧嘩聲把我吵醒了。

我更小的時候，晚上睡覺一定要抱著媽媽，摸到她眉毛上一顆大大的黑痣才肯睡。後來兩個弟弟出生，弟弟們黏媽媽黏得比我更緊，他們就和爸爸媽媽一齊睡。我和姊姊一個房間，兩個哥哥一間。他們不是該睡覺了嗎？爲什麼這麼吵？我坐了起來，掀開被子，揉揉眼睛。吵鬧聲愈來愈大，很多人嘰嘰喳喳地講話。父親一向不准任何人三更半夜出太多聲音，怕把房客吵醒。我睡眼惺忪地向右邊一摸，赫然發現姊姊已經不見了，她的被子被踢在一旁。接著遠遠地傳來一陣陣鐵槌敲打聲，還有間歇的小孩哭聲，一定是老五、老六，整棟大樓除了我們，沒有其他小孩。我趕緊爬下床，不祥的預兆令我害怕。我把半掩的門用力打開，父親房前的走廊上早已擠滿了人。「媽媽！媽媽！」我大叫著，用力向前擠，一個男房客正用槌子敲門鎖，房內傳出老五、老六微弱的哭泣聲。「開了！開了！」門鎖被敲開，我隨著人潮衝入房內，眾人被房內的情況嚇住了。

父母的房間是兩室相連，中間隔一個圓形的空壁。外室是個小客廳，有沙發椅、小茶几、文件抽屜，內室有梳鏡、櫥櫃和保險櫃。保險櫃用來放現金、珠寶和地契等重要文件。抽屜全被拉開，文件散了一地，保險櫃也被打開，裡面已經空無一物。衣櫃也打開著，衣物散在床上、地上。床上的棉被被掀開，三歲的老六、五歲的老五，坐在床上已經哭嚎很久，兩張小臉漲得紅紅的，筋疲力竭嘶啞地哀號：「媽媽！媽媽！」爸爸媽媽都不見了！

「媽媽！媽媽！」我擠到床邊，抓著仍有餘溫的被單也跟著大哭起來。不知什麼時候姊姊已經站在床頭，我抓住她的手臂晃著：「爸爸媽媽呢？爸爸媽媽呢？」姊姊不回答我，她全身發抖，眼淚一直往下掉。十一歲的大哥，和幾個鐘頭前才過完十歲生日的二哥也都愣愣地站著，望著空盪不見父母身影的床發呆。

隔了一陣子，姊姊把還在抽泣的老六拉過來，緊緊地抱在懷裡，坐在床邊。我也過去，把老五的手抓過來，把他拉在我身旁。大哥二哥也挨過來擠在一起，一面掉眼淚，一面發抖。平時吵吵鬧鬧愛和大人爭執、計較的哥哥姊姊，原來也和我一樣，也是小孩子，也會害怕。我從來沒有看過他們這樣害怕過。

門口不斷有人擠來擠去，探進頭來四處張望，交頭接耳地談論著。我們六個小孩子就這麼茫茫然從黑漆漆的夜裡坐到天亮。大人都不見了，我們怎麼辦？我們緊靠著，呆呆地坐著等。等什麼？我們不知道，那未知的命運吧！後來姊姊告訴我，爸爸媽媽被一群壞人抓走了，三更半夜跑進來一群帶手槍的壞人，把整個旅社圍住，另一批人衝進旅社內抓人，從一樓搜到三樓，連那個看到我就笑嘻嘻叫「二小姐」的和善的工友吳亮也被抓走，每個人都被黑布綁住眼睛，塞入早在樓底下等著的黑色汽車內。

老五、老六一直吵鬧要找媽媽，佣人們只好說媽媽出去一下子很快就回來，一向什麼都知道的哥哥姊姊也不知道到哪裡去找爸爸媽媽。以前他們常常跑出去玩，現在他們都不出去了，我們整天守在「汀江公寓」裡，呆呆地等，等到有一天爸爸媽媽回來，媽媽會哈哈大笑，說看我們以後還敢不乖，不乖他們就把我們六個丟下，看我們怎麼辦？

恐懼像一條無形的繩子，把我們六個小孩子綁在一起。我們動都不敢動，靜靜地等待下去。

爸爸媽媽什麼時候才會回來？

人間煉獄——調查局

原來國民黨在中國大陸專門抓匪諜的情治單位，來到台灣之後分成「情報局」和「調查局」，十二月八日當晚來武漢旅社抓人的就是這批人。事發的前幾天，早有幾名特務人員化名投宿在二樓觀察動靜，計畫要抓哪幾個人。想想他們在中國大陸多麼威風厲害，在中國各大城市南京、漢口、北京、上海租界、天津租界，出入各種豪華場合，在大舞廳、名歌廳中，在豪華郵輪上，在各軍政部門，暗殺軍政要人、綁架大使、抓拿市長、逮捕教授。國民黨遷台後，不僅小小的台灣沒有像中國大陸那種十里洋場的豪華場所可以出入，連潛伏在島內的共產黨都抓光了，只好抓國民黨員充數。和在中國大陸那種刺激的特務生活相比，在台灣簡直是無聊透頂，再加上情治系統間分工含混，各單位都有自己的情報站，六百萬愛好和平、不愛鬥爭的台灣人又製造不出什麼大事件，一有案件，大家搶功、搶著辦案。

「武漢大旅社」在當年政府所在地台北是首屈一指的公共場所，加上「武漢」這個大都市名稱，令這些特務懷念起他們在中國大陸出生入死的神勇生涯。這些特務技癢已久，準備用他們在中國大陸抓匪諜的那一套在此地大展身手，他們暗地裡演練，然後神不知鬼不覺地潛伏在我家的武漢大旅社。

旅社裡人來人往，熙熙攘攘，男職員忙著接待客人，女服務生忙著倒茶水、換洗床單，工友吳亮忙著掃地，刷洗浴室、浴盆，帳房林祖簪忙著記帳。爸爸一方面看到二樓生意有起色而歡喜，一方面爲加建四樓的事忙碌，媽媽一如往常和佣人們談買菜、煮飯、小孩子的雜事。我和弟弟們在寬大的樓梯跳上跳下，玩得不亦樂乎。

在那樣的太平盛世，一群努力工作爲自己前途奮鬥的小老百姓，對於潛伏在大樓角落，轉動著狡黠的眼珠監視著他們的特務和漸漸逼近的危機，以及籠罩在整棟大樓的天羅地網渾然不覺。

按照調查局「特殊任務」的計畫，當天深夜幾部黑色大車悄悄停在旅社前，幾十名便衣調查人員把整棟大樓團團圍住。正在一樓準備接待客人的吳亮一走下櫃台，首當其衝被抓走，塞進黑色大車內。幾名特務人員拿著手槍無聲地跳上二樓樓梯，闖入原先潛伏在旅社內的特務所告知的房間抓人。但究竟什麼原因？沒有人知道。旅社內的六個人，除了父親和母親有夫妻關係外，其他四人非親非故，只是湊巧在旅社內工作和住宿而已。

過了一個月，台大化工系主任陳華洲也被捕。陳華洲的被捕令父親大吃一驚，他是父親的老同鄉，和父親在老家就認識，大父親十幾歲，是福建長汀縣的名人，也是大陸來台接收的重要官員之一。來台後，基於同鄉之誼和他那雄厚的背景，父親找他作爲生意上的夥伴，但事實上他和父親並不算是深交的友人。陳華洲交往的都是政治界名人，像司法行政部長查良鑑、陸軍總司令羅烈、陳立夫派的中統局高級情治人員葉秀峯（曾任調查局長），還有胡適、雷震等人。陳華洲的被捕，更令這案件撲朔迷離，究竟是什麼人在背後策劃，使得連陳華洲這樣的人也牽連進來？他的罪名是提供巴拉松給父親注入死者體內，可是事實上化工系並沒有巴拉松，只有農化系才有。究竟是什麼動機非要製造這麼牽強的罪名，致七個無辜的人於死地呢？幾十年來這始終是個謎。也許連殺人不眨眼的劊子手——調查局的特務人員也不一定知道，他們只是聽命行事，順便藉機一逞殘暴的本性吧！

才三十九歲的父親，已經遭遇過無數大風大浪，在國共之爭中，他活了下來；在警界派系鬥爭中，他逃開了，他的同僚中沒有逃掉的，都以莫須有的「匪諜」罪名被關起來，甚至有些人從此消失無蹤，沒有人敢追究他們的結局。在更險惡的環境中，他都逃掉了，現在距離終戰已經是第十四個年頭了，國共之間的恩怨除了口頭上的互譏，你罵我「毛匪」、「萬惡的共匪」，我罵你「蔣匪」、「美國帝國主義的走狗」之外，還有什麼可怕呢？何況父親離開警界已經有很長的一段時間，他只是一名成功的生意人，政壇上的派系恩怨再怎麼也扯不到他身上。

一群帶著槍衝入睡房內的特務很快地將猛然驚醒的父親反手扣住，他心頭一震，在他建立的武漢王國中，他沉醉於未來的鴻圖大業，忘了現在仍然是「反攻大陸」、「殺朱拔毛」的時代，他變成一個沒有政治危機意識的普通老百姓。父親辛苦建立的武漢大旅社，原來是築在流動的政治狂沙中隨時會消失的海市蜃樓。

父親一生中逃過幾場大劫，卻沒有逃過這場。

正抱著三歲的老六的母親，趕緊把老五抓入懷中，特務把老五、老六從母親懷中推到床上，老五、老六開始嚎啕大哭，母親奮力抗拒著，他們一面拖，一面哄騙著：「問點話，就放你回來。」媽媽哭喊著：「我的孩子！我的孩子！」然後也被蒙著眼睛抓走了。當時，我和姊姊睡在走廊對面的另一個房間。

調查局將旅社的人抓起來，利用一具自殺華僑的屍體，編造了一樁疑點重重的謀殺案。一開始誣指同案中的四個人有「匪諜」嫌疑，「藉口」是中國共產黨派父親爲首，假意經商，潛伏在台灣島內，以「武漢大旅社」爲掩護，蓄意殺害歸國華僑，以擾亂台灣社會治安，動搖民心，嚇阻華僑不敢回歸中華民國。這是原先預擬的劇本。

然而，被逮捕的七人中，除了台大教授陳華洲曾擔保過一名陳姓學生出國留學，後來這名學生出國後返回大陸投共外，其餘六人和共產黨一點瓜葛都沒有，而且還都是忠貞的國民黨員。工友吳亮是國民黨的少年兵，打過日本兵，也打過共產黨，隨著部隊來台，經他的部隊長向姚經理推介，做事謹慎的父親還一度以陌生人來歷不明，怕有政治糾紛，要他去找保人才肯任用。職員游全球原是福建第四軍團的軍人，和父親同鄉，從部隊退下來後，基於同鄉之情來到旅社工作。帳房林祖簪是從報上徵來的會計。父親本人更是一出生就是個毫無選擇的國民黨員，是日本投降後第一批登陸台灣的國民黨警官，家人不是被共產黨鬥爭致死，就是在國共之戰中戰死。

誣告的劇本是調查局特務一面刑求一面開會研究、修改，再叫受刑人重抄而來的。刑求人員講得很明白：「上面交待下來，就是要你們七個人承認殺人。」「上面」是誰？爲什麼明明是一具自殺的屍體，要花這麼多工夫把它變成一樁莫名的謀殺案？誰有這麼大的指使權？目的是什麼？整肅的對象是誰？

青天霹靂，莫名之冤，七個受難者被關在調查局內日夜毒打了七十九天，最傳統的和最新型的刑求都出籠了，除了拳打腳踢，用兩百燭光電燈泡照眼睛，還一面打耳光。打完後，拿鹽水灌，不喝，他們就打。受刑人口渴了要水喝，就逼你承認殺人，不承認殺人，就當匪諜辦。

父親自幼不僅親友遭共產黨殺害，他也親眼看到國民黨員殺害共產黨員，頭砍下來，血噴出來，身體還向前跑的駭人景況，國民黨員落在共產黨手中，沒有好下場；共產黨員落在國民黨手中，死路一條。然而，全中國大陸的人大都不是國民黨員，就是共產黨員，每個人都像押寶一樣，把自己的一生賭出去。

本來調查局特務想誣賴父親是「匪諜」，父親深知被打成「匪諜」罪名一定沒有活路，因此極力否認。他們問：「某某人老家福建長汀是共匪的窩，鄉人很多都在匪區做大官，你認得嗎？」父親說不認得。「你知道在台灣的長汀人有哪幾個是匪諜？」「不知道。」「你可以保證在台灣的長汀人沒有一個是匪諜嗎？」「不能保證。」又問：「某某人是你們長汀人，你認識嗎？」有的父親認識，有的不認識。特務告訴父親，那些人都是匪諜。其中一個是父親的同學，父親就反問：「他不是現任某機關股長嗎？」刑求的特務說：「是，但你不能向外講。」又很仔細地問了父親所認識的每一個人。父親表示是同鄉，一起吃飯而已，他們就問：「他有沒有罵總統啊？」父親說沒有，對方就一拳打過來：「他媽的，不坦白告訴我們，搞得我們沒有面子，對『上面』不好交代。」

調查局還安排了一個也姓黃的匪諜來套父親的話，他一進牢房就親熱地叫父親「老黃」，要和父親下棋。他一邊下棋，一邊說自己是什麼時候參加共產黨，爲什麼參加共產黨，說副總統陳誠的「三七五」減租是錯誤的，共產黨的政策如何好……。父親是聰明人，一言不發，讓這黃姓本家贏了棋。過幾天，他對父親有了好感，暗示他是被人利用來誣賴父親是「匪諜」。過幾天被調離，他感歎地對父親說：「你們的確是被冤枉的。」

要把一夥人當「匪諜」辦，不成，調查局於是回頭繼續用刑，要將原來的「匪諜」案改編成「集體殺人案」。

十二月寒冷的冬天，把人剝得精光，開著電風扇吹，把電線纏繞在兩個大姆指，另一頭繞著脖子，一通電，受刑人就振跳一下。「跪磚塊」，地上排了許多碎石磚塊，讓人光著雙膝跪在磚上，而且不准動，一動就是一拳，打倒在地上，拉起來再跪。幾個鐘頭下來，整個膝蓋皮破血流，站都站不起來。接著是狠毒的「絞腳趾」，把人綁在椅子上，將腳趾一根一根套入四角竹子，先用力一收，慢慢旋轉，然後再加速用力旋轉，直到腳趾肉和竹角絞在一起，再也轉不動。還有更殘忍的「手指甲穿針」，將大頭針頂在指甲縫中，問：「你有沒有殺人？」父親搖頭說沒有，特務把大頭針一頂，穿進了手指內。再問一次：「你有沒有殺人？」再搖頭，再插進一根，直到人昏死在地上爲止。父親昏死了三天。

其中最兇悍的一名劊子手名叫王琪，他們硬要七人承認殺人，十二月二十五日那天，打得特別兇，一面打一面罵：「他媽的，叫你們承認殺人，你們不承認，害我們無法過CHRISTMAS（聖誕節）！」受不了長期肉體的折磨，父親想要一死以求解脫，就趁著刑求人員休息時，把衣服上所有的大小鈕扣呑到肚裡，又趁上洗手間時，把肥皀也全部呑進去。沒想到居然沒有死。

求生不得，求死不能，就承認殺人罷！職員游全球回憶起被逼供而不得不承認殺人的情形說：「承認了殺人，好！幾個人？那麼就承認我一個人殺的。他們說，不可能，不只你一個。那到底是哪幾個人呢？他們說是你們旅社那幾個。『武漢大旅社』每天來來往往有兩百多人，是那兩百多人嗎？他們說，譬如林祖簪啦……好，那就是我和林祖簪好了！他們說，不行，還有其他人。我告訴他們反正我承認殺人就是了，你就告訴我，我和什麼人一起殺人……。」在這種辦案人員以殘酷的毒刑爲樂的變態心理下，父母連同其他五人被關在不見天日的調查局內，整整被刑求了七十九天後，再也無法承受肉體的折磨，被調查人員抓起血跡斑斑的雙手，按下指模，被迫承認殺人。

我的母親生長在日治時代的台灣，從小受日本教育。念到淡水高女時，日本戰敗，國民黨遷台，才在政府的「國語政策」下學中文，那時她已經十七歲了。上課的北京老師用支粉筆在半空中劃一個大大的圈，頭一搖，唸：「對不——住——」，一群高中女生跟著朗誦，一面嗤嗤地笑。不到半年，就畢業了。後來和父親結婚，會講、會聽，至於寫中文仍是不通的。在調查局一再刑求下，她按照別人已寫好的自白書，一遍又一遍地抄寫，竟然寫出一篇洋洋灑灑、字句流暢的「中文」自白書，承認幫自己的丈夫殺人。從此，她的中文進步神速。

刑求的特務一面毒打母親，一面騙她說趕快抄好自白書，蓋好章，就可以回家看六個小孩。她被打得遍體鱗傷，奄奄一息，一面掉眼淚，一面用生疏的中文抄寫自白書，特務們嫌寫得不好，再重寫，她努力地抄寫，只想回家。他們騙了她，她回不了家，她那六個三歲到十一歲的孩子從此淪爲無父無母的孤兒。當年母親三十一歲，父親三十九歲，他們很年輕就擁有龐大的事業，也很快也失去了一切，包括他們的六個子女。

完全沒有殺人動機的七人，在「要當匪諜，還是殺人犯」中，抱著苟且偷生的一絲平反希望，圈選了從此必須背負一生的殺人犯罪名。我家、陳華洲和林祖簪三家因此妻離子散，家破人亡。

調查局找來一群記者，宣稱「以科學方式偵破集體殺人案」，並得意洋洋地說調查局人員具有現代的科學知識，順利偵破此案，因而獲得一筆由「上級」頒發的獎金。每年的司法節，報上都登出「調查局在民國四十八年十二月科學偵破武漢大旅社案件」。這齣由調查局一手編撰，范子文、王琪聯合導演，由原版「匪諜案」改編的新劇情如下：「警界退休的黃學文與其妻經營武漢大旅社，聘歸國華僑姚某爲經理，姚某和黃妻因財務起訴訟。有一天黃學文向他的同鄉台大化工系主任陳華洲提起：『這個姓姚的太可惡了！把他殺掉！』遂召集帳房林祖簪、工友吳亮、職員游全球、房客王藹雲等七人共同決定殺害時間，分配殺害工作。由教授陳華洲提供巴拉松和膠質手套，七人在凌晨潛入這名六十歲老頭子房中，由王藹雲在姚體注射巴拉松，兩人抓手腳，工友吳亮把風，黃妻遞繩子，把屍體懸吊於二百名住客來往不絕的大廳口，僞裝自殺。經調查局人員鍥而不捨地偵查，終於科學破案。」

原來專門抓匪諜、辦政治案件的調查局，因此案而介入刑事案件，勢力的擴張令人心生畏懼，同行更不敢輕易得罪他們。

是誰默許調查局這樣的囂張？是誰在幕後主導這齣慘無人道的悲劇？調查局副局長范子文向父親透露是「爲了政治」，爲了什麼政治？「上面」的交代，「上面」是誰？爲什麼一具自殺的屍體，硬被調查局利用來編造成漏洞百出的謀殺案？爲什麼連政治背景強硬的陳華洲也被捕？爲什麼爸媽專心一意做生意，卻禍從天降？爲什麼？爲什麼？此後十幾年，我的父母在不見天日的黑牢裡日夜問著無情的蒼天。

覆巢哀啼——失怙六雛

爸媽被捕的當夜，二樓的武漢大旅社就被調查局占據了，三樓「汀江公寓」貼滿了寫著黑字的白色長形封條。一聽說老闆、老闆娘和員工被調查局人員押走，房客們紛紛打點行李，準備離去，以免遭到連累。

調查局人員站在二樓看台前走來走去，有不知情的冒失鬼闖上來就一一質問。「武漢大樓」像一座瘟疫侵入的死城，人人躲得遠遠的。

爸爸有很多生意上的朋友，他們常搭自用三輪車來找爸爸。幾輛三輪車排在門前，三輪車伕就蹲在地上談天。現在沒有人敢來了，樓下空蕩蕩的。我們的三輪車伕不見了，三輪車也不見了。

媽媽也有很多朋友，我和姊姊的衣服都是她們做的。我有一件露肩的衣服，上面是半透明的麻紗，下面是綠色的蓬裙。姊姊也有一件，不同顏色的。阿姨帶來給我們時，媽媽一面幫我穿，一面捏著我的肩膀說：「麗娜！好肉感啊！」那時我長得胖嘟嘟圓滾滾的，媽媽的一句話惹得阿姨們哈哈大笑。如今她們也不來了。

爸爸媽媽不見了，樓下的職員不見了，也沒有親友敢來看我們，這一群壞人奪走了我們熟悉的世界。父母在人間地獄被一批沒有人性的劊子手施以酷刑的七十九天，我們顫抖地生

雙親蒙冤入獄，六個小孩就像覆巢下失怙的雛鳥。被外婆帶到眷村撫養的兩姊妹，回台北探望幾乎已經變成街頭流浪兒的四個兄弟。左起：大姊黃嫚娜、二哥黃屏藩、作者黃秀華、老六黃國藩、大哥黃東藩、老五黃來藩。

活在未知的惶恐中。

老六被大舅帶去暫時寄養在深山中的農家。我和老五每天手牽手跟著哥哥姊姊，寸步不離。我們眞害怕一不小心，一眨眼，連他們也不見了。老五從小胃腸不好，身體很瘦弱，媽媽因此特別寵他。他一天到晚坐在小尿桶上拉肚子，有時沒人跟我玩，我就蹲在他面前叫：「老五！老五！」他一面「ㄆㄧ　ㄌㄧ　ㄆㄚ　ㄌㄚ」拉肚子，一面用腳踢我。他脾氣很壞，常常用拳頭打人。有些員工常常故意逗他，他就捏著小小的拳頭在大人背後追著打。現在寵他的媽媽不在了，哥哥只好帶他去上旅社內的公共廁所。男廁、女廁分開兩排，他先學會找到後面那一排男廁，再學著使用大人的馬桶。

等了幾個星期，老闆、老闆娘沒有回來，佣人們也一個一個走了，剩下一些暫時沒有找到其他工作，需要有個棲身之地的才留下來。現在她們都坐在「汀江公寓」的大廳內高談闊論，父親在時，只有房客和客人可以坐在大廳裡，我們小孩不可以爬上爬下。現在是「山中無老虎，猴子稱霸王」。從前媽媽在時，有一個胖胖黑黑的中年阿巴桑，常常幫我梳辮子，梳完就抱著我叫：「我的心肝小姐！」現在，她儼然是大樓的主管，老是扯著嗓門對其他佣人發號施令。「來，我給你綁辮子。」她坐在大廳的椅子對我招手，我搬個小凳子坐在她腳邊。她一面梳，一面說笑，談論著我的父母。「是不是？」她用力把我的辮子往後一拉，我不吭聲。自從父母被捕，大人對我們的態度都不一樣了，我們開始學習忍耐。梳好了，阿巴桑指著天花板對我說：「妳不乖時，就把妳和姊姊兩個人的辮子綁在上面電扇轉，好不好？」她半威脅半開玩笑地說著。爸爸媽媽在時，沒有人敢這樣對我們講話。

晚上，我告訴姊姊，我再也不要給阿巴桑綁辮子了。「因爲她要把我的辮子和妳的辮子綁在天花板吊在電扇上轉。」我想像從天花板掉下來的樣子，開始害怕。第二天早上姊姊叫我去媽媽房間拿梳子，她替我把辮子解下來，梳好，再紮上去。幫我梳好辮子，她才開始梳她自己的頭，我不知道她怎麼會梳頭。從此以後，我都等她幫我梳好辮子去上學。我緊跟著姊姊後頭，她走到哪裡，我就跟到哪裡，連上廁所，也要她在外面等。

我開始作惡夢，經常半夜驚醒，一面哭一面叫：「媽媽！媽媽！」姊姊被我的哭聲吵醒，坐了起來，揉揉眼睛，也嗚咽地哭起來，直到哭累了倒下去再睡。我們就這樣哭哭啼啼過了無數個黑暗的夜晚。

媽媽的娘家，除了大舅在我家工作外，其他親友不常來往。當初媽媽要嫁給爸爸時，守寡的外婆不甚贊成，所以也就不太來往。

大舅回到板橋浮洲里的婦聯一村，告訴外婆我們家發生了變故，佣人走的走，留下來的也沒有人要做事，小孩子吃飯都成問題。外婆拎著一個布包袱，邁著她那纏了一半又放了的半大不小的雙腳來到武漢大旅社。看到小孩子沒有人照顧，汀江公寓亂七八糟，她生氣地罵佣人們：「大人不在，妳們就可以隨便虐待小孩子嗎？」以前我們很少和外婆講話，印象中外婆講話都是輕聲細語的，不知道外婆也會罵人。佣人們也不甘示弱，爲可能拿不到工資的問題和外婆大吵一頓。外婆的態度這才稍稍軟化，告訴她們，頭家很快就會回來，不會有事的。佣人們不相信，把行李整理好，紛紛走光了。外婆不忍心看著這一群嗷嗷待哺的小孩子沒有人照顧，遂要大舅媽來旅社暫時爲我們煮飯、洗衣服。

記得爸媽出事前有個下雨天，我跳完芭蕾舞，老王來接我，他一面用雨衣幫我擋雨，一面拉著我上三輪車說：「你阿媽來了。」平時都是老王載我回家的，媽媽很少有時間來接我，一聽是媽媽來了，我很高興，踏上三輪車，等老王把三輪車的布簾掀開，卻是外婆坐在裡面，我有點失望。「外婆」的台語發音是「阿ㄇㄚˋ」，老王的大陸口音聽起來像是「媽」。外婆從她的布包袱中拿出一顆糖給我吃，我把糖含在口裡，和外婆一路靜靜地坐回家。外婆和媽媽完全不一樣，外婆全身的衣服都是素色的，頭髮永遠梳成一個小髻，嚴肅而樸實；而媽媽的身上永遠飄著香味，衣服也是五顏六色，亮麗而時髦。媽媽坐在三輪車內時，會一直和三輪車伕聊天，有趣多了。外公過世得早，外婆辛辛苦苦養育八個兒女，日子過得相當清苦。我們家很富裕，外婆更不願意常常來，以免讓父親那邊的親人看輕。外婆雖然窮，可是很愛面子。

外婆看著滿屋子的封條，對舅舅低聲說：「這些封條貼在這裡眞不好看，能拆掉多好，我們也可向房客收房租。」還有幾個房客仍留在「汀江公寓」裡，例如有個徐先生，打從公寓蓋好的時候就住在這裡，以前是大陸上大銀行的小開，住進來後，就不願搬出去，其他幾個房客也都是這樣，除了武漢大樓，在台灣他們沒有熟悉的地方。外婆怕客人看了封條，不肯付房租，那我們的生活費就成問題了。我聽了，回房裡搬張凳子，趁沒有人注意，爬上去開始把封條一張一張撕下來。恰巧被一個留下來看熱鬧的房客看到了，把我從凳子上抓下來，並且大叫：「有人撕政府的封條！」幾個調查局人員衝上來把我圍住，問是誰叫我拆的。外婆和大舅站在旁邊，臉色都變了。尤其大舅在綠島被關了五年，有案底，要是再被專門整治「叛國分子」的調查局人員扯上，就遭殃了。幾個特務圍著我，一面恐嚇一面哄騙，問是誰叫我爬上去拆封條。我全身發抖，站在高凳旁，一句話都不肯講。他們是壞人，姊姊告訴我，就是這些壞人抓走爸爸媽媽，到現在杳無音訊。「武漢大旅社」是我的家，是爸爸建立起來的，這批壞蛋占據了我的家，他們帶著槍闖進我家，像惡毒的魔術師，黑巾一揮，爸爸媽媽不見了，媽媽身上的香味不見了，那個看到我就笑嘻嘻地叫「二小姐！二小姐！」的吳亮也不見了。他們是一批壞人，是魔鬼。

失去了父母的庇護，使懦弱的我產生了勇氣，憤怒使我勇敢地向強權挑戰。短短的幾個星期，我從一個什麼都不懂的傻丫頭，在一夕間成長，開始學習自衛，這裡是我的家，我要保護我的家。調查局人員一再逼問我，我心裡也感到害怕，眼淚撲簌簌地掉下來，卻緊咬著牙根，狠狠地瞪他們，一點口風都不露。這些人一看問不出個所以然，抓到的人犯只是個七歲的小女孩，嘴巴閉得緊緊的，又不能拷打，無趣極了，也就無可奈何。外婆和大舅這才鬆了一口氣。

以後，回憶起這件事，覺得很慶幸，還好沒有透露出是聽到外婆講的話，否則站在她身旁的大舅也難免被連累，在家庭巨變中唯一對我們伸出援手的外婆也會因此被拖下水。當年，小孩子的我只知道眼前是一群把父母抓去的壞人，並不了解那時的白色恐怖，也不了解我們面對的是一群沒有人性、殺人不眨眼的特務，像吸血鬼一樣，習慣吸人血來達到人生的樂趣。

兩個多月後，調查局終於屈打成招，拿到七個人的自白書和錄音口供，並且得意洋洋地允許案件公開審判。

外婆告訴我們要穿好衣服去看爸爸媽媽，大舅也把老六從深山的農家帶回來，兩個多月沒有看到老六，我們都爭著抱他。以前，他是這棟大樓的小天使，每天他一大清早起來，就踩著媽媽的高跟鞋，在走廊上晃著大頭，一面走一面唸著：「耳朵、鼻子在哪裡？」媽媽趕緊叫佣人把他抱回床上，以免吵到房客，他就格格地笑著和佣人玩躲貓貓。現在他的表情茫然，我拉著他胖胖的小手叫：「老六！老六！」他再也不笑了，他奇怪媽媽到哪裡去了，把他丟下來。

大舅把老六抱在懷裡，外婆和我們五個小孩子跟著後頭走。開庭的地方在博愛路的法院，離我家不遠。大舅和外婆心情沉重，一路上一言不發，我們也靜靜地跟著走。兩個月來，我們顫抖地過日子，今天終於可以看到爸爸媽媽了。「他們會回家嗎？」我們心裡有太多的疑問，卻沒有人可以回答。

我們站在法院的走廊上等著，終於囚車來了。車門打開，我們緊緊地拉著手，姊姊拉著我，我拉著老五。我們被眼前的情景嚇住了，爸爸和林祖簪、王藹雲、游全球四個人被銬在一起，腳上也銬著重鐐，要不是大舅講「來了」，我們幾乎認不出爸爸來。平時，爸爸走起路來都是威風凜凜，身子挺得直直的；現在他的頭髮雜亂，有氣無力地垂著頭，臉上的可怕表情是我們從來沒有看過的。刑警不斷地用警棍推著他們向前走，他們跌跌撞撞地寸步難行，腳鐐不斷互相碰撞出「ㄎㄧ咔」聲，像是地獄裡的獄卒剛剛從第十八層地獄拉出一群上過刀山、下過油鍋的冤死鬼。外婆輕聲地叫：「學文！」爸爸很勉強地轉過頭，擠出一絲笑容。被關在不見天日的調查局內被刑求了七十九天，他終於看到了熟人。爸爸看了我們一眼，很快地轉過頭去，不再看我們。我們緊緊地靠在一起，身體因發抖而互相碰觸發出聲音。

最後，媽媽從囚車走了出來。「哈路！」外婆一面哭一面叫媽媽，媽媽看到我們，就衝了過來，叫著：「老六！老六！」她死命地掙扎，獄卒拖住她，她大哭。「老六！老六！」她披頭散髮往我們這裡衝過來，「我的孩子，我的孩子！」她哭號著，掙扎著。我們也都哭著叫：「媽媽！媽媽！」刑警擋住我們，不讓我們靠近母親。媽媽暈死過去，刑警們把母親抬進了法庭內。

審判開始，刑警用冰水把媽媽潑醒。七個受刑人一看到法官就喊：「冤枉！法官大人，我們沒有殺人，是冤枉的。」法官大人老神在在，他們看過太多冤枉案件了。法官一面把錄音口供放出，一面唸自白書。「法官大人，我們被刑求，不得不照他們意思寫⋯⋯。」法官看也不看受刑人一眼。父親用手把衣服掀開，說：「法官大人，你看看我被打成這樣。」法官手一揮，叫刑警制止了父親掀開內衣的動作。慘遭刑求的父親，十指彎曲，無法再伸直，左耳膜也已經破裂，只能靠右耳聽。七人爭相呼冤，法官聽而不聞，視若無睹。

當時的司法界是「有錢判生，無錢判死」，只要不是給調查局咬上的案子，再大的刑事案，包了大紅包都可以死裡逃生，沒有一個法官不收賄款，這些內幕，調查局人員一清二楚。調查局要辦法官輕而易舉，法官卻辦不了調查局，只有聽命於調查局。現在，坐在法庭上第一排的都是調查局人員，法官有什麼選擇餘地呢？

外婆和大舅把我們推到法官前，叫我們跪成一排。六個小孩手拉著手，像一排整整齊齊的小階梯，法官坐在高處，遙不可及。看到我們年紀都這麼小，個個長得清清秀秀的，就此淪爲無父無母的孤兒，旁邊的人紛紛掉下眼淚，全庭哭成一片，法庭上的女書記官也一面擦眼淚，一面記錄，不時地抽泣著。

爸爸請求法官看在可憐孩子的面子上，先放媽媽回家。「她女人家連殺雞都不敢看，又受過日本高等教育，怎麼會殺人呢？」可是自己的命運都掌握在調查局手中的法官，怎麼還能顧到別人的生死呢？無視於眼前一群無辜者的哀求，他繼續依照那幾份血跡斑斑的自白書來判決。

媽媽已經清醒了，忍著淚水，低呼著：「老六！老六！給媽媽抱抱！」我們用力把老六推過去，老六抓緊了姊姊的手，不肯走過去，很生氣地嘟著嘴向媽媽說：「妳都不回家，我不要妳了！」母親再度哭暈過去。法官木槌一敲，把暈死的媽媽再抬回調查局。

當晚，七個人又被調查局人員毒打一頓。「老子叫你們不要翻供，你們偏要翻供！」開庭之前，特務已經恐嚇過他們，翻供只有死路一條。開庭當天，特務人員坐在前排盯著他們，他們還是不顧生死向法官和眾人宣稱所有的自白書、口供是被刑求出來的。翻供也沒有用，法官在調查局掌握中，媒體也在他們掌握中。第二天，官方媒體刊出「黃學文等四人」有匪諜嫌疑，仍押在調查局的消息。報導中描寫了母親的美貌嬌態，又諷刺地說母親演了一場令在場人士感動的戲。（三十年後，翻閱當年聯合報的報導，我對這批喪盡天良的御用文人所做的事感到不解，難道他們自己都沒有兒女？）

爸爸叫媽媽告訴外婆，以後不要再帶小孩子上法庭了，他正爲自己的生死掙扎，不能在這種場合分心想到六個孤苦伶仃的孩子，看了只是徒然傷心痛絕，更令人活不下去。以後再開庭，我們就不去了。最高法院曾九次發回更審，審理的推事前前後後多達七十幾人，沒人有魄力還這群無辜的人清白。每個法官都有把柄在調查局手中，判決的結果將決定自己升遷，或入獄……。七個人的生死，在白色恐怖時期，無足輕重。

判決下來了，父親死刑，母親十五年徒刑。我們苦苦等了幾個月，終於得到了答覆——爸爸媽媽不會回來了。

關在牢裡的父親，帶著七、八磅重的腳鐐，隨時會被執行槍決。鐵窗外，除了六個嗷嗷待哺的幼兒，台灣海峽對岸還有仰賴他匯款接濟的老母和下放勞改後發瘋的弟弟，以及離家出走的弟媳留下來的一群姪兒。

父親在國民黨遷台前四年就到了台灣，在兩岸斷絕音信之前，父親數次返回老家探望親人，媽媽和襁褓中的大哥也曾回到福州住了一陣子。祖母來過台灣，不過因爲語言不通、習慣不同，又回福州去，父親給她買了兩間店鋪收租作爲生活費。一九四九年，兩岸不准人民往來，父親和家鄉的通訊就靠祖母在新加坡的姊姊代轉。過幾年，共產黨把那兩間店面沒收充公，二叔和小叔叔因爲父親的海外關係被打成極右派，送到偏遠地區勞改。不久二嬸改嫁；小叔叔受不了折磨發瘋了，小嬸受不了發瘋的丈夫，也離家出走，苦命的祖母就照顧了這群沒有母親的孩子。幾年來，所有的生活費都靠父親從台灣寄過去。這幾個月沒有收到生活費，透過新加坡的姨婆代爲打聽，才知道父親下獄了。

祖母生了四個兒子，其中三個在國共兩邊政權下，勞改的勞改，下獄的下獄，發瘋的發瘋。剩下在台灣的這個三兒子則是個不長進的酒鬼。

一九五九至一九六一年，毛澤東突發奇想發動「大躍進」，導致中國大陸死亡三十萬人的「大饑荒」。仰賴父親匯款維生的祖母一家人從此開始餓肚子，祖母的妹妹在大饑荒時期餓死。「主啊！請你發發慈悲，讓我最孝順的天采（父親的乳名）早日清洗冤枉，回復自由之身。兒啊！我每天替你祈禱，阿門。」此後十幾年，躺在病床上的祖母請人轉信給牢中的父親，最後都是這一段。只有看不見的上帝可能可以救他的兒子，那六個三歲到十一歲的孫兒，只會張口吃飯，對父母的牢獄之災無法作任何救援。

爸爸隨時會被槍斃，媽媽十五年以後才會回來，我們六個小孩子還是得活下去。調查局人員占據了二樓的武漢大旅社，遭到其他單位詬病和指責，原想利用此案件和死者姚經理的弟媳勾結大撈一筆的調查局人員只好撤離。只要「武漢大旅社」好好經營下去，打官司的錢和生活費就有了著落。但是我們年紀太小了。

父親在台唯一的弟弟這個時候突然出現。

我的三叔也是一九四五年和我父親同時來台，那時父親是福建中央警官學校的第一期畢業生，三叔則還是學生。來到台灣，父親歷任督察、分局長，三叔任警員。常常酗酒鬧事的三叔，令父親頭痛不已，後來利用關係將他調到宜蘭鄉下。父親開「武漢大旅社」後，也不要他常常上台北來惹事生非。

現在他很自然地接收了「武漢大旅社」。三叔去牢裡看父親時痛哭流涕，發誓一定好好照顧六個孩子，他拍胸脯，用生命作保證：「就是自己餓肚子，也要養活他們。」父親心裡有幾分明白，這個弟弟除了吹牛，什麼事也做不成。但是他沒有選擇的餘地，抱著一絲希望，他心想只要三叔能夠守住「武漢大旅社」，等到母親有機會獲得特赦或減刑出獄，把旅社生意繼續下去，如果那時他還活著，相信母親會把他救出來。於是父親把「武漢大旅社」和我們六個孩子交待給信用不佳的三叔。

母親的娘家是待人謙和的台灣讀書人世家，外婆一向對三叔沒有好感，但她究竟是外戚，不便干涉太多女兒家的事。三叔是父親的親兄弟，是除了我們這六個孩子外，黃家最合法的繼承人。自爸媽出事後就趕來照顧我們的外婆，在三叔接管旅社後，一再叮嚀他要給我們最好的教育，善待這群可憐的孩子，然後懷著一顆憂慮的心回到板橋浮洲里。三叔、嬸嬸和他們的七個兒女全家搬來旅社住，從此，我們像是被逐出宮廷的乞丐王子，被嬸嬸視爲眼中釘，被聽命於嬸嬸的佣人們瞪白眼，在父親一手創建的武漢大旅社仰人鼻息地生活著。

三歲的老六，原來被送到草山農家扶養，後來又被送往芝山岩的石角。父母被判刑後，親戚因無法長期照顧他，就把他送回台北。爸媽出事前，他剛剛開始學爬樓梯，二哥教他一隻手扶著牆，一隻腳舉起來踩一級，另一隻腳再踏上來，兩腳站好，再踩一級。可是現在他要自己學習爬，摔跤了自己站起來。最疼愛他的工友吳亮也被抓進牢裡，再也沒有人會把他扛在肩上擠在人群中看熱鬧。從前我們最愛聽老六格格的笑聲，像天使的鈴聲一樣，如今卻永遠的消失了，老六變得很沉默。（我編寫此文時，一直問老六，他可以想起什麼故事讓我記錄下來，他說唯一記得的是肚子餓，坐在樓梯台階上哭。從三歲開始，老六自己學會生存，出麻疹，生病發燒，自己哭泣，自己成長。的確，他的哥哥姊姊都只大他一點點，自顧不暇，也不懂得照顧他。）

五歲的老五，自幼體弱多病，長得瘦瘦小小的，母親特別疼惜他。母親在時，他一天到晚黏得緊緊的，像牛皮糖一樣。每次母親要出門，都要花費一番工夫和他周旋半天，最後總是只好叫佣人把哭哭啼啼的老五抓住，才得以脫身。現在母親被抓走了，沒有人特別寵這個壞脾氣的小孩。他吵吵鬧鬧發脾氣時，只有惹來哥哥的一頓打。哥哥們不知道除了打他一頓外，有什麼方法可以讓他聽話。

老五和我差兩歲，我們很自然地比較親近。他長得很清秀，像個女孩子，我又沒有妹妹，就故意把他打扮成女孩子叫大家來看。我們也常打架，老五雖然長得瘦小，可是力氣很大，又跑得很快。他總是故意惹我生氣，然後像一隻捉弄人的小猴子在整棟大樓的走廊跑竄，讓我氣呼呼地在後面追。這樣的追打卻變成老五沒有玩具的童年中一項快樂的遊戲。

之前是調查局占據了「武漢大旅社」，現在是三叔占有了它。爸爸常常告訴媽媽，三叔是個從小就被寵壞的孩子，才會不長進。因此爸爸從來不寵溺我們，即使家裡富有，小孩子也不能隨便花錢。

三叔的前半生一直在父親強大的陰影下，他永遠只能跟在父親後面。客家人的宗法觀念很重，長兄如父，因此父親常常訓斥三叔，要他改正放蕩不負責任的行爲，在父親面前，他總是唯唯諾諾；父親看不見時，他就故態復萌，利用父親的威望在外招搖。現在他不勞而獲，父親辛苦經營的房地產全落入他手中，他像一個繼承了龐大祖產的敗家子，爲所欲爲地揮霍這些從天而降的財富。他的哥哥是一個死刑犯，活過今天，不一定活得過明天，而嫂嫂十五年以後才會回來，六個什麼都不懂的小孩，一點抵抗力也沒有。

他現在是台北市最大的旅社——「武漢大旅社」的「黃老闆」。以前和他一起酗酒鬧事的酒肉朋友都麇集在武漢大旅社，這一群原來只能拿著警棍嚇嚇街上的攤販，過年過節勒索小生意人、收收紅包的一毛二警員們，現在公然地勾肩搭背，大大方方地進出旅社。父親在警界是老前輩，他在時，他們不敢胡來，現在改朝換代了，新的黃老闆很海派，對三教九流的道上朋友很慷慨，旅社門戶大開，供這群人白吃、白喝、白住。

以前父親常常和他做生意的朋友們，從寬大雄偉的樓梯台階走上二樓，一邊很專注地討論他們的事業。現在，三叔在前頭高談闊論，後面跟著一大群無賴，他們奉承著三叔：「黃老闆說的是！黃老闆眞是奇人！」喧喧嚷嚷、左呼右擁上了二樓，留下一地的煙蒂和噁心的痰。到了三更半夜，擲骰子的賭博聲、酗酒打鬧聲、男人女人的作樂聲不絕於耳。到了天亮，一片死寂，男男女女醉倒在床上、地上、走廊上。許多從外地來到台北的遊客，久聞武漢大旅社盛名而前來投宿，踏進了旅社，看到大樓的髒亂，睡眼惺忪的女服務生剛從客房裡鑽出來，無精打采地接待客人，紛紛轉到鄰近新開的旅社去。

武漢大旅社的生意一落千丈。不到二年，三叔把這座台北市第一流的大旅社，變成地痞流氓、三教九流人物出入的貧民窟。三叔翻箱倒櫃，到處去探聽父親其他的產業，以令買者不敢相信的低價賣了出去，父親與人合夥的產業也都由三叔出面勾結，得到一點小利就半賣半送給別人了。任何能換到現金的東西，不是賣掉，就是在當鋪裡。

以前爲父親做事的員工都很誠實、勤快，爲自己的前途努力攢錢，爲成家立業揮汗打拚。現在，受不了這些地痞流氓的騷擾，旅社裡除了一、兩個半賣淫的女服務生外，正經女人不願在這裡做事。煮飯是由一個叫做「老袁」的人負責，他長得瘦瘦高高，右邊嘴角長了一顆痣，以前在軍隊裡當火伕。洗衣服的是老張，他除了洗旅社的被單，也洗三叔一家人的衣服，包括嬸嬸的內衣褲。

以前我們吃飯都在三樓，由佣人照顧著吃。現在我們得時時守在老袁背後等著，哥哥們先在飯桌旁搶占一張椅子，等飯菜一上桌，我們把老六擠上，姊姊用兩手抓住椅子，不讓其他人搶去，開始我們一天三場的「飯桌戰鬥」。夾在十幾個無賴之中，和這群大人搶飯吃是一場緊張辛苦的戰鬥。眼睛要緊緊盯著老袁的雙手，從他的手把菜盤放到桌上的那一秒鐘開始，在那盤菜和自己的飯碗這兩個點上，運輸菜餚，不可有絲毫的誤差。眼睛要盯準，動作要迅速。不到一、兩分鐘，菜都被搶光了，這時我們才開始扒飯吃，也沒有太多時間慢慢細嚼，不到幾分鐘，連白飯也被搶光了。個子矮、手臂又只有大人半截長度的我們，常常是搶了一、兩口菜以後，剩下的只有吃白飯，從來沒有機會添第二碗飯。三歲的老六和五歲的老五怎麼搶得到飯菜吃，我不知道，也許哥哥姊姊在那緊張的幾秒內給他夾上一口菜吧，但是大多時候我們自顧不暇，把他放在椅子上，讓他的眼睛看得到桌上的菜，就已是我們做哥哥、姊姊的能力所及了。

三叔和嬸嬸每個大白天都是關起門來睡大覺，睡到中午，打電話去附近的日本料理店叫菜吃，吃完後把那些雕刻精緻的碗盤往門口的走廊外一堆，再關起門來繼續睡覺，到天黑才起來賭博、酗酒和作樂。

看到堆在旅社走廊上的那些碗盤，有時我們也會想起爸爸媽媽。爸爸雖然很忙，很少在家吃飯，但偶爾也會帶著全家上館子，我們也吃過這種漂亮碗盤內可口的食物。但是現在，在牢裡的父母的生死存亡離我們愈來愈遠，童年美好的回憶也已經漸漸消失，我們正爲自己的生存，在醜惡的成人世界中掙扎。

從仍在旅社工作的大舅口中獲得消息的外婆，怒不可遏，跑來大樓痛罵三叔的無情無義。三叔索性把門關起來，相應不理。不久，大舅也被迫放棄在我家的工作，去山裡和原住民做香菇買賣。

外婆去牢裡看母親，告訴她這些事情，要她轉達給另一頭男監中的父親。母親只有掉眼淚，外婆看了不忍心，愼重考慮後，決定把我和姊姊帶回眷村撫養，她說：「男孩風吹雨打都長得大，女孩子有了什麼三長兩短，一生中無法做人。」媽媽謝謝她。她們也考慮到是否把老五、老六送到孤兒院去，至少有得吃有得穿，有人照顧。可是母親又怕送到孤兒院去，萬一被別人領養走，她出獄以後要不回來怎麼辦。最後還是決定讓老五、老六留在大樓裡，叫兩個哥哥多小心照顧。

三叔去探監時，媽媽一面痛哭，一面破口大罵。從此以後三叔再也不願意去，只叫佣人送飯菜到牢裡給爸爸媽媽。媽媽的憤怒傳達到監獄另一頭的男監中，無奈的爸爸只有叫她忍耐，大樓和小孩都在他弟弟手中，他們在牢裡，他在牢外。三叔和爸爸會面時，爸爸隻字不提，只叫三叔不要忘記寄錢給福州的祖母。三叔清醒的時候偶爾還記得寄，喝醉了，除了鬧事，什麼也不記得。

武漢大旅社被三叔花天酒地胡搞了兩年多後，已經門可羅雀，沒有生意了。三叔乾脆把三十多個房間，一間一間用權利金頂讓給別人，等錢用完以後，連員工的薪水都付不出來。哥哥、弟弟們的生活更困苦了，連要搶飯吃都沒得搶，常常餓著肚子去上學，身上的衣服髒兮兮、破破爛爛，常被一些勢利眼的老師打，也被同學嘲笑。他們開始逃學，在街頭遊蕩。

光滑亮麗的小紅石階梯，已黏著一層黑厚的穢物，人們吐的痰被踩乾了再附著上灰塵、紙屑，整棟大樓沒人管理，沒人清洗，黑漆漆，髒兮兮，像一棟鬼屋，門前的陽光都照不進來。

老五、老六常常餓著肚子，面對著馬路，坐在大門口的台階上，看見從城中市場買菜回家的婦人經過，就走上前，拉住他們的衣袖要點錢或要點東西吃。以前他們拉住媽媽的旗袍大哭大鬧，是爲了向自己的媽媽撒嬌、耍賴；現在他們拉住別人的媽媽低聲地要錢，是因爲肚子餓。左鄰右舍都知道武漢大旅社的悲劇故事，都知道大樓的男女主人被抓去坐牢，留下六個孤兒守住大樓痴痴地等待父母的歸來。

我們家巷子口出去就是武昌街，左手邊有一家明星麵包店，二樓是歐洲風格的明星咖啡館，聞名於文化界，是騷人墨客常聚集的場所。麵包店老闆原來是白俄人，年老退休，兩夫婦用很便宜的價格把店轉讓給他們視爲兒女的店員。這個女主人對秀氣的老五特別疼愛，每次衣衫襤褸的老五推開玻璃門，望著玻璃櫃內誘人的麵包，伸出髒兮兮的手給了老闆娘一塊錢，好心的老闆娘都會讓他抱回一大包值十幾元的麵包。只要一塊錢，他就可以享受一天肚子飽飽的快感，這是他充饑的主要來源。旅社裡的無賴們知道了，常常拿一塊錢給老五，等他抱回麵包再給他一塊錢分紅。

明星咖啡館前的騎樓下有個書攤，常常有一群年輕大學生圍著一位終年穿著長袍馬褂的書攤主人談天，他就是著名的詩人孤獨園主周夢蝶。我常常看到他急急忙忙大步跨上樓梯，衝進旅社二樓的男廁去解決。後來我常常想一個問題，在武漢大旅社淪落爲台北市區的公共廁所之前，盡職的工友吳亮常常守在那裡，門禁森嚴，一般人不可隨便出入，那時周夢蝶內急時，怎麼解決呢？

左起：黃嫚娜、黃來藩、黃秀華的同學、黃秀華（1960）。

1960

第二章
戰鬥幼獅

1964

這是白色恐怖時期，沒有人問為什麼，只想怎麼才能生存下去。父母的生死，離我們愈來愈遙遠。像一群失去母雞翼護的小雞，白天，我們分頭到處找尋可以充饑的食物，晚上，我們緊緊地窩成一團，分享彼此的體溫，讓我們度過冰凍的寒夜。暴風雨來臨，我們顫抖著擠在屋簷下，互相啄乾滴在身上濕冷的雨水。而平時，我們和貪婪、險惡的大人們戰鬥，像一支訓練有素的部隊，我們很自然地站好自己的戰鬥位置。

抗日烈士——外公

在三叔的漠視與嬸嬸的敵意下，兩個哥哥和兩個弟弟在武漢大旅社挨餓受凍，我和姊姊卻幸運地在外婆的呵護下住進板橋浮洲里的婦聯一村，過了三年不愁吃、不愁穿，平靜無憂的生活。後來外婆提起她做這個決定，是有一天她來旅館探望我們，看到三叔占有產權後，並沒有照顧我們六個孤兒，和三叔大吵了一頓，看到我靜靜地坐在椅子上，眼巴巴地望著她，「面憂憂的，眉頭打成一個結，眞可憐！」心痛的外婆就把我和姊姊帶回眷村撫養，並把公家配給她的一人份口糧分給我和姊姊，還有大表弟啓明。大舅因爲在綠島坐過牢的記錄，讓人不敢僱用他，常常失業，大舅媽回去老本行做護士，就把兒子也寄養在外婆家。

外公是日本留學生，爲了抗日而加入軍統局，在中美合作下，從事打擊日本的情報工作，一九四四年因船難去世。

以前聽說過外公是一個了不起的人物，我出生時外公已經去世八年，我們從來沒有看過他，家中也沒有他的相片。住進眷村外婆家的第一天，我看到客廳上掛著一張戴笠和蔣介石的合照，小孩總把偉人和名人聯想在一起，以爲戴笠是外公。這張戴笠和蔣介石的合照是眷村內家家戶戶都照國民黨指示掛在大廳中的。

外公的遺照反而是掛在飯廳中，每年外公的忌日，我們都要燒香祭拜。外公是個十足的美男子，溫文儒雅的氣質在遺照中流露出來，更增加我們對不曾謀面的外公的喜愛和尊敬。小小的祭壇是外婆感情上最神聖的一部分，她每天一大清早小心翼翼地抹拭乾淨，不染一塵，禁止小孩子去碰觸。外婆在貧困中保持氣節的高尚風範，和外公拒絕在強權下低頭的讀書人精神，影響了我一生。

一八九四年，清朝為了朝鮮主權問題和日本展開甲午戰爭。隔年，戰敗的清朝在和日本締結的馬關條約中，將二千里外和朝鮮主權之爭毫無瓜葛的台灣割讓給日本。從此，有骨氣的台灣人對日本帝國展開反殖民、打倒帝國主義、鼓吹民族自決的革命運動。

外公柯文質，一八九八年生於士林舊街的許姓佃農家，出生不久，士林大東街的書香人家柯秋金的大太太無子嗣，窮苦的許家遂將外公抱給柯家領養，故改姓柯。曾祖柯秋金的長兄，即曾伯公柯秋潔，原為士林書塾長。日本占領台灣之初，遭到台灣人強烈的武裝抗爭，日人除了用武力對台人實施高壓統治外，也開始採用安撫政策，先在士林芝山岩山上開設「芝山岩學堂」，由日本派遣六位學者來台教授日語。日人招生時卻受到當地人堅強的反日意識抵制，日語教學無法展開，後來遂由書塾長柯秋潔著手實施教育，並逐漸擴及士林街全街的青少年。一九〇〇年，曾伯公負笈東京，是台灣最早的留日學生。

由於兄長和日本教授伊澤修二的特殊關係，曾伯公柯秋潔以台灣漢學家的身分受東京帝國大學之聘，渡海赴東京教授日本人漢文。

外公三歲時，清朝將台灣出賣給日本帝國。他六歲時就讀當時日本殖民地第一家小學——士林公學校，十二歲畢業後，就隨著曾祖父赴日念東京高等小學校。同時赴日的還有外

日治時期柯秋潔曾受東京帝國大學之聘，渡海教授漢文。這是士林士紳歡迎柯秋潔返台的合影。前排左四為柯秋潔，左五為柯秋金（柯文質之父）。

公的堂兄柯文德（柯秋潔之子，後來任台灣電力公司總經理）、堂弟柯文塗、柯文賢，他們是台灣第一批留日的小留學生。

日本帝國主義的安撫政策培養出一批台灣留學生，原是爲了能在台灣順利進行其殖民政策而架起來的一座介於日本統治者和台灣民眾間的橋樑，並利用台灣豐富的資源，例如將蔗糖、米等運往資源缺乏的日本本土，加強日本帝國對外擴張的本錢。

當年留日學生以舊制度下的大地主、士紳等子女爲主，如此台灣社會原有的主導階級和日本殖民統治階級交織成一張牢不可分的密網，台灣人民的利益被剝削，台灣的企業和經濟資源被壟斷。這種設計下也曾出現一、兩條漏網之魚，外公即是其中之一。靠著伯父和日本人特有的關係而留日的小留學生——外公，竟成爲以後近三十年間不斷向日本帝國主義挑戰，不斷鼓吹台灣人自覺運動的抗日分子。從十二歲留日到二十五歲返台，外公這段在日本成長的青少年經驗，提供了往後抗日運動不少的知識和重要訊息。

外公十五歲那年，曾祖父病逝於日本，就讀東京第三高等學校的外公遂投靠曾伯公。外公成績優異，加上老愛和日本人一別苗頭的台灣民族意識，很早就把念日本第一高等學府東京帝國大學當做他的志願。當他伸手向曾伯公索取五元報名費時，曾伯公卻以他自己的兒子只念專修大學爲由，告訴外公用堂兄的書本可省下一筆費用。寄人籬下的外公只有改念專修大學，和當時大正天皇的叔叔，就是昭和天皇的弟弟秩父宮殿下是同期同學。雖非最出名的專修大學，卻是日本唯一反帝國、反軍國主義的大學。瀰漫校園的自由主義，挑戰那時已開始興起的軍國主義。

外公念中學時，中國辛亥革命成功，滿清被推翻。孫中山到東京和日本僑界人士見面，少年時期的外公見到孫中山後，受其影響，從此埋下參與推翻日本帝國的革命思想種子。

外公念大學的時期正是世界局勢大變動的幾年。第一次世界大戰後，美國總統威爾遜提出「民族自決」，鼓舞了世界上殖民地的弱小民族。在這股反資本主義、反帝國主義的風潮下，一九一八年，外公十九歲那年，和日後的抗日名人林獻堂、蔡培火、黃朝琴、吳三連等二十多名台灣人，以及同情台灣人在殖民地上受到不平等待遇的兩名日本人，共同發起「台灣啓發會」，而後改組爲「新民會」。三十七歲的林獻堂最年長，外公最年輕。隨後這群留日學生又創辦了《台灣青年》雜誌。

黃秀華的外公柯文質。

《台灣青年》雜誌以爭取台人政治自由和文化啓蒙爲主，只准在日本本土發行，卻被偷偷帶回台灣島內，成爲日後島內青年學生思想啓蒙最重要的刊物。外公以「柯牧童」爲筆名，呼喚台灣青年們反對日本帝國殖民主義，鼓吹台灣人自覺意識。

大學畢業後，拿著一張令日本人也羨慕的文憑，外公受到日本商社、銀行的禮聘，但心懷革命大志的他都一一辭去，周遊中國大陸和東南亞後，就急著返回台灣實現他改革社會的理想。

返台之後，在從事革命事業之前，他還有一件必盡的義務——和作爲童養媳的外婆成婚。外婆娘家姓楊，祖先是清朝的舉人，我小時候去過芝山岩外婆的老家，門口庭院有旗桿用來掛旗子，房子有四重圍閣樓，屋頂是只有做官人家才能建的翹翹尾。外婆小時，家中甚至有護兵。楊家原先和林本源一樣是大富人家，南方是林本源，北方是楊家。據說有一回楊家嫁女兒，嫁妝抬到夫家去，一隊人馬搬了幾天都沒有搬完，嫁妝中包括一只名貴的金棺材。沒想到這個女子嫁去不久之後就病逝了，連帶過去的嫁妝都沒有清點完，因而有人謠傳是其夫貪財而謀害。卻是嫁出去的女兒，潑出去的水，娘家無權過問。

日本人剛到台灣，台灣人武裝抗暴期間，也引出了一群以搶劫爲生的土匪。外婆的祖父將家中金條用布綑好綁在身上，逃往住在三重的侍妾家，未抵目的地，中途即被土匪殺死。當時，外婆被她的外婆抱在懷裡躲在大石洞內，逃過死劫。

楊家雖富裕，卻不像林本源家把子弟們一個個送往日本深造，只是消極地餵食鴉片。一來是楊家的本土意識較高，不和日本人交往；而讓兒子吸食鴉片，是爲了將他們留在家中不往外跑。這麼一來，楊家就開始衰敗，再也無法和林本源家族分庭抗禮。

楊柯兩家是世交，當外婆還在她母親肚中時，曾祖父便作主，將她與外公指腹爲婚。五歲時，外婆帶著嫁妝來到柯家，柯家先以女兒相待，等成年後再行婚禮。

外公和外婆以兄妹之情相處了一年後，外公小學畢業即隨著養父赴日留學，外婆剛剛進入學堂念小學。當時「女子無才便是德」的觀念很普遍，很少有家庭會送女兒去上學，柯家自由風氣較盛，連童養媳都送入學堂。外婆十五歲時，在日本東京帝大教漢文的曾祖父病逝，本來在中學念書、心懷大志的外婆，爲了全家生計，就輟學在家幫忙做買賣鴉片煙的生意。當時日本對吸食鴉片問題採取漸禁政策，就是鴉片歸爲官營，只准許已上癮的鴉片吸食者吸食，並由政府發給合法的「鴉片證」，等到合法持證的鴉片吸食者全部死亡後，鴉片問題也就解決了，這是很完美的理論，但事實上新的鴉片癮君子仍在法律漏洞下產生。柯家和日本人的關係特殊，所以持有合法的買賣經營權。

曾祖父去世後，外公在日本的生活費和學費概由外婆在台賣鴉片支持，不足或急需時才向曾伯公伸手。有趣的是，外公日後返台從事的改革運動中，有一項便是要求禁止買賣鴉片，等於是把自家的飯碗都打破。

返台成婚後的外公，眼見台灣人民在殖民地上所受的待遇，和他在日本所見日本人民的待遇天差地別，更是對日本統治階級的所作所爲感到非常憤慨，乃積極參與「新民會」所延伸到台灣本島的「台灣文化協會」。外公常常在街頭，撩起和服，咚咚敲打著腰上綁著的小鼓，沿街喊叫，要人來廟前聽他們演講。他的演講內容都是打倒日本帝國主義，反對台灣人民和日本人民的差別待遇，喚起台灣人民的自決意識。

剛開始，人們不敢來聽。演講前日警恐嚇人民不可去聽，演講到中途，常被臨場監視的日警喝令中止而解散，事後日警一一傳訊去聽講的民眾，爲何反抗命令前往聽講。但對於擔任講者的外公，因是留日的大學生，心存幾分敬畏，也無可奈何。

同時，外公也受聘於台灣巨富林本源家族的林熊光家，任管理土地、經濟的「家長」。當時，大地主和佃農之間並沒有直接的接觸，遂聘用學識豐富的「家長」來管理佃農，「家長」擁有很大的權力，包括選擇條件好的佃農去耕作。地主的盛衰，可以說是決定於「家長」，因此「家長」的地位可以和地主平分秋色。靠著這種權勢，許多「家長」因而致富。可是外公當了五年林熊光的「家長」，卻是兩袖清風。深受民主革命思想影響的外公，雖然身爲地主的代理人，掌有左右佃農的權力，卻總是站在佃農這邊，這和他身上流著農家子弟的血液有關。

外公任職林熊光的「家長」時，全家就住在林熊光所擁有的豪華宅第中，位於現今中山北路地段上。這座花園後來被「二二八」的劊子手——警備司令柯遠芬占據。我的母親就出生在這裡。那時，每逢過年前幾天，一大清早到傍晚，遠從台北、宜蘭郊外來的佃農們各自挑著農產品要贈送給外公，求外公繼續把農地佃租給他們，或者在繳租上有困難時能稍微通融。幾十擔的農產品放在馬路旁，排得滿滿的，一直排到家門口。這種情況持續了兩、三天，外公請他們退回去，堅持不收。

老是站在受剝削的佃農這一邊，對無法繳租的農民採取消極的催租態度的外公，終於在五年後放棄了這個榮華富貴享受不盡的肥缺，而專心加入「台灣文化協會」、「農民組合」等反日運動。他活躍於改革運動，引起日本統治者的注意，老是有高等刑警尾隨於後，沒有學校、會社敢聘用，從此一家人註定在貧困中打滾。

台灣三百年來是一段械鬥不停的移民史，由不同時期、不同地方來的中國移民，為抵抗共同的敵人——日本人，因而開始學習組織。紛爭不停的歷史，再加上世界潮流路線不同的影響，台灣抗日運動陣營逐漸出現了裂痕。

一向斯文且從不口出惡言的外公，擁有當時最前進的思想，也有著一顆農民抗暴的熱心，和蔣渭水共組「台灣民眾黨」——台灣史上第一個黨，是屬於中間偏左，既走文化改革路線，又顧及到農工低下階層勞苦大眾的福利。民眾黨所主張的政策，在今天都還算是很前進、開放和民主的，如社會政策中撤廢女子在法律上、社會上、經濟上的差別，可說是和後來的婦女運動主張不謀而合。所不同的是制訂這些政策的，卻是當時的男性知識分子，如蔣渭水和外公。他們也反對御用青年團、少年團和婦女會。

除了這些自由思想外，這批高級知識分子已經開始走起國際路線，向國際組織控告日本政府違反國際公約和人道，例如揭發日軍在台灣殖民地以炸彈和毒瓦斯攻擊霧社的原住民，引起有名的抗日事件——霧社事件。霧社一千多名原住民被殺死和毒死，只剩下五百多人。

這種不只不當順民還告「洋狀」的組織，令日本統治者恨得牙癢癢的。終於在日本軍國主義全盛時期，大舉彈壓反日組織，民眾黨被迫解散，異議人士一一被捕，外公也被捕入獄，在獄中和七名反日分子結為兄弟，外公排行第四，津津味素老闆莊泗川第五，蔡孝乾第八。日後，蔡孝乾成為謝雪紅逃往中國後最大的死對頭。

被日人釋放後，蔡孝乾和他的父親蔡土同往福建漳州，參加中國共產黨。共產黨被國民黨軍隊圍剿後，蔡孝乾又隨共軍流竄到延安，此即中共八路軍的一萬八千里長征。

外公顯然對於馬克思主義中的階級鬥爭產生很大的懷疑，他雖然很同情被壓迫的農民、工人，老是站在貧苦大眾的一邊，直到後來自己一家人也淪落到和他們差不多的困境。然而，他博學和溫和的個性，並不贊成暴虎馮河的手段，他選擇的是蔣渭水的中間偏左的路線。

外公出獄後，民眾黨已解散，蔣渭水也去世了。外公乃將全家遷入民眾黨本部舊址（現今天水路「真君廟」隔壁），管制思想行為的刑警整日跟蹤。幾個月後，外公仍繼續在這個本部舊址開設「台灣維新會」和「民眾講座」，致力於喚起台灣人的民族意識。我最小的阿姨柯幼冬也在這兒出生。直到一九三一年九一八事變，日警對異議分子加強監管，全家人又被迫遷離「民眾黨本部」舊家。

抗日組織在日本人的高壓政策下一一解散，外公想去學校教書，卻屢受刑警干擾，二天、兩天查詢，以致沒有學校敢聘用，家中生活困頓。曾伯公是日本人培養出來的皇民，非常不滿外公反日本政府的行為，常常對生活陷入困境的外婆抱怨：「要搞革命，你們母子們的肚皮就束緊一點。」二阿姨成績很優秀，考上第三高女，可是卻籌不出學費，她的老師發現外公是日本大學的畢業生時，大吃一驚。為二阿姨無法付學費之事，又知道外公是反日本政府的，因而對阿姨說：「你的父親是個不負責任的父親。」

自從外公離開大地主林熊光家後，熱心於革命運動，家中經濟拮据，不僅如此，大舅、阿姨背著書包上學時老被刑警中途截住，打開書包，看看有沒有藏什麼外公的情報文件。親友大都親日，也遠遠地和他們保持距離，受盡了冷嘲熱諷，天天在風聲鶴唳的緊張氣氛中度過，可是外婆和全家人對外公一點也不抱怨，都無條件的支持，他們認為外公是對台灣社會有貢獻的人。外婆更常常回味無窮地提起外公剛回國時，帶著滿腦子的自由思想，和新婚的外婆手牽手走在士林街上，被路人丟石頭。男人牽女人的手公然走在街上，在當時是驚世駭俗，傳統所不允許的。思想前進的外公對外婆卻有現代人都不及的尊重，外婆在家中的地位非常崇高，在外從事革命的外公，回到家都要聽外婆的話。台灣風氣，有些丈夫會打老婆，外公常常勸解說：「疼某大丈夫，打某豬狗牛。」

然而現實問題還是要解決。外公每找到一個工作，刑警隨後就來，屢次被迫辭職，三天兩頭失業。抗日運動消沉，又找不到工作，外公便想去菜市場賣菜。外婆在芝山岩石角的娘家，雖然家道中落，卻仍擁有一些田產，外婆的弟弟是自耕農，種些蔬菜、水果，外公想扛著這些蔬果擺在市場地上賣。士大夫觀念很重的外婆卻認為夫家是書香門第，子弟都是留日的，娘家也出過清朝舉人，丈夫又是日本留學生，有著日本人都比不上的高學歷，怎能落魄到在街頭拋頭露面賣菜！因此她寧可自己去工廠當女工裁衣服，無論如何也不肯答應讓外公去賣菜。每天外婆都是一大早起來，包個便當，偷偷摸摸去工廠做工，傍晚又偷偷摸摸回家。她不敢向親友開口告貸，獨自一人撐起全家生計。爲了丈夫被日本刑警干擾，無法賺錢養家，迫於生計當女工的事，愛面子的外婆從來不向人提起，這些事是前幾年，她已滿九十歲，才透露給我們知道。外公在家中掛一個布帘，寫著：「經濟、法律，無料相談。」專門替受日本警察壓迫的貧苦人民義務寫狀子打官司，分文不取。外婆認爲這種爲民服務的義務工作符合書生本色，比外公去市場賣菜賺錢體面多了。

隨著日本侵華的野心加大，一九三七年日本軍閥發動「七七盧溝橋事變」，一方面也在台灣島內實行「皇民化運動」，這種政策要台灣人改名換姓，如「施大木」改成「布施××」，「許水火」改成「大山××」，又不准講母語，規定用日語交談，凡是門前掛有政府頒發的「國語家庭」牌子，都有特殊優待。其中有一群由台灣親日買辦及御用紳士組成的「皇民奉公會」，更是此一政策的大幫兇。「皇民化運動」是爲了加強日本帝國主義的侵略戰爭，而要將造成障礙的「台灣人意識」毀滅掉。要台灣人青年效忠於天皇，將他們一批一批送往中國、南洋去當炮灰。連原先抗日的一批士紳也被網羅在這場運動中。

外公抗日的友人已經走投無路，在台無法立足，遂分散各奔前程。很多人都跑到中國大陸，由於思想路線不同，有的參加中國共產黨，有的參加中美合作的抗日地下工作。外公前往大陸，和他在獄中相識結拜的二哥相遇，經由他的介紹加入軍統局，以推翻日本帝國爲目標，另一方面策反參加日軍的台灣人回歸大陸。

外公的博學，加上他對日人的瞭解，在第二次世界大戰中，提供了美方不少珍貴的資訊。日本突襲珍珠港時，也預備突檢軍統局的華南站。外公豐富的資訊來源，早知道日本人一定會發動這場突擊，事先將所有重要文件都疏散出去，使日軍空手而回。

一九四四年，外公在閩南方面對日工作完成，欲擴張華南工作，就買了一艘貨船來往於廈門、台灣之間。載著滿滿的船貨和四十多名乘客，外公押著船駛回汕頭，在汕頭港外的一個叫南澳的小島，突然遇上了狂風和一股強烈的潮流，船身斷裂，沉入大海中。四十多人互相依偎，乘坐在浮上來的大甲板上漂流，前途未卜。外公眼看著坐以待斃，不是長久之計，遂自告奮勇，抱著一個油桶，游往南澳方面去求救。沒想到，油桶一直滾轉抱不住，趕緊抱住一根浮上來的木柱，游了一百多尺，海裡翻起三個大浪，結果只漂上了木柱，卻不見了外公人影。同船中，有一名南澳抗日的游擊隊長和他的弟弟，見狀先後下海想繼續外公未完成的求救任務，也都被巨浪吞噬。甲板上的其他人，只有另想他法，遂將每個人身上所穿的衣服脫下，貼成帆，慢慢地順著風吹，這四十多人彷彿有著外公三人的英靈庇護一樣，奇蹟似地回到了目的地汕頭港。隔天，抗日游擊隊長兩兄弟的屍體在汕頭港邊浮了上來，外公則在靜靜的海底深處永眠了，那年他才四十六歲。次年，日本投降，外公夢寐以求的台灣光復終於達成了。外公生在苦難的台灣，十二歲赴日本留學，二十五歲返台，應該具有日本人欲將台灣人改造成功的「皇民」條件。外公的堂兄弟們都走這一條順當的道路，一生安安穩穩，不愁吃穿，也有社會地位。只有流著農家子弟血液的外公，一生貢獻了他的智慧、知識和熱血給困境重重的台灣抗日運動。在這三十年漫長的非武裝抗暴運動中，外公是最早覺，也是最年輕的，他參加「台灣啓發會」時，才十九歲。他的年紀，加上不愛與人爭執及淡泊名利的個性，使他並沒有成爲運動的領袖。然而，他卻不計較名利，默默奉獻，是運動中不可缺少的骨幹。

家人隨著他奔波，居無定所，老是三頓無著落，卻從不抱怨。外公走得很突然，也理所當然。好像他生下來就是爲了抗日，他知道日軍必敗，可以走了，什麼都沒留給他的家人，唯一留下的是台灣知識分子不願做日本順民的剛毅氣節。

爲了抗日，外公生前無法顧及兒女生計，由外婆獨力支撐，外公去世以後，八個兒女的就學、就業、婚姻，一直帶給她很大的煩惱，我父母的婚姻就是其中一樁。母親背棄外婆替她訂好的婚約，而嫁給父親，令她顏面盡喪，一向守信用、重道德傳統的外婆在驚駭之餘，「頭髮一夜之間全變白。」這是外婆後來告訴我的。如今這個叛逆的女兒給她的煩惱並沒有結束，女兒遭逢冤獄，責任心很重的外婆，又毅然扛起兩個沉重的包袱——我和姊姊。

保密防諜人人有責——眷村兒童

婦聯眷村分一村、二村、三村，各隔著一條大馬路。二村、三村都屬現職軍人，一村是遺族，就是家中男人已經爲國捐軀，遺留下孤兒寡婦，是喧嘩吵鬧的眷村中較安靜的一群。林正杰與我們住在同一村，他的父親潛回大陸列爲失蹤，所以他們也算是遺族。外婆是眷村中唯一的台灣人遺族，因抗日而加入國民黨情報單位的台灣人並不多。

住進了眷村，八歲的我念中山國小二年級，九歲半的姊姊念四年級。

父母出事前，我就讀位於台北市開封街口的福星國小。哥哥、姊姊們都愛玩，喜歡跟著大人或和家裡的員工玩，不願上幼稚園，弟弟們則年紀太小，輪到他們時，父母又入獄了，所以我是家中唯一上過幼稚園的，就在福星國小內。不知怎麼，從小我就喜歡和洗衣服的佣人在一起，搬個小凳子，坐在她們旁邊，她們會一邊洗衣服，一邊講故事給我聽，沉醉在自己編的故事情節中。也許因此我感染了鄉下人那種憨直的個性，總是靜靜地不知想些什麼。母親常說：「麗娜，恬恬食三碗公半。」意思是說安靜不多話，一悶頭吃飯，就吃三碗半。

福星國小位於熱鬧的城中市區，小朋友的家長有不少富有的生意人，但也有很多窮苦的菜販、工人，是大都市中貧富懸殊現象的縮影。如果家裡富有，又有特殊的官場交情，就能把孩子送入女師附小，二哥就是透過特別管道進入女師附小。後來家裡孩子多了，我們家究竟是生意人，不是官場人家，父母忙著做生意，沒有時間再去和做官的打交道。

福星國小的學生家長有不少富有人家，送禮金、禮物的歪風盛行，養壞了校長和老師們的胃口，是一所很市儈的小學。老師們談論學生都會冠上家庭背景，像某某紡織廠的大兒子，某某體育用品社的小兒子，某某商行的女兒。我則是武漢大旅社的女兒。

老師原以爲去幫我註冊的三輪車伕是我的家長，上課時，老師問清楚了，嚇了一跳。她來我家作家庭訪問時就告訴母親，本來要讓我當班長，但是我的聲音太小了，聽來怯怯的。她看著亮麗的母親一定覺得奇怪，我怎麼會是她的女兒，就好像我看端莊、穩重、不苟言笑的外婆，也會奇怪常常咧嘴大笑的母親怎麼會是她的女兒？

上課沒多久，學生家長的背景就都調查清楚了，班上三、四位較富裕的同學便常常由老師交待，拿著學校的樂捐單回家向家長要錢。這些小朋友在學校也都獲得校長、老師的特別青睞。在福星國小裡，貪婪之心把老師和校長結合在一起，校長對每班中家庭富裕的「特殊兒童」瞭如指掌，三不五時頒個小獎讓他們帶回家，這是和家長之間一項互惠的交易。大哥、大姊享受特殊待遇的時間較長，對差別待遇比較敏感，父母入獄以後，在班上的待遇一落千丈，功課也一落千丈，以後都不愛念書。

父母入獄的十二月初，剛好是學校上學期快結束時，學校有遊藝會，我照舊領了一張「特殊兒童」的樂捐單和獎牌回家，以前都交給母親，現在母親不在，就交給被外婆支使來幫我們煮飯的大舅媽。舅媽看了募款單一眼，皺著眉頭，沒好氣地說：「飯都沒得吃了，捐什麼款？」陪我站在一旁的班長吳經緯回到班上大聲地向老師報告，黃秀華的舅媽說她們現在連飯都沒得吃，不能捐款給學校。老師咧著嘴笑，我當時眞想挖個地洞鑽下去。

一學期後，我轉到眷村裡的中山國小，和家庭一樣貧窮的軍人子弟們共同度過三年快樂的童年時光。

大舅牽著我和姊姊到中山國小註冊時，學校已經開學了。福星國小的班別是甲、乙、丙、丁、戊、己、庚、辛、壬、癸，中山國小相較之下小得多了，只有忠、孝、仁、愛四班，我被安排上二年仁班。老師戴如蘭是一名中年婦人，戴著深度近視眼鏡，大舅在教室外和老師談了好一陣子，大概是告訴她我父母入獄的事，請她特別照顧。戴老師要我在講台上自我介紹，班上幾十雙靈活的眼睛，在我全身上下打量著，毫不保留地表達他們的好奇。第一聲下課鈴一響，小朋友們橫衝直撞地逃離教室，走廊上、操場上一片喧嘩。女孩子們跳橡皮筋，男孩子們玩一些禁物，像彈珠、紙牌。眷村的小孩子和城市的孩子很不同，雖然在大人的放任下狂野、囂張，卻都很獨立，自由意志很強。他們的大方、熱情，讓我很快就克服內心的緊張與因陌生而產生的拘謹。

由於大舅的特別關照，戴老師很愛護我，加上第一次月考就是全班第一名，更對我另眼相待。班上演話劇，我飾演的都是重要的角色。比如課堂上講到醫生看病，我就在台上演醫生，幾個小朋友當病人；講到醜小鴨變天鵝的故事，我就演那隻變成天鵝的醜小鴨。

到了三年級上學期，老師原來要我參加中年級演講比賽，不知怎麼臨時換人。我回家告訴正從軍中回來度假的三舅，三舅特地跑來學校找老師，要老師派我參加，老師看到家裡有人來特別照會，就又換我上去。三舅要我在家裡的書桌上預演，反覆訓練，我終於奪得冠軍，從此奠定我在中山國小成爲小名人的地位。

父母的入獄事件，讓學校老師對我特別疼愛，讓我享有很多特權。同學之間很少問起對方的父母是做什麼的，有四分之一的小朋友沒有父親，他們的爸爸大多是在國共戰爭中戰死的。

升上四年級後，改由北師專的實習老師上課。我們班上的實習老師叫做謝國田，從南部鄉村來的。謝老師對我特別溺愛，溺愛到全校只能有一顆小明星，不能有第二顆。學校規定平均成績九十八分以上都可以領獎章，我的成績平均不是一百分就是九十九分，已經是中年級第一名。謝老師修改成績單，把一個也可以拿獎章的女孩子的分數打低了一分，不讓她得獎，結果只有我一個人得獎。學校可以參加的所有比賽都要我一個人去參加，如書法比賽、圖畫比賽、作文比賽，不讓其他的小朋友參加。其實我的天份是有限的，書法比賽是另一名小朋友何玉琦代我參加，圖畫比賽也離得獎一大截。這種偏心的溺愛造成我在學校的特權，也令我有點不安。我只是一個十歲的小孩，除了出名、出風頭外，我更想瘋瘋癲癲地和小朋友們一起玩。可是，他們看到我都有敬畏感。

謝老師特別溺愛我的原因，除了同情我無父無母，另一個主要的因素是謝老師家庭訪問後，發現外婆是抗日台灣人的遺屬，有感於外公抗日的精神，以及自「二二八」後，本省人對外省人的抗爭仍在繼續，在這個都是外省人的眷村中，台灣人的謝老師對我蓄意培養，可以說是潛意識中對外省當權者無聲的對抗。這是當時我小小的心靈所無法體會的。

台灣出名的版畫家李錫奇，也是我三年級的圖畫老師。他是金門人，操金門口音，和外婆也可以溝通。他一面教書，一面很上進地在台北補習，常常在要去補習前，先來我家問外婆是不是可以載我一起到台北，讓我到武漢大旅社和自己的兄弟們聚一聚。李老師就騎著腳踏車，讓我坐在後座，一踩一踩地一齊上台北。有一回，坐久腳麻了，掉了鞋子都不知道，等發覺後，我告訴李老師，他把我放下，要我在路旁等，他轉回頭，一踩一踩地去尋找我的鞋子，找到後幫我穿上，再繼續踩腳踏車。到了台北，等我回到老家和老五、老六玩夠了，他也上完課，又來旅社把我接回外婆家。

當然也有些不知道我背景的老師。有一次，一位甘老師要頒發清寒獎學金給我，來到外婆家做家庭訪問，我們湊巧出去了。隔幾天，老師告訴我，包括幾袋麵粉和幾十塊的獎學金原先要給我，但是那一天她從外婆家窗口望進去，家中傢俱齊全，乾乾淨淨的，不像清寒兒童，就讓給別人。我聽了很難過，想告訴老師我們是清寒家庭，三個小孩只靠外婆一份口糧過日子。貧困的外婆終生保持高尚的氣節，家中總是一塵不染，不讓人看輕，傢俱都是外公在世時就留下來的老古董。我始終開不了口向老師要回，只是上課時一直想著那幾袋麵粉和幾十塊獎金，要是能帶回去，外婆不知有多高興……。

還有一名胖胖的家事老師，上課時向大家宣布：「全校老師都說黃秀華是最優秀的學生，但我就是不喜歡她，她上家事課都不帶剪刀。」我沒法開口向這位女老師說不是我忘記帶，而是外婆家中只有一把用了幾十年的剪刀，貧窮的我們再也買不起第二把。外婆常常用這把剪刀來剪縫衣服的線頭，她怕我們弄掉了，很小心地放在抽屜裡。我寧可挨老師罵，也不願意告訴外婆我需要帶剪刀上家事課。除了這些，我在學校裡過得很快樂，眷村裡熱情活潑的小朋友更是我一生難忘的。

到了四年級是按成績分班的，愛班是成績最好的一班。我們班上有三顆小鈴，一顆大鈴。小鈴是李小玲、呂筱玲、湯小伶，大鈴是李大寧，功課都很好。林正杰也和我同班，我們很少講話，我個子很矮小，都坐在第一排，林正杰個子高大，坐在後邊。李大寧是基督徒家庭出身，很會畫畫，具有眷村小孩少有的溫文敦厚個性。一九七一年最後一次看到他時，他正在念台大電機系。我的功課一直是全班第一名，常常被老師留在教室改考卷或作文本，不用出去上體育課，小朋友都很羨慕我，其實我心裡很想和他們一起玩。也有幾個小孩不滿老師對我的溺愛，又看準我不愛打小報告的個性，便欺負我，扯我的兩條辮子，痛得我趴在課桌上哭泣，這才被老師發覺了，把那位小朋友抓來，用他的皮帶把雙手綁住。綁完後，他用雙腳踢我，老師又把他雙腳綁住。不久，他向我吐口水，老師就用膠帶把他的嘴封起來，他就用兩個眼睛狠狠地瞪我。眷村兒童個性大都很頑強，我這個城市來的書呆子膽小害羞，仍需要靠老師和其他小朋友來保護。在眷村三年，並沒有學到眷村小朋友的自衛能力。有一名叫譚明春的高大女生常常爲了保護我和別人打架。

由於謝國田老師努力的運作，我參加全台北縣演講比賽，抱回一個冠軍獎盃。小小的中山國小從來沒有得過這麼大的榮譽，學校連續放了好幾串鞭炮，連住在眷村最後面一排的外婆都聽到了鞭炮聲。校長要全校師生來門口迎接我和訓練我演講的北平老師，姊姊也在歡迎我的行列當中，大家都知道她是黃秀華的姊姊，她因此覺得很光榮。

我演講的題目是：「保密防諜，人人有責。」當時國共之間的恩怨仍在海峽兩岸主導著人民的生活，大陸上抓國民黨特務人員，而台灣抓共產黨員，都抓完了，就開始抓自己人。全島風聲鶴唳，人人自危。公共汽車或公共場所到處貼著「小心匪諜」、「匪諜就在你身邊」、「檢舉匪諜」等醒目的標語。每到教育部公佈的「保密防諜週」，各學校就開始製作壁報，舉辦演講會。班上的李大寧很會畫畫，他畫的匪諜都是帶墨鏡，口中叼根煙，帽子壓得低低的，領子拉得高高的，和我長大後所見到的兇惡的調查局特務很像。想是李大寧在眷村中看多了情報局、調查局人員鬼鬼祟祟的神態，因而有了這些構思。究竟匪諜是什麼？匪諜長得什麼樣子？爲什麼匪諜這麼可怕？儘管全校師生爲了「保密防諜週」而大忙特忙，也沒人說明究竟忙些什麼？一提起「匪諜」，大人都變成了啞巴。

替我撰稿的北平老師一定也沒有看過匪諜是什麼樣子的。看過匪諜的人，大多被關在黑牢裡。我的冠軍講稿「保密防諜，人人有責」的內容是說：「一位男士去理頭髮，理髮師在掏耳朵時，發現耳朵內有一隻毛。理髮師就向她的朋友說她在那位男士的耳朵裡掏出一根羽毛來。她的朋友又向鄰人講，這理髮師從這男士耳中掏出一隻小鳥。謠言再傳一次，小鳥就變成天鵝。」我在一群評分老師的面前用小指頭指一指說：「原來是一根耳毛，」再用兩臂劃一大圈說：「變成一隻天鵝，」接著搖搖頭說：「謠言眞正可怕。」然後嚴肅地說：「所以說，保密防諜，人人有責。」我想不出這個天鵝的謠言和保密防諜有什麼關聯，無論如何，我拿到了冠軍。好幾位參加演講比賽的小學生，都是長得較高大的男同學，正氣凜然，聲大氣粗，振臂疾呼地喊了很多愛國的口號，要「打倒萬惡的共匪」、「在英明的總統領導之下」，提到總統，手臂靠直立正，如此並沒有感動評審老師。我的北平老師對我的北平話並不滿意，他花了幾個星期要把這個南方小女孩的腔調改成道道地地的北平腔，並沒有完全成功，他很驚訝五名評審老師居然把冠軍頒給我。「他們看妳長得嬌小可愛。」這個北平老師很不客氣地對我說。參加演講比賽的學生大都是五、六年級的學生，我才四年級，又長得小，看起來像個三年級的學生。後來，我回想我之所以得冠軍的眞正原因，是評審老師們實在厭倦了每天聽收音機播放的軍歌和反攻大陸的口號，高昂激動的聲音令他們不安。看到個子矮小、講話細聲細氣的小女孩煞有其事地要負起保密防諜的重任，因而在緊張的政治氣氛中感到輕鬆不少。

這個全台北縣演講冠軍的榮譽讓我成爲學校的名人，我卻怎麼也無法在「保密防諜週」中聯想到爸爸媽媽被捕的最初，調查局就是要他們承認自己是匪諜。沒有一個小學生能描述匪諜是什麼，我也不知道「匪諜」和父母被捕下獄的關聯。然而那個時代，「匪諜」的陰影無所不在，人人噤若寒蟬。小學生的我們分不清楚「萬惡的共匪」就是匪諜，只知提到「毛匪、朱匪」就表現出有深仇大恨的樣子，提到「蔣總統」三字，就馬上立正準沒錯。

姊姊是父親的掌上明珠，自從父母入獄後，她從一個慓悍潑辣的大小姐變成謹愼、小心、討好大人的小孩。她爭著替老師抱孩子、替大人提東西，以獲取她突然失去的父愛。年紀較長的哥哥姊姊對父母和美好童年的記憶比我們鮮明，對人情冷暖的感受比我們敏感，內心的痛楚也比我們三個小孩深。現在，他們還得負起照顧弟弟妹妹的責任。我們去探監時，媽媽都不忘記叫姊姊要把妹妹照顧好，有時惹外婆煩躁而責備我們時，姊姊總是首當其衝。她變得愈來愈溫馴，我卻愈來愈驕縱。

父母出事前，外婆和我們兩姊妹並不十分親熱。善良的外婆不忍年幼的我們和旅社內三教九流的地痞流氓混在一起，遂扛起了重擔。這種苦心，八、九歲的孩子並無法全盤瞭解，因而帶給外婆不少苦惱。

婦聯眷村的村民原先在中國大陸大都是從事情治工作的。國民黨遷台後，情治單位的中統局（以陳立夫為首）和軍統局（以戴笠為首）合併又重組爲情報局和調查局。參加抗日的外公，在日本人強制施行撲滅台灣人意識的日本皇民化運動後，不願做日本的順民，無法在台灣立足，遂於一九四〇年離鄉背井去中國大陸加入軍統局，從事地下工作。外公去世後，外婆住進了眷村，是村中唯一的台灣人。

台灣人書香家庭出身的外婆，說話輕聲細語，舉止優雅，一絲不苟。抱著逃難心態跟著軍隊來到台灣的眷村居民，卻有著完全不同的文化。他們的嗓門都很大，經常穿著內衣或睡衣在村裡的路上走著，由於家裡男人爲公捐軀，遺孀們的緋聞不斷。對四十歲就守寡，有「烈女不事二夫」貞節觀念的外婆來說，那是很大的震撼。村中兒童們在街上跑來跑去，丟石頭、打架，在外婆眼中是長大準會出事的野孩子，外婆絕不准我們和他們玩在一起，「小時偷挽瓠，長大偷牽牛」，牛在當年是農家的維生工具，偷牽牛是十惡不赦的罪名。外婆一再諄諄教誨，不能偷竊，不能撒謊，不能搶劫。她告訴我們那個小時偷摘瓜的小孩，長大後變成大強盜殺死人，被砍頭前要求見他母親一面，在刑場上，他要求母親讓他吸一口奶，像他小時候一樣，他母親把衣襟解開讓他吸吮時，他把母親的奶頭咬了下來，忿忿地說：「就是妳在我小的時候沒有阻止我偷竊，我今天才有這個下場。」外婆認爲小孩子長大變成惡人，都是母親教養不好的責任。她盡心盡力把自己八個小孩教養成人，不讓他們的行爲有任何差錯，現在用同樣的方法來教養三個孫兒。她一條條嚴格的教誨深深地植入我們的腦海中，讓我們成人以後不因貧窮而喪志。

外婆從來就相信父母是清白的。有一次，雷打得隆隆作響，我心裡害怕，就大叫：「阿媽！阿媽！」外婆用很堅定地口氣告訴我：「麗娜，不要怕，雷公是打壞人，不打好人的，雷公是打那一批把你父母抓走的壞人。」

外公是個熱情、有正義感的高級知識分子，像是澎湃的海水，探索著宇宙的奧祕，追逐著慢慢下沉的落日，求新求變的他，抨擊保守的民族心態、服從日本人的奴性；外婆卻像一塊岸邊的巨大磐石，潮來潮去，任憑大風大浪的打擊，她都堅毅不拔地屹立在原地。外公消失在深邃的海中，外婆繼續在苦難的台灣土地上養育他遺留下來的八個兒女，現在則又擔起三個孫兒的養育之責。外公去世時，小舅舅才五歲，小阿姨六歲。我住進眷村時八歲，姊姊九歲，啓明表弟三歲。外婆用她鋼一般的意志力把年幼的孩子一個個拉拔長大。

眷村居民都是逃難來台的，彼此惺惺相惜，互相扶持，但近距離的磨擦、吵架、打罵，也是常有的事。麻將聲不絕於耳，家家戶戶前門通後門，大人小孩互串門子，有些主婦們埋頭於方城之戰無暇主炊，所以連伙食也是互通有無。

門戶關得最緊的就是我們這一家，除了領配給品和上市場買菜外，外婆從不出門，我們小孩子也不可以出門。外婆買菜都帶我們出去，偶爾支使我們到眷村大門前的雜貨店買東西，也一再叮嚀：「路要直直走，直直回，不可以走彎路。」

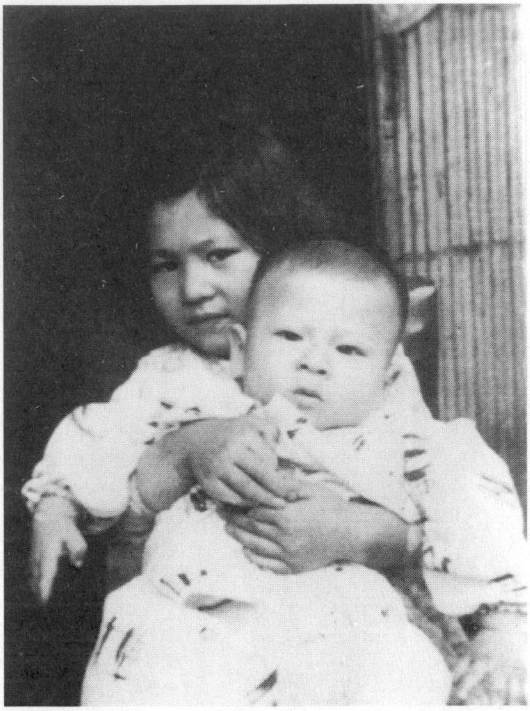

被外婆帶到婦聯一村撫養的黃秀華，抱著大舅柯炤的兒子柯啓明。

　我們這一家四口，一個老人和三個小孩，可說是眷村中很特殊的一戶人家。出門前，外婆總得花上個把鐘頭檢查三個小孩全身上下，看看有沒有不得體的地方。如果我的辮子散出了幾根頭髮，就得拆開來，重新再梳再綁上去。所以我的兩條辮子永遠是直挺挺、一絲不苟地往下垂，最後再抹上髮油，這樣頭髮就不會散開來。女人頭上抹油是古老的習俗，現代人不這麼做，中山國小的女校長忍不住告訴我：「黃秀華！回去告訴外婆，頭上不要抹這麼多油。」我的臉盤圓圓胖胖，加上陽光下反射出強烈的頭髮油光，很像一支高千瓦數的燈泡。女校長看了好笑，要我把新時代的潮流帶回去給嚴守舊習的外婆。

　外婆永遠在頸後梳一個樸素的小髻，自外公去世後，她都是一身素色長袖的長衫。她一手牽著小表弟，我和姊姊兩個跟在後面走。我們都是靜靜的，一步一步不急不緩，身體不可隨便晃動，目不斜視地走在喧嘩的路上。我們這一小隊嚴肅的人馬經過，愛比手劃腳、大呼小叫的眷村人都停下來好奇地望著我們。有一些較年長的老人家看到我們，又聽說了武漢大旅社的故事，欽佩外婆的苦心，看到我們就向外婆問好：「柯老太太，出門買菜啊！」順便問問我們在學校的情況。外婆面帶笑容，謝謝他們的關心，告訴他們我每次考試都是第一名。簡短而禮貌的回話是外婆在眷村中唯一和外界的溝通。

有一回村長通知大家，國民黨的主任委員要來村裡巡視，希望村民去歡迎。那天一大清早外婆把我們叫醒，打理整齊乾淨，然後走到村子大門旁的大廳等候主任委員的來訪。十點左右，大廳已經擠滿準備接待大官來臨的村民，平日舉止優雅的外婆，把我和姊姊拉住，一個箭步擋在正走入廳內的主任委員之前，要我和姊姊跪在這名大官前，用很生疏的北京話夾雜著台灣話向他呼冤：「主委，你要替我作主。我的先生柯文質是爲了國家犧牲，我的女婿和女兒被抓去關，他們是冤枉的！他們規規矩矩地做生意，清清白白地賺錢，怎麼會去殺人呢？丟下六個小孩無父無母，」外婆指著我們繼續說：「主委，你要可憐這幾個無父無母的小孩，你要去跟總統講，武漢大旅社案件是冤枉的，他必須放回我的女婿、女兒回來照顧小孩。」主任委員很不耐煩，村長和理事一直苦勸著外婆說：「主任委員聽到了，聽到了。」大廳外圍著一大群村民交頭接耳地談論著，他們很驚訝外婆的勇氣，從此更尊敬她。只是此後有高級官員來慰問遺族，村長再也不通知外婆。

外婆家右邊第三家是一家姓藍的人家，兒子爲公捐軀，遺留下一個年邁的父親和媳婦，帶著幾個比我們大四、五歲的孩子，是很有教養的人家。藍老爹常常在門前的大榕樹下給村裡的兒童們講故事，小孩子們都帶著小板凳圍繞著他。老人說故事和孩童的笑聲強烈地誘惑著我，我只能偷偷地從窗口看出去。藍家的女兒們從中山國小畢業的那一天，她們敲了我家的門，把一堆燙平的乾淨制服和幾盒筆交給我，說是她媽媽叫她帶來，不待我道謝回頭就走。過些日子，外婆家種的葡萄成熟了，外婆一串一串剪下來，放在盤子中，要我和姊姊兩個人，左右鄰居一家一家送去。我們也是敲了門，說是外婆送的，在門外等著拿回空盤子就回家，不能久待。這樣一來一往的送禮，就是外婆和「外省人」鄰居們無聲的情誼交流。

眷村的糧食都是配給的，有米、糖、麵粉、小米、油鹽、脫脂奶粉、燒煤，這些都是美國援助台灣的捐品。眷村人雖貧窮，吃住卻不缺乏。只是配給外婆一人的口糧，再分給她的三個孫兒，就嫌不夠了。政府每個月派人來村裡分發，外婆領著我們，拿著油瓶、麵粉袋走到村子前面的大廣場上，一個精壯、光著胳膊的壯年漢子站在台上吆喝，村人把糧票、油瓶、布袋遞上去，這名漢子接過，就由旁邊助手倒油、裝米、裝麵粉，放到秤子上磅一磅，再遞回去。除了領取每個月的糧食外，更像一場熱鬧的園遊會。外婆領我們三個孩子，在喧嚷的人群中很有耐性地等著，這種特殊的修養令人尊敬，也獲得不少的特權。村裡的人或分發糧食的漢子，看到了外婆都先讓她領糧食，而不必和別人擠來擠去。有時，我們也違法地和分糧的漢子將糧票轉賣成缺乏的現金。

我們的生活由嚴厲的家規指導著。一大清早就必須起床，外婆的字典沒有賴床這兩個字。我得先打掃客廳和房間，姊姊要掃前院、後院。外婆幫我綁完辮子後，我才上學去。外婆認爲姊姊比較大，加上也沒時間，就讓姊姊自己綁辮子。晚上吃過飯、洗完澡，就要坐在房間靠門的書桌旁念書，念到九點，然後上床睡覺。我和姊姊把書本打開，捧著念，常常一面偷望著右邊牆壁上的時鐘，一邊打瞌睡。外婆探頭進來看時，我們又醒了，像滴答的鐘聲一樣警覺、準確。

以前在武漢大旅社，我們有一千多坪的活動空間，佣人們照料我們的生活，父母對我們沒什麼太多的約束，現在在外婆家三十坪的房間內，坐要有坐相，站要有站相，拿東西給人，一定用雙手捧著，拿剪刀給人，刀口要對著自己。禮儀繁瑣而複雜。

星期天，小朋友們成群結隊到鐵橋對面的農家玩，偷摘果子、摘花，拿樹枝追趕雞、鴨，是令農家頭痛的一群小孩子。可是我們卻不能出去，要留在家裡洗自己的衣服，年幼的我，力氣很小，衣服洗不乾淨。洗完衣服都得讓外婆檢查，檢查三次不通過，重洗三次是常有的事。外婆家在村子最後一間，靠近馬路的水溝旁。一群小朋友們經過，一面用手中的樹枝掃打我家的竹籬笆，一面合聲叫：「黃秀華！黃秀華！」我那顆愛玩的心一下子就給叫跑了，外婆還是不准我們跟著他們出去當野孩子。不懂事的小孩，不免一面洗衣服，一面心生抱怨，因而有時幻想著和姊姊偷偷跑回台北武漢大旅社，帶著弟弟，跟著哥哥，到處流浪，和眷村小孩子一樣，拿著樹枝到處敲打。我聽他們說，地上長出來的野菜可以吃，他們什麼都吃，在樹葉中，將捲住的葉子敞開，有蠕動著的小蟲，他們抓出來，放在口中嚼，掉在地上的糖果，他們撿起來，在衣服上抹一抹就放到口中。他們羨慕我每天穿一身潔白的制服，整整齊齊，功課全校第一名，人見人愛；我卻羨慕他們自由自在，沒人管束的生活，更忘記了在台北的哥哥弟弟，每天爲充饑而掙扎。被學校老師寵壞了的我，還常常和外婆鬧彆扭，眞是身在福中不知福。

小學四年級下半學年結束後，「葛樂禮」颱風來襲，大水淹沒了整個眷村，村人都爬上屋頂去避水，外婆和恰好在家的大舅把所有的傢俱墊高，我們在十尺高的大水中，度過了將近一個星期。農村的雞大多淹死了，會游水的鴨子則到處游竄，村人拿著竹棍一群一群地趕回家裡，可以說是「趁水打劫」。大舅也游出去，趕了幾隻鴨進入我們家，再把門慢慢地在水中推過去關起來，讓牠們在房子內游來游去，外婆在積水半室高的水屋中，站在用傢俱疊得高高的桌子上，升起火爐，煮了好幾頓我們幾年來沒有吃過的鴨肉飯。每一頓分配一塊香噴噴的鴨肉和幾湯匙鴨肉湯，我和姊姊嚼得津津有味。當時的情景至今仍歷歷在目。

我們在水中生活了十幾天，大水終於退了，可是外婆所有的家當也都損壞了。政府在這場水難中並沒有對難民展開救援，自救的村人攜家帶眷，穿著一身髒兮兮的衣服，或坐或站，在鐵路旁等著火車上台北投靠親友。浮洲里本來就沒有停靠站，火車司機看到一群扶老攜幼的難民更不肯停，第一班火車呼嘯而過，村裡的人商量後，就由幾位光著膀子的壯丁站在鐵軌上，第二班火車轟轟而來，眾壯丁高舉雙手喝令停車，火車司機一看，人命關天，來個緊急剎車，村人爭先恐後爬上去。因著這群村人們用性命換來的火車票，外婆領著我和姊姊，拎著被洪水浸得又濕又髒的包袱，回到台北老家武漢大旅社。

水災過後不久，大舅帶著我回到中山國小辦理轉學手續。校長給我很優渥的條件，希望我不要轉學，可以不付學費，由學校提供其他學雜用品，學校打算在我念五年級時，派我參加全省演講比賽，希望我能再抱回一個冠軍獎盃。我在學校的榮譽是建立在外婆提供我和姊姊一個平穩舒適的家，我打從心底希望能繼續留在眷村，和這一群活潑可愛的兒童們玩耍、上課。然而，在大水災中失去一切的外婆，已經沒有能力繼續扶養我們。

自從外公去世後，四十歲的外婆獨立支撐這個家，除了責任以外，她沒有個人的享受，連同輩之間也由於舊傳統的守寡觀念，外婆幾乎是大門不出、二門不邁。當初外公在林本源家族中當土地代理人，手頭寬裕時買下來的傢俱，以後在窮困時卻因典當不出去而留下來。這些傢俱，還有古老的相片、外公的遺物，一件件在我們心目中不起眼的東西，都是外婆的珍貴回憶，那是她生命中一段我們無法瞭解的時光。她每天用水和抹布擦拭著木鏡、櫃台，好像是對它們說話，彷彿它們是活人一般。外婆養了一隻母貓，陪伴外婆近五年，我和姊姊用棉花沾著配給的脫脂牛奶，餵養牠生的小貓，沒幾天，小貓都死光了。這次水災，母貓也死了。外婆一切有形的回憶，除了掛在牆上那張外公英俊的遺照外，全隨著大水而去。這時的她已經六十五歲了，三個只懂得要吃要喝的孫兒無法分擔她內心的憂傷，她心神交瘁，寄居在小阿姨家，無法再扶養我們，只好把我和姊姊送回旅社，讓我們和自己的四個兒弟們一起生活。

我們依依不捨地和眷村的小朋友們告別。外婆的苦心、舅舅的關懷、老師的愛心和小朋友們的熱情，彌補了我童年的不幸，在這一片肥沃的土壤上，我的心靈慢慢地成長茁壯。

再度和這一群眷村的小朋友們相會是十年以後的事了，我們都上大學，陳乙丁和李小玲主辦了一場同學會。李大寧念台大電機系，李小玲念台大考古系（編按：即今人類學系），一九八一年又在美國波士頓碰見她正在念博士班，也正為著感情的事而煩惱。除了這些成績較優秀的同學外，也有一名女同學，母親在台北當舞女，她從小就是背著弟弟、手牽妹妹，在村人的歧視下跟著祖父母過活，常常被同學欺負。我對大家一視同仁，所以她常常悄悄地挨近我身邊，用乞憐的眼光看著我，我不忌諱和她說話，她很高興。長大以後，她也步上母親的後塵上台北當舞女。其他同學長大後，也有一些人因親友的關係而進入情報局和調查局工作。

一九八〇年，林正杰在澎湖服役，爲了表示對他參與民主運動的勇敢精神的感佩之意，我去看他。他和張富忠合寫《選舉萬歲》時，我人在美國波士頓。因爲武漢大旅社冤獄事件在我內心留下一道很深的傷痕，產生政治冷感症，可是我看了那本書後，決定和林正杰見面。他記得我比我記得他深刻，因爲在課堂上我坐在前排，他坐在後排。當年的大學生大都是教官的乖寶寶，他追求民主的熱忱令我感動。後來，我自己捲入更激烈的政治運動，完全和我個性不和，但那卻也是無可避免的命運。

這幾年政治局勢的改變，明顯的突出眷村人和台灣文化差異的眷村文化。國民黨爲了便於控制眷村鐵票，將眷村人和台灣社會隔離，造成和台灣文化格格不入的眷村文化，令人感傷。不諳台灣語言和文化，浮誇狂妄的大嗓門下藏著漂泊無根的無奈和不安，被關在竹籬笆內的眷村人也是一群政治歷史悲劇下的產物。

善良、優雅的外婆，和三年快樂的眷村兒童生活，是我一生中最甜美的回憶。

（二〇一六年作者補註）

有修養的外婆不隨便談論村人是非，和眷村人相敬如賓卻不深交。她從不在我們面前提她內心深處的痛楚，她的兒女被國民黨逮捕監禁酷刑的慘劇。爲了有經濟支持，爲了撫養一群失怙的孫兒，孫兒中包括迫害她台灣人的外省人後裔，她必須住在國民黨的核心支持者的眷村中生存。她在眷村內建立了一座堡壘，在這座堡壘內，她把自己鎖住隔絕。她很少和鄰人說話，大都透過我們和舅舅傳話。和我們只講台語，提父母的悲慘遭遇他們就改成我們聽不懂的日語，以免影響兒童心理。

我們離開了眷村，舅舅們也都成家立業搬離了眷村，只有外婆仍留在眷村內，那座養育我們的眷村堡壘是她唯一的家。她隨著婦聯一村的眷村人搬到中和的飛駝一村，沒了我們當她和眷村人的溝通管道，她的防衛堡壘也漸漸的解嚴了。這時我才知道外婆是懂中文的，會聽也會講，但她拒絕講，她把對國民黨的痛恨藏在內心底層。腦筋敏捷、口才流利的外婆，年輕時曾跟著外公到中國廈門去從事抗日情報戰，也在眷村住這麼久，怎麼不會講中文呢？這是我小時一直覺得奇怪的事。爲什麼全眷村幾百名村人只有外婆不會講中文？爲什麼她不直接和眷村人溝通，要經過我們小孩子轉達？原來如此。

後來我留美，抗暴的台灣人拒看聯合報系統的世界日報。而世界日報藉著黨國背景，政經關係雄厚，資源豐富消息最多，只要「反」著看，仔細研讀，就看得出眞相。我了解台灣留美學人對台灣人被迫害的痛恨心結，不肯買看，但認爲知敵知彼百戰百勝，資訊很重要，我就訂購一份世界日報，再文檢後剪下重要消息，複印、郵寄分送給他們看。複印的錢和郵費比訂報紙的費用多。這群台灣留美學者拿我複印的消息去研讀政情，從事抗暴運動。這麼大費周章，就是當時外婆和台灣人痛恨國民黨獨裁暴政的心態——拒講中文、拒看爲虎作倀的媒體報導，同樣道理。

好學的外婆是日治初期的士林公學校資優生。她本想長大後當一名小學校長，卻因曾祖父早逝，必須照顧一家人生活，而放棄繼續上學，以爲人刺繡作嫁衣來支援外公留日的經費。無法達成小學校長的夢想，是她很大的遺憾。她晚年，我們都離開眷村後，外婆的防衛堡壘局部解嚴，她雖不與鄰人熱絡來往，卻參加了村里老人組成的晨操隊，清晨一起去山上做體操。認眞好學的她，做什麼像什麼。不久，她成爲耆老體操會的指導老師。想到說話輕聲細語，從不拉高嗓門講話又長期不講中文的外婆，竟然在八十多歲高齡時領導一群耳背重聽的外省眷村老人，發號施令做體操，是不是也多少圓了她小時要當小學校長的夢？看著她與高采烈的示範她準備的晨操教材，我不禁這麼想著。歷經了日本殖民時代、國民黨恐怖血腥鎭壓時代，到了台灣民主時代，阿嬤終於打開她封閉幾十年的心房，說話聲調清晰平穩，能言善道，口才辨給，卻對外封口數十年。外婆終於在晚年開始和不會講台語的眷村老人交流保健知識。

然而她仍沒有忘記國民黨如何凌虐她的兒女，親生骨肉慘遭暴行的絞痛，在她內心深處渦漩了幾十年。終於，等到機會了，選舉一開放，她拒絕眷村主委的買票，毅然投給民進黨。外婆是民進黨在眷村裡最早期的鐵票，國民黨的鐵票倉開始生鏽，眷村人驚訝的發現問題出在這名待人溫和有禮，卻如此頑固的高齡台灣老太太。這老太婆卻是被眷村人尊重的抗日遺族，他們再也不敢到外婆家買票，到她百歲高齡離世前，她一直都是國民黨大票倉眷村中最堅定的民進黨鐵票。外婆終於在她的眷村堡壘上，插上她認爲是台灣人民被長期霸凌終於揚眉吐氣的旗幟。

黃秀華（左一）於 2000 年返台，為百歲的外婆（右一）祝壽獻唱。

當她示範給我們看，她如何在一群眷村人眾目炯炯下，踩著巍巍顫顫的小腳碎步，高傲地投下這震撼眷村的炸彈票時，她說她要告訴國民黨，這就是你們逮捕酷刑我長子、我三女兒和我女婿的惡行報應。外婆的勇敢讓我們聽著眼淚都流下來。

二二八、白色恐怖、國民黨、民進黨、台灣人、外省人、眷村、眷村人、親日家族、抗日的丈夫和長子、講日語、講華語、講台語，被監禁酷刑的兒女、失怙的孫兒……像喧鬧遊樂場內快速的旋轉木馬，暈眩慌亂旋轉著外婆一生的愛與恨。她用她堅強的意志，在邪惡狂亂的風暴下，緊緊抓住著她的所愛，她的一群兒孫，不讓我們離散失所。

外婆在眷村過了後半生，從五十四歲直到一百零五歲仙逝。

復興基地——汀江公寓

一九六三年九月，我和姊姊回到台北。姊姊念樹林中學初一，我回到原來的福星國小念五年級。

父母已經入獄三年半了，他們把武漢大樓的繁華都帶走了。不知道誰在底樓大廳上半部加蓋了閣樓，現在連陽光都晒不進來，整棟大樓陰陰暗暗的。樓梯口停了幾十輛腳踏車，左右鄰居和訪客找不到停車位，都停進大樓裡。台北市的遊民沒有固定住址，都報上「台北市漢口街一段八十巷十二號」武漢大旅社的住址。送信的郵差來了，順手丟下一疊幾百封沒人理會的信件，散了一地。

三年半來，在三叔的揮霍下，武漢大旅社變成一座人獸蠻林。我和姊姊原是眷村中最有教養的一對姊妹花，又回來加入四個兄弟中，共同過著和成人爭食的野孩子生活。三年不見，老六長高了很多，只是更加沉默，臉上依然沒有笑容。我和姊姊帶他去福星國小註冊念一年級，三年半中，他先由鄉下農家領養，再送到芝山岩舅公家扶養，最後又送回台北。那時他才三歲，不知道究竟爲什麼爸爸媽媽不要他了，他只有好好跟著哥哥們。但哥哥們也還是孩子，常常是老五搗蛋被打一頓，他也莫名其妙地陪著挨打。他生病、發燒、出疹子，都是自己靜靜地躺在地上，睡了幾天，餓了幾天，好了以後，再爬起來去廚房搶東西吃。

因體弱而特別受母親寵愛的老五，一身破爛，在學校常被老師打，因而常常逃學。白天在街頭和比他大的野孩子閒蕩，或是向路人乞食、乞錢，晚上就睡在戲院門口。也常常跑到中山堂後面，跟著幾個野孩子攀著石柱爬上二樓，從窗口鑽入，看正在上演的電影。

原先散漫的四兄弟，由於我和姊姊的歸隊，凝聚成一支頗具戰鬥力的自衛小兵團，多了兩個比哥哥細心的姊姊，老五、老六在精神上獲得了一些薄弱的依靠。混竹聯幫的大堂哥常常欺負他們，動輒罰跪、罰站、打耳光。現在我和姊姊兩人擋在前面，我們豎著眉毛，手叉著腰，把原來習慣打罵老五、老六的堂哥堂姊兇回去，兩個弟弟拉住我們的裙角，很有安全感。

除了原來有些債務的武漢大樓無法脫手變賣外，所有能典當轉手的家產都被三叔揮霍殆盡，三叔的酒肉朋友們要不到錢，無法再白吃白喝，也都作鳥獸散，有一些仍留在大樓裡占了幾個房間住，也許是騙了三叔的賭債而以房間作抵押，我們也無法追回。現在連工資都發不出來，所有佣人、員工都走光了，旅社的生意早就不做了，只靠幾間還沒有被他以權利金賣出去的空房間收租。討債的人一個接一個上樓來要債，三叔一個房間一個房間地躲，大樓有幾十個房間，討債的人無法一間間打開看，大都空手而回。

到了開學時，老師催著我們要繳學費、書本費，我們這一群小孩輪流盯住三叔，到他躲進的那間房門前站著，當三叔不小心把門打開，我和哥哥、姊姊便互打暗號，一起衝入房間內要錢，不肯離去，一直哀求著：「叔叔，我們要繳學費才能去上學。」站了幾個鐘頭，三叔索性用棉被把全身悶住。結果我們還是空手去上學，挨老師罵。最後是外婆老遠跑來大罵三叔一頓，我們才沒有轉學。三叔清醒時，有時會帶著笑容摸摸我的頭說：「麗娜最乖，最會念書。」笑容中有些內疚。喝醉酒後，他大吵大鬧，亂摔東西，帶著腫紅的眼睛瞪著弟弟們說：「我要一個一個把你們殺掉。」弟弟害怕得往後躲，我把弟弟扶住，狠狠地瞪了他幾眼，三叔才縮回房內。藉酒裝瘋的三叔知道我和姊姊有外婆做靠山，不太敢惹我們兩個，而哥哥弟弟已經習慣這種被欺負的生活。有時運氣好，我們可以要到三塊錢到福利社買幾塊麵包做中餐，大半時候我們一天只吃晚上一餐。星期天不上學，姊姊和我一大早守在我們生存的軍防重地——廚房，三叔的大女兒和嬸嬸煮一大鍋稀飯準備他們一家人自己吃，煮飯的大鍋是以前大旅社內供幾十名員工吃的，大得她們端不進去，就用大勺子把飯粒全撈走，剩下稀疏的米湯，堂姊甚至連大勺子都帶走。姊姊不知哪裡拿到的湯匙，我們就一小匙一小匙地舀，數得出來的飯粒漂浮在米湯上，這是我們一星期當中唯一的一頓早餐。

三叔有八個兒女，夭折一個，堂兄弟姊妹和我們六個年紀差不多。自從父母入獄，三叔占有大樓後，心地陰毒的嬸嬸影響了她的大女兒和大兒子，常欺負我們，因此他們一家人和我們六個孤兒，幾年來一直是類似「異族統治者」和「本土被壓迫者」般對峙著，我們在無法和大人對抗下，轉而將七個堂兄弟姊妹列爲敵國人士，不相往來。隨著哥哥姊姊年紀的增長，衝突愈激烈。在一次口角中，大堂姊罵大哥：「你爸爸是殺人兇手！」大哥打了她一記耳光，直追上三樓，正在三樓睡午覺的二哥聽見了，守在三樓，大堂姊一上樓，二哥抓個正著，再打了她一記耳光，對她回罵：「你爸爸把我家的財產都搶光了！土匪！」趕上來的大哥、大姊和二哥又圍住她毒打一陣。不久，混竹聯幫的小太保大堂哥趁著大哥正在睡覺，把大哥悶在被裡毒打一頓，打得大哥鼻青臉腫。以前他們兩個打過好幾次架，比堂哥矮一截的大哥，雖然才十四歲，卻可以打贏十六歲的大堂哥，所以大堂哥只有用卑鄙的突襲方式。大哥醒來，開始磨利他的武士刀，準備對付大堂哥，大堂哥看到大哥提刀走下樓，嚇跑了，在外面躲了好一陣子不敢回到旅社。

在哥哥和姊姊劍拔弩張地對付著欺負我們的堂哥堂姊時，我這個負責保護老五、老六的小隊長，卻對其他五個小堂兄弟們採取半放水的態度。二堂哥只大我一歲，常常用一種討好的姿態要贏取我們的友誼，他並不喜歡他的父母，是幾個兄弟姊妹中較老實善良的一個。有時，他會帶幾顆糖送我，起初我很傲慢地拒絕，在他一再哀求的口吻下，我的態度終於軟化，接下了糖果，分給在旁口水早已經流出來的老五、老六，三人一起分擔了「通敵」的內疚。大堂妹和老五同班，他們如一對青梅竹馬的玩伴，一起逃學。小堂妹和老六同班，她對老六仰慕得很，很喜歡被老六指揮，是安靜的老六唯一的玩伴。

當我的兄姊和三叔家兩個大孩子殺伐得刀光劍影時，我們這三個小的和他們家三個年齡相仿的小孩，湊巧是異性，都有一種無可奈何的堂兄妹情愫，我只有睜一隻眼閉一隻眼，不忘形式上提醒老五、老六，對方是嬸嬸的子女，屬於敵國，卻也阻止不了純真的他們常常手牽著手一起去上學。

只懂得打蒼蠅不會打老虎的孩子，終究無法提防大人的險惡。有一次嬸嬸給了大哥幾塊錢，要大哥帶我們去樹林幫她看守空屋。見錢眼開的大哥大姊，拿了錢很高興，就帶著我搭火車去樹林的一棟有院子的日本式房子，我們在空屋中瘋瘋癲癲玩了幾天，才發覺不對勁，嬸嬸並沒有如她所說的按時前來。錢已經花光了，嬸嬸卻不見人影。餓了幾天，我已經倒在榻榻米上，站不起來，用爬的爬到廚房地板上，把嘴湊在水壺的壺口上灌了幾口水，腦子清醒了一、兩分鐘，又昏迷過去。哥哥姊姊年齡較大，身體比較能支撐，不知道他們兩人怎麼有力氣走到外面去叫救命，結果有兩名樹林小學的老師，把我們扶到飯店內吃了一頓，再給我們八塊錢買火車票坐回台北，總算保住三條小命。

我們差點在樹林空屋中餓死的消息，傳到外婆耳中，外婆忍無可忍，去探監時很嚴肅地對母親說：「如果妳想出獄以後，小孩子們還活著，妳一定要想辦法，不然妳的孩子們會被虐待致死。」外婆一口咬定嬸嬸不是忘了，而是蓄意把我們騙到空屋中，要餓死我們三個最難對付的小孩。

母親的狂怒，令男監中的父親不能再逃避這個他一直不願意相信的事實，他在台唯一的弟弟，並沒有如他誇口般的，在他入獄後善待他的子女。我們幾乎餓死的事情，令父親不得不採取果斷的態度，他千方百計把始終避開不願意來牢裡看他的弟弟叫來，不再以長兄的身分，而是用父親的身分哀求他把三樓「汀江公寓」還給我們六個小孩自己收房租，留一條生路給我們。至於二樓的武漢旅社就讓三叔繼續管理。

大哥、二哥愈長愈高大、愈兇猛。有一次，因爲要不到學校中餐的三塊錢，大哥用厚重的電話簿擲向三叔的姨太太頭上，她哇哇大叫救命，跑去向三叔哭訴，姊姊也對他們一家人惡言相罵，我常常對著他們兩夫妻瞪眼睛，我們一天到晚和三叔的孩子們對打群架，愈打愈兇悍，不再是四年前那一群無知、任人宰割的小羔羊了。

我們終於奪回了我們的復興基地——三樓的汀江公寓。

這一隊自我訓練的小兵團奪回主權後，很快地站好自己的戰鬥崗位。十五歲的大哥輟學在家，是一家之主，管收房租，每星期兩次按時去監獄裡看父母、送菜，中午給我和老五送便當，是主管國防、外交的總司令官；十二歲的大姊洗衣服、煮晚飯、做家事，主管一切內政；念成淵中學十三歲的二哥，成績優秀，是家中的思想指揮官，主管教育；十一歲的我，除了獨善其身，繼續保持每次都考第一名的成績外，也管住老五、老六不要搗蛋，是小中隊長；八歲的老五要常常注意不能太頑皮，以免惹哥哥生氣；七歲的老六唯一的任務，還是好好跟在哥哥姊姊後頭，不要走失。但有一次還是不小心跟丟了。

父母入獄後沒多久，我們就學會搭公車去監獄看他們。因爲買不起車票，通常一上公車，我們都縮得小小的，一頭鑽入人群中，讓車掌小姐抓不到，直到再怎麼縮都超過孩童票的高度爲止。那一次，我和姊姊帶著老五、老六一起去看爸媽，老六才小學一年級，可是有一顆比一般兒童還大的頭，是全班最高的。我以過來人經驗和強烈的自尊心堅持姊姊應該給老六買一張半票，以免老六被抓下來，姊姊以刻苦持家的經驗深感沒有金錢的痛苦，能省一塊錢就多一些菜錢，堅持不買。就在我們兩個爭執不下時，公車到了，我和姊姊、老五趕緊爬上去，卻忘了把老六拉上車。等車門一關，我猛然想起來，對著公車後窗大叫老六，只見老六呆呆地站在站牌旁，茫然地望著愈來愈遠的我們。

到了看守所，母親知道我們把老六帶丟了，眼淚掉了下來，責怪做姊姊的怎麼可以把弟弟丟下來？我看著姊姊，姊姊看著我，互相用眼神責備對方。好在老六已經會認路回到旅社。從此以後，姊姊就狠下心多買一張半票。

收復回來的「汀江公寓」半壁江山只剩下一角。把三樓交還給我們之前，嬸嬸已經用很低廉的房租逾收好幾年。空氣流通的好房間都被地痞流氓占住，我們不知道他們和三叔私下如何勾結，他們就是不付房租。他們是一群賭博郎中，我們常常在地上撿到內有玄機的假骰子。三十幾間房間，肯付房租給小孩的，只有三、四家，而且也都是大哥一直去拜託，幾乎像施捨一樣，這個月付了，下個月不一定付。幾年來從富家子弟淪爲街頭小太保的大哥，在五個弟弟妹妹都仰賴他來糊口的責任感下，從此收手不再對人動刀子。他忍氣呑聲地向房客要房租，輟學在家照顧弟弟妹妹，扛起了小爸爸的重任。

獨立自主的最初幾個月，我們很窮困，連煮飯的鍋子都沒有。哥哥姊姊想辦法弄來一些破鍋破碗解決了吃飯的問題。沒有飯桌，我們就蹲在地上吃。沒有床鋪，就躺在地上睡覺，一床沒有被單的棉被，是我們唯一可供禦寒的掩蓋物。每天我和老五、老六三人手牽手去上學，下午一起回家。在我嚴厲的監督下，老五也不再逃學。晚上吃過大姊煮的晚飯後，我們在地上寫完功課，就擠在一起睡覺。冬天冷，睡不著，老五、老六互相踢來踢去，覺得好玩，格格地笑，我也跟著笑。直到大姊板起臉孔，一個人打一下，命令一聲：「都躺下去。」我們三個才安靜下來。我們相擁著，用彼此的體溫抵禦寒冷的冬天，遲遲不能入睡。

一九九四年的冬天，老五帶著太太和小孩來美國洛杉磯玩。我們在洛杉磯的家院子很大，有三百坪，我怕悶，又不喜歡開暖氣。隔天我問弟媳，昨晚睡得如何？她告訴我老五整晚睡不著，心裡悶。因爲院子大，冷流都進了屋內，一凍，老五就回想起童年在武漢大旅社內，冬天時躺在冰冷地板上發抖的可憐情景，心情一沉，就失眠一整晚。

失散了四年的家，在十五歲的哥哥和十二歲的姊姊領導下，漸漸有個雛形。雖然經濟還沒有完全改善，但是我們的生活都有了規律。

孤兒們的小爸爸——十一歲的大哥

在父親刻意訓練之下，大哥從小就具有領袖氣質，一群弟弟妹妹都跟在他後面聽他指揮，玩得不亦樂乎，連左右鄰居的小孩們都加入我們的陣營一起打鬧。每逢過年，大哥要二哥把紅包的錢捐獻出來，租幾部三輪車，一群孩子坐在三輪車上吵吵鬧鬧地遊街，把三輪車伕指揮得昏頭轉向。搬來旅社之前，我們的鄰居是一名姓楊的福州人，看到大哥就頭痛。楊老先生常常在家休息時，會突然看見一個小孩的頭，從屋頂上倒掛下來，從窗口外瞪著他。為了大哥的頑皮，母親一天到晚處罰他，有時關在廁所裡，有時用長長的背巾綁在二重床的木架上。母親綁大哥時，我都站在旁邊看，等母親一走開，大哥就用請求的口氣對我說：「妹妹！來幫哥哥把背巾解開。」大哥一向很疼愛我，我心裡也想跑過去幫他忙，可是媽媽老早交待過，我要是解開哥哥的背巾要打我手心，我不敢，只有呆呆地看哥哥被綁在床上。少了大哥，整個下午就無趣透頂。爸媽不在家時，大哥會邀左右鄰居所有的小孩來我家玩，幾乎要把整棟房子拆掉。我記得我很小的時候，父母出去了，一大群小孩擠在房內，依照慣例由大哥發號施令，十幾個小孩集合在一起由大哥配對，我和一個連走路都走不穩的二、三歲小男孩配成一對，我們是年紀最小的一對，由大哥下令：「現在大家都去躲起來，做大人的事。」應一聲好，我們手牽著手，找一塊隱蔽的角落躲起來，過了一陣子，大哥叫：「做

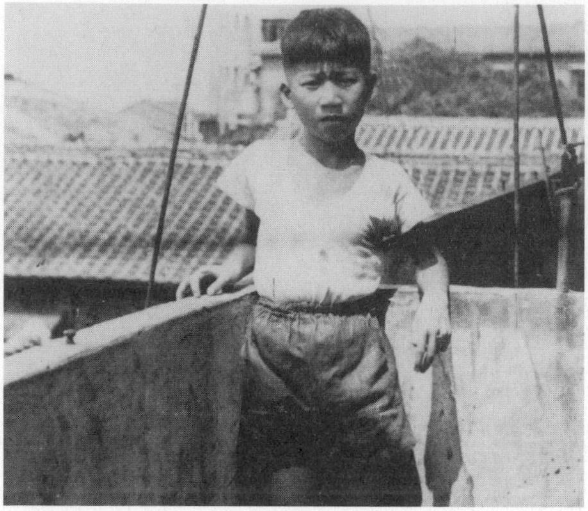

大哥黃東藩，站在汀江公寓的陽台。

好的人都出來！」我和我的伙伴搖搖擺擺地趕快晃出去。大哥一一地問：「做好了沒有？」我們都大聲回答：「做好了！」這樣遊戲就結束了，再換一個新的遊戲。沒有一個小孩問做什麼？好像大家都知道要做什麼。我和那個小男孩唯一做的事就是蹲在一起，靜靜地等著大哥下命令，誰也沒看誰一眼。

大哥九歲時，父親帶他坐火車到南部去，一上火車，大哥就呼呼大睡。爲了躲避共產黨，父親九歲起就開始逃難，一生中在艱苦的環境中奮鬥。客家人很保守、封建，重視宗法，認爲長子將來長大是家族企業的掌門人，必須要有堅忍的領袖個性。父親遂把大哥搖醒，要他注意觀察四周人物，看好身上所攜帶的行李。大哥十歲就被送往五股鄉下，離開母親和家人，受獨立自主的訓練，不讓他有一點依賴性。父親常說三叔就是被寵壞的孩子，才不知上進。

當年剛有公共汽車的時候，父親要大哥自己搭車去外婆家。那時外婆住在三重，沿途要換幾趟車。父親坐著自用三輪車在後面跟蹤，還是不放心。可是大哥一點都不含糊，轉了好幾站，終於無誤地抵達目的地。

父親對大哥從小所施的特別訓練，果然受用，在家庭遭遇變故時，大哥發揮領導弟弟妹妹對抗困境的毅力。

大哥於我好像是第二個父親，只要跟在他後面，我就可以拿到很多我自己要不到的東西。他常常向母親要十塊錢，母親受不了糾纏就給他十塊錢。十元鈔票拿在手中，他指一指站在旁邊看的我，對母親說：「妹妹也要！」母親說：「妹妹太小，不會用錢。」結果還是把一些零錢給我，我數一數，共有七毛錢，很高興。只要看到大哥在大樓裡，黏在他後面，他一定不會忘記分我一點甜頭。不過，他常常不知道跑到哪裡去，姊姊和二哥也常常不在，只有我和老五、老六一天到晚在大樓裡數著一級一級的階梯。

父母被捕後，我們每天哭哭啼啼的，十一歲的大哥卻跟著外婆、大舅和三叔，為拯救父母出獄到處奔走，在調查局、警察局、情報局、父親友人家穿梭。

調查局和情報局原是同一個情治系統，後來才分家的。每年三月十七日，軍統系的頭子戴笠生日，蔣介石必親臨芝山岩的情報局祭拜，也召見遺族，發撫恤金。外婆每年「三一七」都可以見到蔣介石，見面時問：「生活好嗎？」

外婆叫三叔在這一天領著大哥向蔣總統陳情。三叔和大哥在芝山岩的馬路中將護送蔣介石的長車隊攔住，遞上陳情書，整個車隊停下來，結果三叔和大哥被衛兵抓去派出所訊問很久才放出來。從此以後，情報局便不再邀請外婆參加「三一七」遺眷列席會見總統的典禮。

在父親將龐大的產權交給三叔管理之前，三叔也帶著我們到處去攔截開會的官員，發呼冤書。直到他開始揮霍我們的家產後，劣根性和金錢令他腐化，把自己親生大哥的生死和六個孤兒的生計拋在腦後。

大哥跟著父母的時間最長，他享受過最快樂的童年，也帶領著五個弟妹度過最悲慘的日子。聰明而早熟的大哥，十一歲就結束他的童年，從此扮演五個弟妹的小爸爸。一方面，於父母的交待下在法院和律師處爲打官司奔走，一方面在弟妹上學時，去牢裡探望父母。

他比我們更清楚，原來父母在家時，大人是如何巴結我們、善待我們。現在鳩占鵲巢，奈何他年紀太小，無能爲力。他的憤怒無從發洩，很多時候都在街頭和無家可歸的小太保們混在一起。他的棉被底下放了好幾把武士刀，大部分時候，他都噙著淚水，抱著武士刀睡覺。幾年來，他嘗盡了人間冷暖。

十五歲以後，有了一點經濟主權，五個年幼的弟妹仰賴他來維生，他不能出事。於是他改頭換面，不再出去鬼混，每天留在大樓內煮飯，送便當給父母、給學校的弟弟妹妹，告訴父母家庭近況，傳達父母的意思。我們每天放學回家，大哥都在家裡等我們，晚上督促著我們做功課。我無法想像，如果沒有大哥這麼負責地照顧我們，如果沒有他天賦的領袖能力，引導我們走向正確的方向，這幾個小孩群龍無首，將是怎樣的結局？

大哥在外面鬼混時，來往的除了一些無藥可救的小太保外，也有一些只因爲家庭不幸福而在外面遊蕩的可憐孩子。有一個叫張得勝的，家庭環境不錯，是個獨子，父親是菸酒公賣局的廠長，親生母親病逝後，照顧母親的護士變成他的繼母，對他非常不好。他常來旅社找大哥，把我們當作自己的兄弟姊妹，我們常常玩在一起。還有一個比大哥大幾歲的太保，在外頭常常保護大哥。每一次來旅社時，都交給大哥二十元，有時候買麵，有時煮紅豆湯，我

大姊黃嫚娜

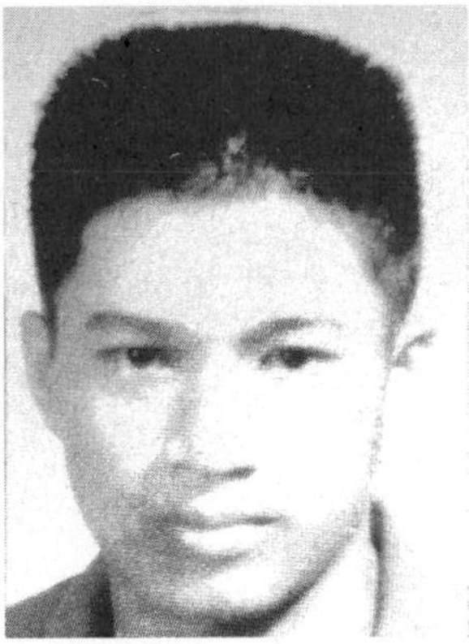

二哥黃屏藩

大哥黃東藩

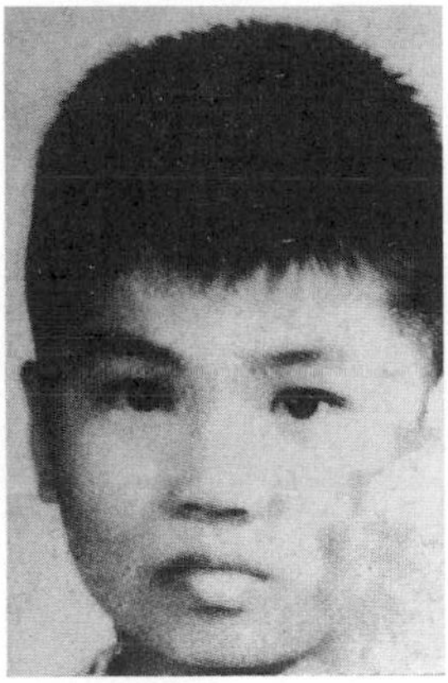

老六黃國藩

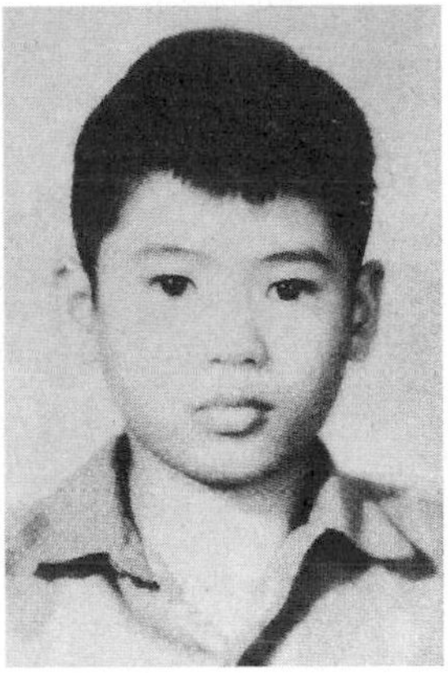

老五黃來藩

作者黃秀華

們蹲在一起大口大口吃得很高興。另外有一個叫「盲腸」的，為什麼叫「盲腸」？大哥告訴我們他在新公園被其他幫派的太保追殺時，刀刺到肚子裡，腸子都跑出來了，他抱著一堆腸子，捂著肚皮，繼續往前逃，竟然活下來，於是別人都叫他「盲腸」。大哥的朋友中，唯一念書的是一個叫做史耀古的，皮膚很白，是蒙古人，父親是蒙藏代表的立法委員。史耀古很斯文，不像太保，臉上很少有笑容，是不快樂家庭中的孩子。

大哥在街頭混了好幾年，雖說小太保、太妹們都有值得同情的家庭背景，但是都沒有好下場。大哥最大的責任就是父母不在時，把我們管教好，不要我們像那些太保太妹一樣。因此他對調皮搗蛋的老五特別嚴厲。

二哥和大哥的個性完全不同，是屬於善於思考、分析事理的科學家型。家難發生後，他咬緊牙根努力念書，身上常常只穿著卡其布制服，連內衣內褲都沒得穿，但他的成績總是名列前茅。長大後的二哥成了一名成功的企業家。二哥有著豐富的想像力，很會編故事。沒有玩具可玩的我們，童年最大的娛樂就是聽二哥講述他所編的武俠小說。

姊姊把小紅石子的平滑地板擦乾淨，我們三個小的和二哥並排躺在地上，二哥眼睛望著天花板，一面構想一面說。故事中的主角大都是父母被仇家殺害的遺孤，長大後練得一身武功為父報仇，當然也有錯綜複雜的愛情故事，但是我們對那變幻無窮的武俠招式更入迷。二哥的故事永遠講不完，永遠有續集。

大哥和大姊無法享受這種樂趣，沉重的生活擔子正壓得他們喘不過氣來，面對著現實，他們完全沒有一絲浪漫的幻想空間。

趕不走的地痞流氓——惡房客

回到武漢大樓生活後，外婆不斷地提醒我們，旅社裡都是壞人，女孩子要離得遠點，不可以進入他們房間。汀江公寓除了地痞流氓外，後來也搬進兩家窮苦的台灣人家，帶著三、四個小孩，因爲此地靠近城中，房租又低廉，就住了進來。有一次那個九歲的小女孩告訴我們，四號房間的房客徐先生，要她來找其他小女孩，讓他親一下，可得五毛錢，大樓很多小女孩都給他親過。貧窮人家的小女孩不清楚這些成人的醜陋心態，有不少被騙的，家長們還爲了這個徐先生送他們禮物而高興，這就是出身寒門的女孩子們沉淪的開始。

汀江公寓有三十多個房間，我們都以房間號碼來稱呼房客。這四號的徐先生，原是上海銀行界的董事長，在大陸上背景很雄厚，有一妻一妾，不知怎麼，自己隻身來台，一直住在汀江公寓中。以前爸媽在時，他常常買玩具送給我們，爸媽入獄之後，三叔掌權，他就改送給三叔的孩子。原以爲一下子就可以反攻大陸的徐先生，不料一待就是好幾年，反攻無望，從大陸帶出來的銀兩都花光了，隨著武漢大旅社的沒落，他也愈來愈落魄，只有靠在泰國的兒子寄錢來救濟他。後來甚至連房租也付不出來，最後死在這棟大樓裡。在他年老，身無分文，而且愈來愈變態之前，我去過他房間，他租了兩間，一間當客廳，一間當臥房，客廳牆上貼了一張杜娟的照片，他告訴我們他在大陸的小太太和杜娟長得很像，他指著杜娟的一邊臉頰上有一個酒窩，而他另一邊也有個酒窩，所以他的兒子兩邊都有酒窩。想來，他指的就是那個在泰國的兒子。能租得起汀江公寓的兩個房間，當年他一定帶了不少金子出來，只是後來都花光了，大陸又回不去，精神也愈來愈不正常，和當年舉止高尚的闊房客簡直判若兩人。

二十七號房客是患了肺病的朱先生，常常「咳！咳！咳！」地咳嗽，也是大陸撤退就住進汀江公寓，住慣了，沒有再離開過。一直到母親出獄後幾年，也死在這棟大樓裡。當年武漢大旅社案發時，朱先生曾到法院作證，證明父母是無辜的。他是個好房客，在台灣找了一份小職員的工作，二十年來都按時繳房租。

十號住著一群三叔帶進來的賭博郎中，用假骰子騙一些好賭的笨蛋。我班上老師的先生就常常偷偷摸摸跑上三樓和這些人賭，聽說輸了不少錢。老師晚上替有錢孩子補習的錢都被他賭光了，因而自殺過幾次。三號房住著一個兇悍的酒家女，帶個七歲的兒子，她還有個姘夫，聽說是個打手。二十八號房住著一群身材高大的流氓，常常帶酒家女一起胡鬧。這些人非常兇悍，從不付房租，我們也不敢去收。他們看到十一、二歲的我和姊姊從走廊走過，都故意跑出來擋在中間，擠碰我們。汀江公寓有六條走廊，要上廁所、洗菜、洗碗，都必須走過幾條長長的走廊。看到他們，我和姊姊就趕快退到大廳中，直到沒人了才走過去，有時逃避不及，只有側身貼著走廊牆壁，讓他們走過。這群流氓最後也老死在大樓裡。那時，我們才將房間收回來。

我們有四個兄弟當我們的小衛兵，多少有保護姊妹的作用，我們也常常板著臉孔，不隨便對人笑，以免讓壞人心生非非之念。我唯一常去的，是二樓趙先生的房間，他是個瞎子。聽三叔說他以前是個將軍，國共戰爭時把眼睛打瞎了。後來聽說武漢大旅社內都是大陸人，就搬了進來。不知是不是三叔吹牛，聽說蔣經國還曾經奉蔣介石之命來這棟大樓看他。他常常叫女服務生阿珠找小孩子幫他唸武俠小說，那時我住在眷村，偶爾回來探望哥哥弟弟們，有一次阿珠找上了我，說有零用錢可以賺，我就去他房間，他瞎了眼，什麼都看不見，和藹地叫我小妹妹，拿出一疊武俠小說給我唸，唸一本兩塊錢。當時我正在學校被北平老師訓練參加演講比賽，說得一口字正腔圓的北京腔。趙瞎子很高興，以後阿珠找到了我，他又加了我一塊錢，三塊錢一本的唸給他聽。那年我才小學三年級，有些生澀的中文字還不會唸，我停頓了一下，他便接著提示了一下，教我怎麼唸，因此我小時認字認得比別的小孩多。我幫他唸了幾年書，可以感覺出他的氣質和旅社裡偷雞摸狗的混混們不同，所以我相信他曾是個將軍。他和四號房的徐先生也不同，徐先生老是提他以前在大陸如何如何風光，趙將軍則從不對我說一句廢話，而我也不曾問過他任何事。我一坐下就開始唸，他很專心地聽。唸完幾本之後，他會說：「好了，今天就唸到這裡。」接著從床頭摸出零錢，交到我手上，我說聲「謝謝」就走了。他從不問我在哪裡念書啊？幾歲啊？不像大部分流落到台灣的大陸人，用聊天來化解寂寞。也許他曾經有過豐功偉績，失明之後，想避開一切，就躲進這棟大樓內。大樓內有一百多戶人家，龍蛇雜居，沒有人注意到其他人的來路，也互不來往。

母親回來後，我就不再給他唸武俠小說。我也不曾變成武俠小說迷，那三塊錢比武俠小說還吸引我，所以也沒注意自己口中唸些什麼。

獨立自主以後，我們的生活開始有規律。除了上、下學外，我們都不出去，整天守在汀江公寓念書。只有星期天有點特別的活動，通常一大清早，我帶著老五，提著菜籃走半個鐘頭的路到中央市場買菜。中央市場是批發市場，菜價比較便宜。我和老五蹲在地上，揀了幾把青菜，把腐爛的部分剝掉，再交給菜販秤，但有時剝太多層會惹來一頓菜販的臭罵。我們班上有個叫陳麗珠的女孩，她的爸媽是中央市場的菜販，我一定會走到她的攤位上。十一歲的她，圍著圍裙，穿著長靴雨鞋，拿著秤子吆喝著。每回看到我，她都拿一大把蔥塞在我的菜籃裡。我拿了幾把菜，她堅持不收錢，因爲我常來買菜，知道菜的行情，就扔下大概的錢數，而她總是又拉住我的菜籃子，多加幾把菜。回到家，大哥看看菜籃子，知道我又撿到了便宜，心裡很高興。

比較昂貴的菜都由大哥、大姊去買，他們會討價還價，我並不擅長。昂貴的魚、芋頭啦，都是要送到牢裡給爸爸媽媽吃的。牢裡的伙食很差，煮菜是把菜往水裡一丟再揣上來，一隻一隻的菜蟲都浮了出來，囚犯戲稱這些菜蟲是「調味的蝦米」，實際上卻令人難以下嚥。大哥每星期給爸媽送兩次飯，順便報告一下家裡的狀況。我們六個小孩吃得很省，好的都留給牢裡的父母。有一回，大姊煮了一鍋甜芋頭，準備送去牢裡，我們四個小的圍繞在爐子旁聞香。那年，凌波的「梁山伯與祝英台」正轟動全台，我們的康樂隊長二哥學梁山伯哼起黃梅調，手一比，腳一劃，就把這鍋熱騰騰、香噴噴的芋頭湯踢倒了！我們趕快蹲下去，把還沒化成芋泥的芋頭一塊一塊撿起來，聚成一堆，大姊拿到水龍頭下，花了個把鐘頭，仔細地把黏在上面的塵土洗乾淨，把這幾顆尺寸只剩下一半的芋頭再加上一鍋水重煮，煮了很久還是稀稀淡淡的汁，只好這樣送去牢裡給爸媽吃。我們瞪大了眼睛，望著流散一地，又香又濃卻撿不起來的芋頭湯，口水直流，整個下午大家心情都不好。

武漢大樓的第四層樓蓋了一半，父親就被抓走了。經過長年的風吹雨打，泥沙、木柱、三角板都已經腐爛成肥沃的土壤，一叢一叢的草木長得比我的肩頭還高，從遠處望來，還以爲是精心設計的空中花園。工人搬運建材的木梯，仍然架在汀江公寓的涼亭旁，我們常常從這搖搖欲墜的木梯爬上四樓去玩整個下午。老五、老六撿起地上的小石塊和水泥互相敲擊著，我在草叢中觀察寄生在裡面的小生物。當年台北市都是低矮的日式木屋，我們這棟樓最高，父親爬上四樓監工時，眺望著全台北市，遙念福建長汀的故鄉，想著四樓蓋好時，該以哪一個中國大都市的名字來命名。現在這裡變成一片廢墟，我們在這兒想念著牢內的爸爸媽媽。玩了一會兒，二哥會領著我們喊一些精神口號，「楊薰春萬歲！」「黃學文萬歲！」「阿東、阿屛、嫒娜、麗娜、老五、老六的父母萬歲！」我們大叫大喊，伸張兩手揮動著，對著偌大的天空呼喚著父母。在和無情的大人的殘酷鬥爭中，我們緊張的情緒因而有了發洩的管道。

二哥認爲這種精神訓練對我和弟弟們這三個小的尤其重要。父母入獄前，因爲經營事業的忙碌，我們都由佣人帶，和父母接觸的時候不多，所以我們對父母的記憶愈來愈模糊，有時老五、老六貪玩，還要挨哥哥打才肯去牢裡看父母。父母是什麼？他們已經漸漸地淡忘了，對他們而言，父母既不能給他們溫飽，也不能保護他們不受傷害，父母只是每次隔著鐵窗看到的那兩張哀傷的臉罷了。大哥、二哥認爲這是很嚴重的心理問題，可是愈強迫老五、老六去牢裡看父母，他們內心愈是抗拒。所以，常常上四樓來作集體精神訓練，這是當時很重要的家庭功課之一，喊叫著父母萬歲是凝聚上進心的一股強大力量。

不只大哥、二哥深知其中奧妙，由大陸撤退來台的國民黨，在人心惶惶、部屬紛紛叛逃的情況下，也開始加強精神口號訓練。當年毛澤東的造神運動正在進行，台灣的蔣家政權也不甘示弱，逢年過節，在總統府前舉行軍人學生遊行，舉手高喊：「蔣總統萬歲！萬萬歲！」武漢大樓離總統府不太遠，聽得清清楚楚。大樓的住客都是大陸來的，聽到這種口號，尤其興奮，跟著高喊「蔣總統萬歲」，希望有一天蔣介石真如神明般把他們帶回「神州大陸」，結束他們在台灣飄零孤苦的異鄉生活。我們喊父母萬歲也是一樣的心理，盼望著突然消失的父母趕快回來拯救我們，可以結束在大人的淫威下戰戰兢兢的生活。

未完成的四樓，是我們六個小孩內心的一處聖地，一般人不知道這個祕密，是不會爬上來的。有一天，有個二樓房客的女兒，約二十來歲，不知怎麼發覺這個廢墟，也爬上來，跪在地上，雙手放在胸前，披頭散髮地大哭大叫：「主啊！主啊！救我！」我們六個小孩瞪大了眼睛看著她，很驚訝這個世間還有和我們一樣可憐的人。她也無視於我們的存在，繼續哭叫。從此，井水不犯河水，我們喊我們的父母萬歲，她叫主來救她。幾年以後，這個二十多歲的長髮女子服毒自殺死了。我們仍不放棄希望，努力地喊著父母的名字，希望他們能早日回來。

被汙染的杏壇──福星國小

雖然捉襟見肘的生活讓我們窮於應付，但人窮志不短，我們也都知道必須好好念書，才有出人頭地的日子。大哥爲了照顧弟妹而輟學，大姊負責繁瑣的內務也不能專心念書。爲了不讓他們兩人擔心，我和二哥、老六都是名列前茅，唯獨老五總是教人擔心，當初他因穿著寒傖、繳不起費用，常挨老師打罵，一百天有五、六十天逃學，常常睡在街頭沒有回家，功課都是班上倒數第一、二名。但自從換了陳萬得老師之後，一切都改觀了，他是個很有愛心的老師，所幸有他的鼓勵和體諒，再加上兄弟姊妹們齊心努力讓這個家的生活步上正軌，老五不再逃學，功課也突飛猛進。

我從眷村的中山國小轉回福星國小念五年級時，已經開學好一陣子了。當時的經濟大權掌握在三叔手中，我連制服都沒有，只好穿著便服去上學，老師非常不高興，不讓我參加朝會。我不是個愛抱怨的孩子，默默地忍受老師的白眼，沒有解釋是三叔不買制服給我。這種情況一直維持到全校的模擬考試，我考了全校第一名，老師從此對我刮目相看。有一次督學要來學校抽查六年級學生上課的情況，爲了要騙督學表示班上程度很高，老師把我外借到六年級的班上課，萬一督學來了，就叫我上台表演。當時我有驚人的記憶力，過目不忘。準備了一天，結果第二天督學沒有來。

福星國小和眷村中山國小的校園文化完全不同。福星國小的小朋友們的家庭背景貧富懸殊，富有的家長逢年過節都帶著禮物來看老師，有的甚至連訓導主任、校長都送禮。晚上，老師就去有錢的小朋友家幫他們補習，七、八個一起，老師把隔天要考的試題先讓他們考過一次，第二天再拿來班上考，除了資質實在太差的之外，通常有補習的同學帶回去的成績單都不錯。這種欺騙行爲在福星國小很普遍，從校長到老師，是所謂「上樑不正，下樑歪」。雖然如此，我還是每次都考全班第一名。

一九六四年，國民黨籍的周百鍊和無黨籍的高玉樹競選台北市長，福星國小校長出面帶著國民黨黨工宴請全校老師，幾天前就開始在學校的操場上擺桌子，起火、切煮大鍋大鍋的菜餚，很像鄉下的大拜拜。白天訓導主任帶著黨工，在上課時間到每間教室請老師出來和黨工談話，談完話後，老師踏入教室對全班同學宣布：「各位同學，回家要告訴家長投周百鍊一票。」我右手邊坐一個叫周寶玉的同學，嘴角一撇說：「我媽媽說要投給高玉樹。」當時我並不瞭解台灣老百姓對國民黨的痛恨。眷村雖然一直是國民黨的鐵票區，像這種政治介入教育圈內，黨工和校長勾結，利用小朋友來牽制家長票源的現象，眷村的中山國小反而沒有。

在富裕的城中小學校區，我雖然穿著寒酸，又沒有父母過年過節給老師送禮，卻由於優異的成績而頗受老師看重，也享有一些特權。考完試，成績好的小朋友坐一邊自由活動，其他小朋友坐另一邊繼續上課，我向同學借了很多小說，公然在課堂上看得入迷。台灣世家林本源後代叫林蕙琳的，和我同班，成績也不錯，不用補習，很多時間都在練鋼琴。她家比別人家更早就有電視，每天來學校講前一天晚上所看的美國偵探片故事給我聽，我想像著情節，聽得津津有味，問了很多問題。爲了應付我的好奇心，她回家看電視看得更仔細。

林家和我家很有緣，並不是世交，而是斷斷續續的相識。她的祖先林本源和我母親的祖先楊東光，分別是台北南、北各據一方的首富，此後林家繼續發跡，楊家卻沒落了。一九一三年至一九一八年，外公柯文質留日回來後，就在林本源的子孫林熊光家中當土地代理人。一九四五年，父親來台，和林熊光的哥哥林熊徵很熟。父親以「林家的胖哥哥」和「林家的弟弟」稱呼兩兄弟，稱「胖哥哥」的原因是當年的人力車是苦力在前拖拉，主人坐在車上，可是林家的哥哥噸位大到需要一人在前拖拉，一人在後推，可以想見他有多胖了。林蕙琳的弟弟林開世也和老六同班。我們兩家幾代都互相認識，但比起林家，我們家可說是多災多難。

林蕙琳的母親是個氣質優雅、心地善良的女人，她知道武漢大旅社的故事，聽林蕙琳說我沒有冬季制服穿，冷得打顫，她就做了一件鑲有蕾絲、漂亮的長袖襯衫送給我，我一直穿到小學畢業。我常常帶著老六去林蕙琳家玩，那是一棟兩層樓的大房子。她母親會叫林蕙琳的大哥端冰淇淋給我們吃，我和老六總是舔得乾乾淨淨，杯子見底。

福星國小的老師們見錢眼開，非常市儈，我們班上的老師相較之下，已經算不錯了，但是仍得接受校長的命令。班上有個女同學，是某大紡織廠老闆的三太太的女兒，可是無論怎麼補習，她的成績都不好，畢業時卻以第七名成績在畢業典禮上領獎。替家裡有錢的學生假造好成績的欺騙行爲，在這所學校是很平常的事。這位女同學常常告訴我校長和訓導主任去她家作客的情形：「訓導主任最好吃，每次最早到，一坐下去就大吃大喝。」她不屑地說著。在她家，校長、訓導主任一點也不清高，只是有錢人的裝飾品。這個貪吃的訓導主任就是看到老五穿著襤褸，而把他抓到操場上訓斥一頓，還打他一記耳光的勢利眼傢伙。當時，我遠遠地看著自己的弟弟被打，痛在心裡，以後每次看到這個訓導主任，都忍不住對他瞪白眼。

小時候，我的倔強脾氣是出名的。因爲繳不起十元的蒸便當費，每天吃冷飯。有些貧窮的學生會把自己的便當偷偷放進竹籃底下，我是不這麼做的。有時天氣熱，飯菜不新鮮，發酸，我還是照樣吞下去。老師看不過去，在課堂上宣布：「黃秀華，妳不必繳十元蒸便當費，老師替妳繳。」原先吃冷便當的事只有我自己知道，這麼當眾一宣布，雖然是好意，卻令我十分難堪，於是我拒絕接受，一面掉眼淚，一面繼續吃我的冷便當。

有一天，大哥去牢裡探視爸媽回來後，要我們準備黃色呼冤背心，因爲隔天要去中山堂攔截去開會的高級官員，散發父母的呼冤書，請他們釋放我們的父母。念二年級的老六害怕地告訴我他不想去，他不希望一群小孩攔住官員的照片上報，在班上被取笑。想到這點，我心裡也有點猶豫，可是爲了我們的父母，什麼事都得做。當晚，我們都睡不著覺，我一直想著照片登出來後，同學們又會在背後指指點點……。

結果，準備在中山堂召開的高層會議取消，平反冤案的希望又破滅。雖然失望，但爲了沒有上報，內心又有些解放。

小學畢業，林蕙琳第一名，體育用品店女兒第二名，我第三名。我不願意上台領獎，也不要家人參加我的畢業典禮。最後一天，老師在班上發畢業證書，講了許多感傷的話：「你們像翅膀長硬了的小鳥一樣，一個一個飛走了，令老師心裡難過。」接著掩面而泣，全班一片啜泣聲。我低著頭，拿筆在紙上畫圈圈，大圈小圈地畫。老師一個一個叫名字上台領畢業證書，眼淚直掉。叫到我的名字，我懶懶散散地走向前，拒絕看老師一眼，拿了畢業證書，回頭就走回座位，連鞠躬都沒有。老師停止掉淚，臉色大變，生氣地說：「黃秀華，妳這種脾氣將來要吃虧的。」

這個老師在五年級時，每天中午都會唸一篇《愛的教育》給我們聽，也曾好意要替我繳十元的便當費，但在我看來，這些不過是小仁小惠罷了。我不滿的是老師將班上有錢孩子補習的課題，第二天拿來給全班學生考試，一字不改，功課極差的紡織廠老闆女兒也拿到畢業獎。我的成績一向是全班最優秀的，次高分的同學每每望塵莫及，竟然只拿到第三名。我可以不要小惠，但我珍惜得來不易的榮譽，面對學校以學生的成績和富有的家庭做違背教育原則的交易，我只能這樣無聲地抗議。

好長一段時間，我一直懷念著眷村中山國小的老師和小朋友們，大家都一樣貧窮，也就保持著兒童的純眞，而沒有受到大人的金權遊戲汙染。

1964

第三章

劫後餘生

1972

母親看著我們，她不清楚這五年來我們怎麼長大，我們也不知道她在獄中受到怎樣殘酷的折磨。像陌生人一樣，我們彼此摸索著、適應著。

在一群身經百戰、半大不小的兒女面前，她感到自己的無能而憤怒。她右手一揮，把飯桌上的碗盤掃落在地上，趴在桌上哭泣。碗盤碎片割破了我的小腿，滲出一絲絲的鮮血，她哭得更大聲。

我們站在一旁發愣，不解地想著：「大人真沒有用，動不動就哭。」

陌生人——母親出獄了

在大哥、大姊的刻苦持家之下，一年後我們略有了儲蓄，三餐不缺，學費也都由大哥交給我們按時繳。厚臉皮的嬸嬸得知後，要向我們告貸。我們六個小孩子開了一次家庭會議，決議不借錢給嬸嬸。

一九六四年，母親終於因病交保回家了。大哥從破牆角的洞裡摸出一隻長襪子，襪子裡是大哥省下來的儲蓄數千元，全交給了母親。母親由十五年徒刑，改判三年，但當時已坐了五年的牢。

飽受折磨的母親，看到了整棟大樓的髒亂和破爛，非常驚訝，更想不到我們連床都沒有，只能睡在冰冷的地上，擠在密不通風的房間內。母親回來後過幾天，付了錢趕走了幾家房客，把通風的大房間要回來自己住。休養了一陣子之後，有一天母親走下二樓，拿起椅子往嬸嬸的頭上砸過去，把嬸嬸打個半死。她入獄前擁有台北市最大、最豪華、日進斗金的旅社，和好幾筆買賣房地產留下來的現金，還包括一筆父親借給蔡萬春開第十信用合作社，而蔡以現金償還的款子，總共近五百萬的財產。母親原指望這筆財產讓她的六個子女不致於挨餓受凍，萬萬沒想到現在所有財產都變賣光，武漢大旅社變成一棟貧民窟，六個小孩子中的三個在空屋中幾乎餓死。母親一輩子都不能原諒叔叔嬸嬸的不仁不義。

入獄五年，母親回來了，卻已無法拯救大樓的沉淪。

眷村的中山國小校長的先生，立法委員姚庭芳，在報上看到母親出獄的消息，立即來旅社看母親。中山國小的美術老師，日後成爲名版畫家的李錫奇，也來探望母親。李老師坐了一會兒，要走時，母親從走廊送他到汀江公寓樓梯口，他一直客氣地說：「伯母留步！伯母留步！」那時，我離開中山國小已經兩年了，看到他們從老遠的浮洲里趕來台北，興奮了好幾天。中山國小師生的重情重義，我終生難忘。不久，母親把初中沒念完就輟學在家的大哥送回學校繼續念書，另一方面積極地打探爸爸在入獄前所建立的舊有關係，四處奔走，希望能把父親從牢獄中救出。

當時的福建省主席戴仲玉和我家有親戚關係，戴仲玉的外公和我的曾祖父是同胞兄弟。戴原是福建省三民主義青年團的團長，「三青團」一九三八年成立於武昌，蔣經國是總團長。來台後，政府任命戴爲福建省主席。戴仲玉常來我家，親熱地稱父親「表弟」。母親出獄後，他寫了介紹信，讓母親帶去見高級官員，請求政府釋放無辜的一群人。中央警官學校校長趙龍文也從旁相助，原本打算邀請兩位法醫參加法理辯論，可是那個在調查局的威脅利誘下，將自殺死亡篡改爲謀殺致死的法醫蕭道應不肯參加辯論，而葉昭渠法醫所寫的解剖研究報告書竟從法院中失蹤了。

趙龍文原是蔣介石的侍衛長，來台後任警官學校校長。他準備動用自己的聲望舉辦一場國際刑事會議，邀請國內外知名人士和官員列席討論「武漢大旅社命案」。何祚歆律師加以阻止，他原來是台大教授陳華洲的律師，何律師以調查局介入此刑事案件，並不斷對法官、法醫和辯護律師作恐嚇威脅，認爲此案非比尋常，究竟是什麼人給他們這麼大的權力，將七名無辜的人打入這麼悲慘的境地？究竟他們要打擊的對象是誰？動機不明，不宜輕舉妄動，以免打草驚蛇，否則父親隨時可能被槍斃。趙龍文本身也陷入警界的派系鬥爭，原來大陸上中央警官學校特科生的畢業證書上寫的是「校長蔣中正」；來台後，這些特科生再受短期訓練，成爲正科生，畢業證書被收回，重發的畢業證書上所寫的是「校長趙龍文」，因而有人謠傳趙龍文正在警界建立自己的班底，蔣介石對此非常不滿，趙龍文因此差點被送去軍法審判。最後的結果是他被迫辭職，由正得寵的副校長梅可望接任警官學校校長。趙龍文卸任沒多久，即傳出病死的消息。

也許正因爲何祚歆律師的政治敏感度而救了父親一命。在派系鬥爭之際，無辜人民也常受波及。但趙龍文生前一直想幫忙我們翻案，母親是終生感念的。

大部分舊有結交的人士都和我們保持距離，怕受牽連，但大世界戲院的總經理謝肇珍是個例外。母親出獄後，他來看過我們幾次。他原是福建上杭軍團的團長，來台後，沒有軍隊可帶，就當了大世界戲院的總經理，我們仍慣稱他爲謝團長。父親在家時，晚上常常和母親去大世界戲院找謝團長，順便看電影。同案中的游全球，原來是謝團長的守衛，謝團長的軍團解散後，游全球去青島當兵，後來帶著一張戰士授田證來台，因同是福建長汀人，父親便安排他在旅社內當職員。

剛回來不久，母親就趕緊去找陳華洲的太太，商討案件平反之事。陳華洲已經死於獄中，陳太太拒絕領取屍體。

陳華洲夫婦兩人都頗有來頭，結交的人物都是政治圈內的高級官員。父親之所以認識陳華洲，要追溯到當年在福建家鄉當巡官時，陳華洲的弟弟陳梅洲有事來找父親，大家因而有了來往。陳華洲、陳梅洲兩兄弟都是留學日本的長汀名人，陳華洲常往來於南京、上海等大都市之間，同時也是來台接收大員之一。陳華洲的太太原來是南昌市長的太太，南昌市長被蔣介石下令槍斃後，改嫁給陳華洲。母親去找她，她只說：「什麼管道都嘗試過了，沒有用，只有主能救我們。」她家總有一群教友不斷地祈禱，原來準備和她商談案情平反的母親，只有陪著一群天主教徒祈禱了好幾個鐘頭。母親不相信主能救我們，五年的牢獄之災讓她相信只有靠自己才能把父親救出來。何況除了在法院、律師、監獄之間來回奔走外，她還有六個小孩的生活和教育問題。三年以後，陳太太抑鬱而死，陳家的成年子女都散居國外。

母親原來希望藉著舊有的關係，讓全家生活有所轉機，然而人間的冷暖隨著權勢富貴而轉變，除了六個兒女，母親已然失去了一切。

每逢過年過節，離鄉背井的大陸人便利用這個時候，互相拜訪、熱鬧一番。以前，父親總是帶著母親一家一家拜訪，徹夜打麻將、談時局、談家鄉。當時，陸軍總司令羅列和父親是同鄉，常有來往的。後來羅列那個任電視廣播記者的兒子羅大偉投共，蔣經國親自去家裡訪問羅列，第二天羅列就自殺身亡。父親和母親也常去堯樂博斯家，堯樂博斯原來是新疆省主席，前後有五個太太，每次都安排族人表演新疆舞來娛樂賓客。

以往每個過年，我家都買整隻的豬醃製起來。過年後好久，整棟大樓的員工都還吃這些醃肉。有一回，三叔誇口他會釀酒，向父親要錢買了兩百斤米泡製，結果釀出幾甕酸醋，全部倒掉。

母親出獄後，我們冷冷清清地過年過節，她常不自覺的憶往而難過掉淚。以前我家的全盛時期，哥哥姊姊都還有記憶，當母親提起而感傷時，他們尚可瞭解，可是當年的我才七歲，大部分時候是在大樓裡和佣人們玩耍，對父親來往的朋友們沒有什麼印象，好光景也漸漸淡忘，談不上懷念。老五、老六對過去這幾年的往事，除了饑餓、受凍外，可以說完全沒有記憶。

現在我們所看到的上我家來的大陸人物，和母親所憶及的人物天差地別。有一個名叫官熙光的，原是北大高材生，在台有妻室，不知怎麼淪落爲乞丐，也出家當過和尚。每隔一段時間，他就走上大樓來找媽媽，穿著破破爛爛的，手中拿一枝打狗棍，口袋上插一把牙刷。那時我們養了一隻狐狸狗叫做Lucky——「幸運」。「幸運」狗眼看人低，看到官熙光就兇猛地狂吠，然後撲向他，官熙光一面用棍子擋著，一面叫：「黃太太！黃太太！」有時母親正在廚房煎魚，他會乞求母親給他幾條魚吃，母親放了一、兩條在他手上，他雙手捧著，站在走廊上，在「幸運」的狂吠聲中埋頭吃著熱騰騰的魚肉。

還有一個名叫張恕，是我堂伯父的姻親，臉上架著一副眼鏡，即使是落魄的時候，也是一副斯斯文文的書生相，寫得一手好字和好文章，在大陸上是富家子弟，受過高等教育。有一陣子，他突然在三樓出現，和四號房的徐先生住在一起。徐先生原來在大陸是銀行界名人，不知怎麼地，想做官想瘋了，那陣子張恕告訴徐先生，他有蔣總統的特別任命，短期內會任部長，徐先生相信他，做了好幾套名貴的西裝送他，張恕答應一旦任命公佈，他將給徐先生一官半職。兩人同進同出好一段時間，聽說都是去會見高官顯要。張恕特別喜愛我，也許是我讓他回想起他大陸上的親人吧！從來沒人記得我的生日，但張恕一定記得。他來武漢大樓，敲了門，就兩手展開摺文，唸著他預先寫的長文，用毛筆寫的。他一面唸一面解釋，內容是「世侄女秀華一向品學兼優，爲族人爭光。今逢她生日，特贈一百五十元做生日禮物……」好像是傳達聖旨一樣。我站在門口，聆聽了十幾分鐘，接下他那不知道從哪來的一百五十元和這紙祝賀文。母親則站在我背後笑。

很快地，徐先生當官的夢想落空，張恕也不見蹤影。後來聽說張恕被抓進牢裡打死了，也是胡扯什麼和蔣總統有關的事。張恕文質彬彬的氣質和慢條斯理的說話神情很像胡適，雖說是個瘋子，卻是個令我有好感的大人。

母親有時會說：

楊薰春（右）交保出獄後，和母親出遊的合影（1967）。

「奇怪！福建來的同鄉怎麼不是做大官的，就是一些精神不太正常的。」其實不只是福建來的同鄉，許多來到台灣的大陸人，很多當了高官顯要，也有很多因政治因素被迫自殺，或被捕下獄，落魄潦倒一生。

出獄後的母親除了要應付經濟上的困難，還要適應六個半大不小的兒女。分離了五年，我們都在無情的世界中掙扎生存，但那卻是兩個不同的世界，沒有共通的語言，我們無法溝通。母親歸來的興奮感，很快地被生活習慣不同的衝突和互不瞭解的疏離感取代了。我們去牢裡看母親時，母親總是迫切地等待我們的來臨，她所看到的我們，都是最乖的一面。已經習慣沒有大人在旁，六個互相依靠的小孩，對突然出現的母親覺得不自在。母親好意的關心對習慣自由的我們而言，變成一種束縛。母親會抓住我的手要我喝牛奶，我不喝，從長長的走廊跑掉，母親手上拿著一杯牛奶在後面追。母親規定老六要多花時間念書，不可以常常跑上四樓的空中廢墟玩，老六卻在上面養了一窩的鴿子，母親怎麼叫喊都不肯下來。有很長的一段時間，因爲不安的陌生感，我們三個小的躲母親躲得遠遠的，母親愈是想親近我們，彌補失去了五年的母愛，我們就愈害怕。母親常常怔怔地望著我們，喃喃地唸著：「我是你們的媽媽！我是你們的媽媽呀！」彷彿要喚起我們的回憶。那種憂傷和急切的神情讓我們更不知所措，更加退縮。

面對著一群忽然間長大的兒女，母親束手無策。幾年來，我們已經習慣了貧窮，而母親才剛剛開始學習。感覺到自己的無能，母親常常一面發脾氣一面哭，我們更是不瞭解爲什麼大人這麼沒有用，動不動就哭？

經過很長的一段時間，我們才彼此適應。在這段期間內，母親每天以淚洗面。除了這幾個孩子，她沒有訴苦的對象，好幾次在睡夢中突然醒來，口中唸唸有詞地叫著：「什麼？什麼？」我們們莫名奇妙地看著她，她怔了一陣子，說：「我聽到你爸爸叫薰春！薰春！」她忘了父親不在她身邊，還關在牢裡，她更不知道他將來有沒有回來的一天。

我從父母被捕時七歲開始，也常常晚上作惡夢而嚇出一身冷汗。老六更常在睡夢中驚醒，爬下床，一面哭，一面朝樓梯口走去。沒有人知道他三歲時被帶到鄉下的農村時，過的是怎麼樣的日子。

我們一家人在反覆的惡夢中，度過了十幾年的歲月。

不屈忠魂——工友吳亮

母親出獄後兩年，原來在武漢大旅社任工友的吳亮，也因被刑求時傷及肝部而奄奄一息，母親找人把他保出來。出獄時，他手上掛著一包換洗衣物的包袱，舉目無親。

吳亮是安徽人，曾是國民黨的少年兵，在大陸上跟著國民黨東奔西跑，打日本人，也和共產黨打過生死戰。旅社案件發生，調查局人員誣告吳亮是匪諜，最說不過去。白色恐怖期間，調查局內羈押的受刑人中有些思想較左傾，有個和吳亮同一間牢房的人犯，一直和吳亮爭論說共產黨好，吳亮堅持說國民黨好。後來這位牢犯卻反咬吳亮是匪諜。吳亮沒受過什麼教育，識字不多，調查局人員認爲可欺，更誘騙吳亮作僞證，告訴他若反咬父親一口，就可以被無條件釋放。沒想到吳亮雖然受的教育不多，卻爲人誠實正直，拒絕苟且偷生而出賣自己的良心，他因而被痛毆，受了嚴重的內傷。

吳亮在被捕之前是經由他的部隊長介紹來旅社當工友的，才不過數個月的時間。來旅社工作的人大都是經過正式介紹，父親才任用。當年由大陸來台的人員背景很複雜，父親一直很小心，深恐任用「匪諜」而被牽連。記得當時父親看到一名男子蹲在樓梯旁刷洗，見是陌生人，遂要姚經理叫他找人作保才肯繼續任用，這名男子就是吳亮。吳亮工作認眞、盡責，爲人誠實。任職不久在旅社內清洗浴室時，撿到一枚昂貴的鑽戒，立即交到櫃台前送回給房客。很快地就獲得父親的信任而重用他。

吳亮來台灣時才二十出頭，到我家工作時三十三歲。他在台沒有親友，就把武漢大旅社當作他的家，把我們當作他的家人。吳亮最疼當年三歲的老六，工作閒暇時就抱著老六，逗他玩。每逢年節，吳亮把老六扛在肩頭，擠在人群中看熱鬧。他常常指著老六的大頭，教老六唱：「大頭！大頭！下雨不愁！人家有傘，我有大頭。」老六騎在吳亮的肩上，也跟著一面晃著大頭一面學著唱。一轉眼，他入獄七年，如今老六已經十歲了。

吳亮跟著我們回到武漢大旅社，第一眼就被大樓汙穢剝落的現狀怔住了，他曾經小心維護、清洗的富麗堂皇的大樓已經不復存在。我們把吳亮安頓在汀江公寓，第二天他就拿起掃帚幫忙清掃我們僅存的第三樓。

雖然母親回來了，可是房客們見她一個婦人家，又背著「殺人犯」的罪名，大都落井下石，見善可欺，不肯付房租。我們收不到房租，只好和房客吵，有時對方欺人太甚，與氣盛的哥哥動手打架也是常有的事。吳亮跟著我們一家人在警察局跑進跑出，出面作證房客不肯付房租，還欺負我們的事實。

吳亮出獄後和我們住在一起，也一起吃飯。他在牢裡就常常聽父親誇我很會念書，都是全校第一名。入獄後的父親，榮華富貴瞬眼成空，聽外婆說我在學校表現優異，失去一切的父親就向牢中每個人誇耀這件事。我們去探望父親時，看守所的所長一看到我就面帶笑容說：「聽說妳每次都考第一名！」我不僅是眷村中山國小的小名人，也是台北看守所中的小名人。在這個世界中，因父母入獄，子女自卑墮落成爲太保太妹的例子很多，好勝的父親在蒙受不白之冤時，不禁因此感到欣慰。

念書不多的吳亮出獄後對我特別照顧，常常對我說：「二小姐，我給你釘一個書架。」「二小姐！妳的房間要不要我順便掃掃……。」有一個由南部北上來補習的大男生，向母親短期租了個小房間，剛好在我的書房旁。有一回，他向我借三民主義課本，我把書借給這個男生時讓吳亮瞧見了，好幾天他跟著我後頭不時地提醒：「二小姐，很多男孩子存心不良，只是找個借書爲藉口來找麻煩，妳要小心。」「二小姐，別人問妳父親怎麼不在家，妳要回答父親去南部暫時不在家。」身體有病的吳亮一面喘氣，一面很嚴肅地對我說。

吳亮在獄中看過太多情殺案，惟恐我年幼受騙，但這種小心翼翼保護過度的行爲，有時卻令我厭煩而忍不住拉高嗓門回應：「好啦！知道了。」然而這種諄諄告誡也發生作用，我因此對那個大男生板著臉孔，不敢再多和他說話。

不久，大哥入伍當兵去了。家難發生後，大哥一心只想快快長大入社會賺大錢來振興家業，完全不清楚政治的詭譎複雜和險惡，在部隊裡也因爲不諳軍中的黑暗而吃了不少苦頭。部隊中安插有輔導長一職，表面上是關心士兵的起居，爲士兵們解決困難，事實上是獨裁政權爲恐官兵叛變而設此職位來監視服役青年思想的特務工作。大哥的輔導長藉故和大哥特別友好，大哥因此沒有設防。在一次輔導長「善意」安排的聚餐下，大哥酒後吐眞言，談起自己的身世和武漢大旅社冤案，對父母無辜被捕入獄，以及身爲長子的他從十一歲起得身兼父職而憤恨不已。這名輔導長以相知之情表示同情並加以安慰，十九歲的大哥，承受了八年的精神壓力，一下子傾洩而出，進而對這名輔導長引爲知己，感激不已。

然而此後大哥在軍中所受的待遇卻日漸苛刻，常常受到長官的訓斥和折磨。大哥心知有異，暗中潛入輔導長的辦公室將自己的檔案抽出，赫然看到那位輔導長在大哥檔案中提起武漢大旅社案件，並特別註明：「思想偏激，對政府不滿，必須加以輔導。」因而恍然大悟。武漢大旅社冤案不僅把我們父母逮捕入獄，它的陰影還尾隨著我們一生。我念一女中時，教官們也知道我是武漢大旅社老闆的女兒。

大哥退役後，一時找不到工作。曾爲富家子弟的大哥並沒有養成惡習，他深知眼前最重要的是趕快賺錢來維持家中生計，於是找來軍中友人「乃妹」一起在大樓下擺個賣豆漿的攤子。「乃妹」身世不明，出生在大陸，後來被人帶到台灣，在孤兒院長大。每天清早三、四點，大哥和「乃妹」一起磨豆漿，五、六點吳亮也起床幫忙招攬生意。以前吳亮在大樓中盡職地清掃，招呼旅社的生意，等候上門休息的旅客，現在吳亮站在同一棟大樓前，伸開手臂招攬客人，努力地替落難中的大少爺賣豆漿。「這裡坐！這裡坐！」吳亮拉開嗓門大聲地吆喝。當年，我正在念高中，星期六上半天課，一放學，制服還來不及脫下，就和吳亮一起蹲在地上洗碗盤。

我們原不是做這一行生意的，雖然豆漿比別家大碗，蔥油餅也比別家大，仍然競爭不過，撐不了幾個月就關門了。武漢豆漿店倒得比武漢大旅社還快，「乃妹」只有自謀生路，母親利用僅餘的一點關係給吳亮找了一份工作，讓他在泰北中學當校工，從此吳亮就可以自給自足了。

在泰北中學當校工的吳亮，常常花錢買便當給貧苦的學生吃。吳亮在獄中被調查局特務毒打重傷，保外就醫時肺部大量積血，先後被送到榮總急救了三十三次。念師大附中的老六常常騎著腳踏車去看他，我出國前也曾去泰北中學看他，吳亮堅持要請我吃麵，在麵店中我詢問他的現況，他回答得很吃力，每講一句話，臉上就多一重汗水。不久他再度入院，父親去醫院看他，他一面口吐白沫，一面吐血，仍念念不忘有生之年要洗清不白之冤。

一九八〇年底，吳亮病逝於榮民總醫院，是繼台大教授陳華洲後，武漢大旅社冤案中被折磨致死的第二人。吳亮在七十九天的刑求中，特務逼迫他在自白書中加蓋指紋，吳亮不肯，再度被毒打，他把自白書全部撕掉，那名操浙江口音的特務惱怒之下，一面毆打吳亮一面喊：「你有種現在挨得下，幾年後你就知道。」果然，吳亮此後十幾年都在生不如死的病痛中度過。

省吃儉用的吳亮，死後留下二十多萬的存款，全部捐給慈善機構。富貴不能淫、威武不能屈的吳亮，因為這種正直無法收買的氣節而入獄致死，雖然出身貧賤，他的骨氣遠非那些受高等教育卻願為名利而出賣靈魂的貪官汙吏，和願為蔣家鷹犬的特務人員所能相比。

往後幾年，父親提起吳亮就搖頭歎氣，老淚縱橫，自責身為旅社的老闆，卻保護不了對自己忠心耿耿的員工。如果沒有冤案的發生，辛勤工作的吳亮也許會有個美滿的家庭。白色恐怖拆散了不少家庭，也令吳亮孤寂一生，病痛纏身而死不瞑目。

蔣總統萬歲萬萬歲——黨化教育

十六世紀中葉，明朝滅亡，鄭成功率領手下打著「反清復明」的旗號登陸台灣，是第一批大規模移入台灣的漢人。一九四五年十月二十五日，日本投降，第二次世界大戰正式結束，在美軍艦隊的護航下，總計十六艘戰艦，包括行政人員和兩千名中央警官學校的警官和學生，由基隆港登陸台灣，從日本人手中接管警務，和台人共同處理民間事務。我的父親和三叔隨著中央警官學校來台，父親和林致用共同任台北市督察，管理台北市的警察。林致用後來任台北市兒童樂園的總經理。四年以後，我的二哥出生那一天，也就是一九四九年十二月八日，蔣介石率領國民黨六十萬軍隊和行政人員撤離大陸，小小的台灣島從此擔負起「反共復國」的重大使命。

「一年準備，二年反攻，三年掃蕩，五年成功。」「反攻！反攻！反攻大陸去，大陸是我們的故鄉！」「一二三，到台灣，台灣有個阿里山，阿里山種樹木，我們明年回大陸！」口號喊得漫天價響，舉目四望都貼滿了反共標語，軍人們手臂上刺青寫著「殺朱拔毛」、「反共復國」，軍隊一批批進駐學校。這批大陸人引頸而望，希望蔣介石在美國的幫助下很快地將他們帶回老家。日復一日，希望漸漸渺茫，連大陸籍人士也不信任國民黨了，官兵開始叛逃，高級官員紛紛離國，行政院頒發緊急命令，禁止人民出國探親，限制政府官員因公出國而滯留海外。

國共鬥爭並未隨著蔣介石軍隊撤離大陸而終止，隨同老蔣來台的大陸人開始陷入因國民黨內鬥而形成的五〇年代白色恐怖時期。被以匪諜罪名逮捕、槍斃的，血腥遍野，指數不清。而逮捕匪諜的特務人員，在另一波內鬥整肅中，也被人以同樣的匪諜罪名逮捕。著名知識分子殷海光呼籲政府要重視台灣的建設，面對「反攻無望」的現實環境。老蔣不僅沒有採納，更將倡言「反攻無望論」而和本土菁英結合的雷震逮捕下獄。

父親等七人被調查局施以酷刑七十九天之後，開始公開審判，法庭的第一排座位坐滿調查局的便衣人員，監視受刑人和法官。每一次「武漢大旅社案」開庭，雷震都派一個年輕的矮個子在法庭上旁聽、紀錄，這人是《自由中國》雜誌的有關人員，這是陳華洲在法庭上乘機私下告訴父親的。雷震是陳華洲的好友，知道《自由中國》準備揭穿武漢大旅社冤案的眞相，七個含冤莫白的受刑人抱著平反的希望，沒想到六個月後雷震也被捕，陳華洲在出庭時悄悄傳達給父親這個壞消息，七人心中一沉，希望之火又熄滅了。

吳國楨、陳立夫先後離國，孫立人案發生，牽連者眾，雷震、柏楊被捕，建言政府、批評蔣家的知識分子、記者、作家紛紛入獄或被槍斃，只剩下恭維政府德政的「歌德派」。

共產黨和國民黨都知道，只有不諳世事的青年學生有最可靠的純眞和熱情。那時中國大陸開始培養一批「生在紅旗下，長在毛澤東思想下」的紅衛兵，擁護毛主席，並引發「文化大革命」；我的學生時代所受的教育，則是標榜著「生在青天白日旗下，長在黨化教育下」，蔣介石的文采、手段比毛澤東遜色，所以只有利用孫中山的「三民主義」、「國父思想」來鞏固蔣家王朝。

每年節日慶典，這一群在黨化教育下成長的青年學生，舉著木牌和「蔣公」肖像，在總統府前的幾條街遊行。「蔣總統萬歲！萬萬歲！」「效忠領袖，誓死反攻大陸！」青天白日滿地紅旗海飄揚，英明的領袖受到全國青年熱烈的擁護。

這些活動都由校內的教官策劃，每逢雙十國慶、台灣光復節、總統華誕、國父誕辰紀念日，幾個星期前，學生就必須放下課業，整天在學校操場上彩排、操練、喊口號，舉著有色的木板，拼成蔣介石面帶微笑的圖案。教官是國民黨施行黨化教育最重要的工具，他們唯一的任務就是對青年學生洗腦，服從領袖，一切唯黨意是從，這就是愛國。國民黨從初中就開始管制學生思想，這一批政工幹校出身的軍人進駐校內，除了宣揚黨化思想、玩弄權勢外，學識修養都差到極點。愈是名校，洗腦教育實施得愈徹底，說是摧殘國家幼苗實不爲過。

我念初中時，有一個原來專門管訓不良少年的訓育人員，利用管道居然調來這所當年算是第一流的初中女校擔任訓育組長。他的行爲下流，舉止低級，常常在集會時大吼大叫，一雙眼睛像要吃人般地瞪著大家，我們給他取了一個綽號叫「狗眼」。這「狗眼」常利用機會施展魔手吃女學生豆腐，比如出其不意突然把手伸入女同學胸前的上衣口袋，狀似要把口袋中的筆抽出，實則蓄意碰觸正在發育的胸部，或者隨手拍打女學生的臀部，在每星期一堂的軍訓課上，對四十多名十三、四歲的小女孩不斷開黃腔。我們敢怒不敢言，其他老師雖然知道訓育組長的惡行，卻也無可奈何。他們的權威連校長都要害怕三分，再說沒有特殊關係是進不了市女中當訓育組長的。國民黨靠著他們來鞏固未來的政權，他們依附著國民黨升官發財、逞兇發威。

我高中念第一女子中學，男教官換成一批女教官，但同樣是一批思想僵化、刻板跋扈的黨化工具。有一次為了一名教官的蠻橫不講理，我和另一個同學一起拆穿她的謊言，被這名惱羞成怒的女教官抓進去辦公室，罰站了幾個鐘頭，恐嚇我們如果不認錯道歉要記大過。與其說是害怕教官，不如說是害怕母親接到記過通知來學校大哭，我心不甘情不願地認錯。爭回面子的教官板著臉孔說：「好，你們可以走了。」我們兩人沒有鞠躬，轉身就走，教官大怒，又把我們抓回去繼續罰站半個小時才放行。當晚母親問我為什麼晚回家，我一句都沒提，我知道母親所受到的國民黨特務的折磨，比我被罰站更痛苦多了。學校內的教官利用權勢來踐踏學生的自尊心，和調查局特務以看人受苦為樂的變態心理並無二致。教官們除了管制思想外，也模仿對岸的造神運動，沿街遊行叫喊「蔣總統萬歲，萬萬歲」還不夠，每到蔣介石生日那一天，都由學校發下御用文人代筆的蔣介石生日感言，規定大家背誦，隔天要默寫。這篇生日感言從「偉人」小時候開始寫起，孤兒寡母受盡欺負，王太夫人含辛茹苦地撫養他，他又如何孝順母親，母親又如何偉大。想起母親被蔣介石手下的特務刑求的悲慘情狀，我實在背不下去，對著這一篇生日感言，我心中有太多的不平與怨恨。不願意背這篇文章，又害怕隔天挨老師罵，一時覺得委屈，就哭了起來。每年蔣介石的生日那天我都掉不少眼淚。

當年一女中的校長是江學珠，江學珠和蔣宋美齡的關係很親密，一女中更是青年人擁護蔣總統的「模範」。每當參加國家慶典時，都由我們學校的學生穿著軍訓制服，排成整齊劃一的隊伍，走到總統府司令台前，向國家領袖行舉手禮，這時司儀高喊：「台北市立第一女子中學向總統致敬！」大部分的同學以能走在司令台前讓全國電視台的攝影機拍攝到而興奮不已，但也有少數同學和我一樣冷眼旁觀著這無聊的遊戲，只求應付過去就好，嘴角偶爾動幾下，卻沒有發出聲音，手臂舉起來也比別人低一截。我們心照不宣，從不互相過問，是否她們也是白色恐怖受難者的親友，或者她們有開明的父母，偷偷告訴她們政府的暴行。一批情緒激動的「愛國」女青年漲紅的臉頰、高昂的口號呼聲，很容易便掩蓋住我們這一小撮反叛分子的冷漠。慶幸的是，我仍很順利地拿到畢業文憑。

從初中到高中這六年的時光，是一段很尷尬的成長過程，心智上急速的成長，對教育界的黑暗面、教官的蠻橫看得很透徹，只是除了不滿的情緒外，卻沒有力量反抗這種惡質的制度。教科書上獨裁政權的謊言篇篇都是，卻得爲了應付聯考而忍受腦子在眞僞之間掙扎。這種心靈和現實衝突的痛苦，直到上了大學才得以解放。

我考上輔仁大學物理系，最失望的人是母親。因爲從小到大，都是考第一志願的我，讓她預期我將順利考上第一志願台大，但我個人反而有一種輕鬆的快感。一女中的三年生活，我開始懷疑「萬般皆下品，唯有讀書高」的理論，爲了一、兩分爭得面紅耳赤，例如上音樂課，沒有音樂細胞的同學，前幾晚就開始死背音符、節拍，上課被老師叫起來唱，結果唱不出來而暈倒。只注重分數，而不注重人格培養的教育方式，使得同學變得心胸窄小，人格不成熟，一女中三年生活令人明白什麼是「書呆子」。我很高興終於不需要再爲了維持虛無的榮譽而犧牲心靈上的自由，開始將內心的反抗表達出來。

開始上大學，第一週是新生訓練，由物理系的研究生輔導我們。第一天，這名研究生就拿出國民黨的入黨申請單，要班上同學都加入國民黨，他諄諄告誡：「加入國民黨對你們將來的前途有利。」在他的循循善誘下，班上四十多名男同學不敢不加入，除了我們兩個女生，全班都變成國民黨員。我拒絕加入，和我的身世有關，另一位女同學沒有加入，則是因爲對政治不感興趣。

一九七三年大三時，班代表再度慫恿我加入國民黨，以「婦女保障名額，一定當選黨代表」的條件來說服我參加理學會的競選，我再度拒絕。

上了大學，獲得了某種程度的學術自由，但每星期還是得上一堂軍訓課。已經成年的大學生，對國民黨而言，是種潛在的危機。上軍訓課時，教官不忘告訴我們：「共匪竊據大陸最主要的原因，就是無知的青年學生被共匪利用。」國民黨從不會自我反省，也從不承認「失敗」這兩個字。大陸的學生運動讓國民黨有「一朝被蛇咬，十年怕草繩」的恐懼，共產黨出身的蔣經國更熟諳青年學生的可利用性和危險性，於是成立「中國青年反共救國團」。「中國青年反共救國團」在一九五二年十月成立，蔣經國是主任，成立救國團的主旨是「反共愛國」、「組織青年」。雷震的《自由中國》抨擊救國團是「蔣經國的黑市機構，利用青年人的純眞熱情，用美麗的名詞欺騙青年、麻醉青年、愚弄青年」，並主張撤銷這個機構。

果然不如雷震所料，二十年後我念大學時，滲透到大學校園內的救國團，有效地控制並主導大學生的思想。一方面積極舉辦寒暑假育樂活動，像登山、騎馬、跳土風舞，利用吃、喝、玩、樂麻醉學生的思想，另一方面標榜反共愛國、效忠領袖，發動相關的遊行、活動，這些都是由駐在大學校園內的教官所策動。大學的教官和初中、高中的教官不同，他們受過某種特殊訓練，表面上和藹可親，又善於和大學生打交道。輔大理學院屬德國教會，院長、主任分別是德國人和奧國人，教官很少進入我們的教室內。然而他們另有控制學生思想的管道，那便是透過救國團吸收黨工，進而利用這批名為小組長的黨工監視同班同學。

這種教育之下培養出一批只知玩樂、背教科書、唯黨令是從、不會思考的黨化模範生，我們班上都是這樣的學生。許多女生參加救國團活動的目的，更沒什麼國家意識，只是頂著「救國」的名義，在男女交往仍屬保守的風氣下，利用活動尋找「革命伴侶」，手牽手心連心，征服了台灣的高山名川，以此來救國難，也解決了怕嫁不出去的問題，年輕人對社會政治不聞不問，這也正是政府所希望的，只要他們乖乖聽話就好。當年台大、成大和輔大學生被捕事件，很快被鎮壓，我們一點消息都沒聽到，所聽到的是「呼啦啦、呼啦啦」，一群大學生像天眞無邪的兒童一樣，圍著營火，手拉手跳土風舞的歡樂聲。

七〇年代，大陸上被下放勞改的叔叔們，他們的子女是仍翻不了身的黑五類。不同於蔣介石政權對大學生的「麻醉政策」，大陸上的青年面對的是開不完的鬥爭大會，「早請示、晚滙報」，開會中大家要談政治；沉默不發言的人，表示腦子在作怪，有罪；發言不當，則是更嚴重的罪名，要遭批鬥的。所以人人都談政治，談國家、談主義，但是談的都是政府要他們談的那一套，萬一說錯話，連命都會送掉。海峽兩岸政權雖然採取不同的方式，最終目的卻是一樣要控制學生的思想。

當時，我對「救國團」這種輕鬆、快樂的救國方式，並非不嚮往，而且參加救國團活動能多認識一些異性朋友，對正值青春年華的我吸引力也很大。只是當時我沒有那種閒情逸致，比「救國」更重要的是必須把武漢大旅社冤案中唯一仍困在牢裡的死刑犯——我們的父親救出來。

一九七五年，蔣介石去世，全國媒體同聲報導偉人仙化之夜風雨交加、人神共泣，全國人民悲傷不已，如喪考妣。電視裡人們排著長龍去祭拜，哭得死去活來。

這「大排長龍」去祭拜是大有文章的。當時我寄宿在輔仁大學理學院的女生宿舍中，前個晚上教官把大家集合在大廳中，規定全校男女宿舍的學生必須參加隔日的祭典。

第二天教官們不斷廣播，催促大家至大操場集合，甚至到每一間寢室查看有沒有漏網之魚。當教官來查看時，我正躲在女生廁所中，兩腳蹲在馬桶蓋上。白色恐怖中屬於黑五類的我們，很小就學會在充滿對政府諂媚謊言的社會中隱藏自己的想法，現在連有形的身體都得藏起來。果然不出所料，教官連廁所大門都打開看看有沒有人躲在裡面。教官們這麼積極盡職地執行上級的命令，當然和考績、升遷大有關聯。由於沒有被逮到，我也就沒有去參加哭拜的祭典，如果被逮到去參加祭拜，卻掉不出眼淚，無疑也是另一個困難的問題，我因而快樂了一整天。

三十年前，我的父親在蔣介石「十萬青年十萬軍」的反共愛國號召下，加入中央警官學校而來台，視蔣為「中華民族的救星」；現在被蔣整肅或蒙不白之冤而下獄的大陸籍受難人，在牢裡詛咒他，罵他「老烏龜」，被壓迫的本土台灣人叫他「臭頭仔」。我是無論如何不肯向這個獨裁者祭拜的，可是當時無法公開譴責暴權政府，只好採取另一種無形的抗議。

和我同寢室的三個室友，其中二個是生物系的高材生，另一個是化學系的女生，都被官方媒體和蔣家鷹犬所製造出的動人氣氛所迷惑而哭腫了雙眼，回到宿舍嚴厲地指責我為什麼沒有參加這麼重要的祭典。黨、國、蔣家三合一而不分，連最高學府的高材生都被徹徹底底地洗腦。對她們的幼稚，我相應不理。

不久，教官更指示要大家捐款建蔣公偉人銅像。班代表一個一個催繳，輪到我，我拒不交錢，反問他：「銅像已經這麼多了，到處都是，再多建一個有什麼意思呢？」班代表回答：「大家都捐嘛！」反而不解地望著我，以為我故意對他拿翹、擺架子。

一九九四年，在美國洛杉磯的電視上看到北韓獨裁者金日成的喪禮，一群北韓婦女圍繞著金日成的遺體捶胸頓足，嚎啕大哭，令我們想起毛澤東、蔣介石這一批獨裁者，當年他們去世時，也同樣是一群無知人民哭天搶地的畫面，掩飾著幕後激烈的政治鬥爭，如出一轍的情節，不禁令人搖頭覺得好笑。有所不同的是，隨著蔣介石來台的這一批大陸人，原以為國共之戰總是要結束，他們很快就可以回家鄉，沒想到這一戰打下去，兩個獨裁者以人民福祉作為個人權勢的賭注，無休無止的鬥爭。反攻無望，不少人內心盼望著毛澤東打過來也好，乾脆把他們帶回家鄉去，可是他又不打過來，兩岸情勢陷入僵局。大官員還可經由香港互探信息，兩岸老百姓卻從此音信全失。對這些從大陸來台的人而言，「反攻大陸」的象徵領袖蔣介石消失了，返鄉之途更遙遠，從此歸鄉夢斷。

蔣介石去世，宋美齡被鬥跑，遠走高飛到美國，隱居在富裕的長島地區。蔣經國時代開始。

1972

第四章

殘樓斷夢

1979

避開在旁監視、不斷來回走動的獄卒，父親緊緊地抓住將他和母親隔開的鐵窗，絕望痛苦的神情表達出他堅定的決心：「我再也不能等下去了！我要出去！」無需複雜的語言，母親很快地讀出他的暗示：不願病死獄中或發瘋，他選擇逃亡。她開始準備，而他只有靠她。

白色恐怖的陰影依然未消失，六個已成年和半成年的孩子們，開始迎戰新的恐懼、新的風暴。

「武漢大旅社」的招牌早已被颱風吹掉了。「大上海浴室」五個字在喧嘩、髒亂的攤販堆中，隱而不見。三樓漆著朱紅色「汀江公寓」四字的玻璃門上，黏著一層灰黑厚重刮不下來的塵土。入門的大廳不知被誰加蓋個小閣樓，擋住了所有的陽光，陰暗漆黑的樓梯通道像一塊生蛆的臭肉，散發出腐敗的氣息，引來很多不務正業的遊民。他們聽過武漢大樓的滄桑史，確定主人已經不會再回來了，大膽地在這地價昂貴的城中霸占著一席之地。

有一晚，父親偷偷溜回來，沒有人認出他是誰，沒有人知道他就是這棟未完成的大樓真正的主人。歎了一口氣，父親悄悄離開，繼續他無止境的逃亡，繼續他身為中國人躲不開的悲慘命運。

從此以後，他再也沒有回來過。那時，台灣正流行著侯德健的成名曲——〈龍的傳人〉。

等待就是死亡——逃獄

十四年過去了，父親仍背著死刑犯罪名，腳上帶著重鐐在鬼門關前徘徊，七次審判都被判死刑，每次判決後，母親用不斷的上訴來延續父親的生命，如果被駁回，一星期內就執行槍決。母親剛出獄時，我們還很窮，無法請人代寫狀子，當時我正在念初中，不知有多少個夜晚，大家輪流睡覺，輪流起來抄寫幾個鐘頭，有時寫到天亮，書包一背就去上學。原稿是父親在獄中寫的，讓母親帶出來，再由我們墊著幾張藍色複寫紙抄寫。母親出獄九年，我們也抄寫了九年的上訴狀。

在牢中，囚犯可以看報紙，有時獄中的報紙會被剪掉一小塊，他們叫「開天窗」，就是表示過幾天有人將要被槍決，爲了不讓死刑犯事前知道，影響其他犯人安危，就把這個消息剪掉了。每一次報紙開天窗，死刑犯們就緊張地到處詢問：這一次輪到誰了？

有一次報紙又開天窗了，正巧母親因事情忙，晚了幾天去看父親，父親不安得幾天都沒睡覺。終於等到母親來探監，看到母親就生氣地說：「牢裡又要殺人了，你不知道嗎？」對父親而言，這是一個生死存亡的關鍵。母親受父親責難，內心很難過。

十四年是一段漫長的日子，人們已經慢慢淡忘了武漢大旅社案件。同案七人中，陳華洲病死獄中；吳亮被毒打成重傷，將不久於人世；林祖簪因病保出，在外自由了三年，又被抓回去坐牢三年，現在也出獄了；其餘兩人也都將要出獄。死的死，傷的傷，不死不傷的，出獄後也得想盡辦法才能在這一片陌生的土地上找到一份糊口的工作。出獄後，大家都不願再提起這件案子，也沒有人有金錢和精力再打這場官司，只要能活命就是不幸中的大幸了。記住這大冤屈有什麼好處呢？要是不小心洩漏自己是武漢大旅社案件的受害人，只怕連最起碼的飯碗都要丟掉。名譽和清白早在十四年前就已蒙冤而去，現在只有活命才是眞實的，大家就這麼苟延殘喘地活著。可是，我的父親這時候還不確定他是不是可以繼續活下去。

所有人都放棄希望，任憑無情的上天處置，只有母親繼續在法院、看守所、律師事務所之間忙碌地奔走。偌大的家產早被三叔花完散盡，我們付不出律師費，替我們打官司的律師都是自告奮勇，挺身而出，他們分文不收，還自掏腰包印文件。父親有三位辯護律師，其中一位是赫赫有名的軍法官石美瑜，第二次世界大戰結束後曾在大陸上審判川島芳子，來台後執業當律師，替我們義務打官司幾十年，直到他心臟病發作逝世爲止。以前大哥常帶著我去他家送狀子，我們拎著一小盒餅乾，是牢裡的父母交待我們帶去的。石律師看了餅乾盒上大公雞的圖案，逗我說：「裡面的公雞會不會咯咯咯地跳出來叫呢？」我笑了。莫屛藩律師也是中央警官學校畢業，他和校長趙龍文爲拯救我的父母，不遺餘力。還有何祚歆律師，他原來是陳華洲的辯護律師，陳華洲病死獄中後，何律師自動來替父親打官司，他的父親是有名的首席檢察長。經過武漢大旅社案件以後，何律師深感台灣司法沒有公正可言，從此不再接刑事案件。何律師夫婦非常善待我們一家人，我們有事請他幫忙，他有求必應，不計報酬。

這幾個有正義感的律師替我們打了幾十年的官司，不僅分文不取，更常受到調查局施壓、恐嚇。他們像和尚唸經般，義務替我們在法庭上唸了幾十年的經，無奈的是無辜的受害人仍無法超渡。而當時昧著良心判案的法官們，官職卻愈做愈大。當今（編按：一九九五年）司法院副院長呂有文就是其中之一。

時間無情地流逝，我們繼續長大。大哥邂逅了美貌的大嫂，經過七年愛情長跑，已經結婚生子。二哥從成功大學地球科學系畢業，正在軍中服役。姊姊高商畢業，在一家商行當會計，分期付款替家裡買電視、裝電話。我剛走出一段很憂鬱的少女時期，念大學二年級。老五正準備考大學，老六念師大附中。我們的生命，像萬馬奔騰般往前飛進；父親的生命卻在牢獄中凍結了十四年。

我們需要力量來創造生命的未來，我們必須走出悲情，忘記童年的不幸，忘記武漢大旅社冤案帶給我們的災難。然而每次去牢裡看到鐵窗後孤寂無助的父親，那種痛苦每每使我們幾乎要失去在人生道路上繼續向前的動力。我們和父親愈來愈不知道要說些什麼，十五年來重複同樣的話：「爸爸！您好好照顧自己的身體，我們都很好。」他不清楚建國中學和其他中學差別在哪裡，他不知道一女中和其他女中有什麼差別，母親只好用「好」學校和「壞」學校來解釋。他知道我們都念好學校，他的孩子沒有一個是太保流氓。然而，除此之外，我們和父親心靈上的距離愈來愈遠，父親愈來愈沉默，也愈來愈不安。我們看了難過，也愈來愈害怕去探監。

十五年前，父母剛被捕不久，我們六個小孩常常在中山堂前攔住正要去開會的官員，把一本一本黃色的「呼冤書」發給他們。我們罩著黃色的背心，上面寫著：「我們的父母是冤

為家父黃學文、母楊薰春無辜蒙寃科處重刑籲請

各界賢達主持公道伸張正義以障人權由

呼寃書

呼寃人　黃學文　楊薰春

子女　黃東藩　黃屏藩　黃媛娜　黃秀姑　黃來藩　黃國藩　同泣告

中華民國四十九年六月十一日

黃家六個小孩為父母申冤的「呼冤書」影印書影。

枉的！」「冤枉！」「請釋放我們的父母！」哥哥姊姊拉著萬年立委的衣襟向他們下跪，哭喊著：「請救救我們的父母！」儘管我們苦苦的哀求，卻始終不能把他們救出來。

我們漸漸長大了，爲保有那點僅有的自尊，我們再也不肯開口向人請求，發誓必須努力上進、出人頭地，縱使爲了替父親洗清罪名，我們再也不肯輕易向人低頭。聽到母親再提冤獄之事，憶起童年悲慘的生活，讓我們心生恐懼而急於逃避，我們不願再分擔那樣的痛苦。

記得父親入獄的第四年，案件再度上訴到最高法院，一名以吃錢聞名的貪婪法官楊守成接辦此案。楊守成透過司法黃牛向何祚歆律師轉達，要我們準備八萬元，不然案件將駁回。意思是如果沒拿到八萬元，一星期內父親將被槍斃。楊守成不過是當年無數個貪官汙吏之一，在白色恐怖時期，「良心」只會惹禍上身，多少人昧著良心，草菅人命，司法界暗無天日。

當時陳華洲還活著，陳華洲的太太也焦急地到處籌錢湊足八萬元。因爲萬一父親被槍斃，調查局就更不可能輕易讓活著的六個人翻案。她來到武漢大旅社找我們，一進大樓，黑漆漆的一片，什麼都看不見，因爲繳不出電費，整棟大樓被電力公司斷電了，我們點著蠟燭摸黑吃晚飯。隔天，她去牢內探望丈夫時搖頭歎氣說：「黃家連吃飯都成問題，哪湊得出八萬元呢？」

父親放棄了一切希望，法官已經開口要錢，萬一拿不到，只有死路一條。聽說幾個月前也是由這楊守成接辦的一件冤案，受刑人湊不出兩萬元，立即槍斃。這時我才知道，金錢居然這麼輕易地掌握著生死。不知道什麼原因，後來居然逃過楊守成的魔掌，案子繼續上訴。

父親總共被判七次死刑，每一次都在鬼門關前閃過。十五年漫長的牢獄歲月，整個世界已經將他遺忘在黑牢的一角，而他的生死仍飄忽在未知的黑暗之中……。

等待就是死亡，他再也不能等下去了。

二十六年前父親剛到台灣，和母親邂逅之時，兩人的語言不通，母親只會說台灣話和日本話，父親完全聽不懂。如今，他們是多年的患難夫妻，一個眼神、一個手勢，彼此都能意會，他們能用旁人不能了解的方式溝通。鐵窗外的母親很快地讀出父親的心思，並悄悄地幫他執行這個計畫。

探監前，母親通常必須做很多準備工作，有時我們把字條夾在菜盒裡的碎肉內，有時把小電池包在碎肉裡再擠到豆腐皮內，或是混在一塊塊雞腿肉當中送進牢裡，父親花了不少錢向守衛的警員買來一個小收音機，收聽外面的消息。最早探監都是隔著鐵絲網，趁獄卒不注意時遞點小東西進去，後來科技發達了，鐵絲網換成一層厚厚的玻璃窗，兩邊用電話通話，一點把戲也耍不出來，電源一切斷，電話也不通了，犯人就被趕回牢房。通常電源被切斷後，父親和母親兩人各用雙手抵住玻璃，一人嘴巴貼著玻璃喊叫，另一邊的人耳朵貼著玻璃聽，這樣在另一批人進來會面之前，可以多講五分鐘的話。獄卒們都認得爸爸、媽媽，所長也知道是冤獄，所以大家都特別通融，讓他們兩人多停留點時間。有一天，母親探監回來，面色凝重地低聲說：「我們都得準備，爸爸要交保出外住院。」被關了十四年仍判死刑的父親能走出牢獄，重見天日，簡直不可思議。我們也都知道另一層意義就是全家人無論如何不會再讓他回去牢裡。是興奮，也是新的恐懼，因我們將面臨更多未知的困難。經濟是一大問題，交保就醫必須一直住院，昂貴的醫藥費是超過我們所能負擔的。但無論如何，我們都得咬牙撐下去。

死刑犯能交保就醫是破天荒的。母親四處奔波，加上大家都知道這是一樁冤獄，也就順水推舟地做人情。住院所需的證明文件由看守所獄醫簽署，台大醫院證明也由母親順利拿在手中，派到醫院來看管父親的獄卒也睜一隻眼閉一隻眼。

父親保外就醫的病名是精神病。一個正常的人無緣無故被冠上殺人犯罪名，關了十四年，在那樣的折磨之下，不變成精神病也難。話說回來，以看人受苦爲樂，用種種不人道的殘酷手段逼供，製造出這樁證詞漏洞百出的大冤獄，那些調查局特務、法醫和法官恐怕有更嚴重的精神病。在一個變態的社會裡，又有什麼人會正常？

在眾人心照不宣的幫忙和同情下，父親在一年後，也就是他蒙難的第十五年，終於走離牢獄。父親曾經偷偷跑回武漢大旅社，在陰暗的汀江公寓裡蜷睡了幾個晚上。沒有人認出他就是十五年前建立這棟大樓的眞正主人，連十五年前就留在公寓裡的房客徐先生和朱先生，都沒有認出迎面而來、戴頂帽子、半個臉藏在大衣領下的陌生人，就是把房間租給他們的黃老闆。眼看著一手苦心創立的武漢大樓已經淪落到不堪回首的地步，父親歎著氣離開，從此沒有再踏進大樓一步。

以後幾年，他在台灣全島流浪著，有很長的一段時間躲在南部山區養羊過活。山是客家人的大地之母，災難臨頭時，他們躲入她的懷抱，被她保護著，讓她療養痛苦不堪的傷口。

這時候的父親已經五十四歲了，仍在生死邊緣掙扎。有一回母親忽然生病送去醫院急診，父親得知消息，從藏匿的地點趕回台北。看到病床上虛弱的母親，他急得眼淚撲簌簌地掉下來，一直呼喚：「薰春！薰春！妳不能死，妳死了我怎麼辦？」

入獄之前，三十九歲的父親是掌握大權的一家之主，是很傳統的客家人，不輕易對妻兒流露感情。三十九歲以前，為了努力創業，他在家的時間很少，經過十五年的黑牢生涯，和六個兒女的距離愈遠，彼此很陌生。如今在這個世界上也只有母親瞭解他，能和他溝通，母親成為他唯一的依靠。

母親看到她仰賴為生的強人竟然像個小孩子一樣地哭泣起來，看到一向頑固難馴的丈夫脆弱的一面，心中著實百感交集。她知道他需要她，身體也很快就復原了。

父親似乎是天生的生意人，在經歷了這一場浩劫之後，他血液裡沉寂已久的雄心壯志再度燃燒起來，一股不肯輕易低頭的力量引領他走出了幽暗的山谷。憑著卓越的說服力和超人的智慧，父親說動了一名在火車上認識的建設商人，並取得老闆的信任，在南部當起工頭。他把工地管理得很完善，幫老闆賺了不少錢。那老闆很欣賞父親，在酒醉飯飽之際，以懷疑的口氣問道：「王先生（已經改名換姓的父親），你人這麼能幹，怎麼不自己做生意而給人僱用呢？會不會是共產黨呢？」一聽老闆有意無意的探問，父親內心一驚，第二天馬上捲蓆而逃，連工資也不領了。從小在大陸上逃共產黨，這一生中，父親似乎沒有停止逃亡。

調查局特務也沒有放過我們，好幾次，兩、三名特務佩戴著槍支，悄悄跑上來汀江公寓抓人。有一天清晨，我正在走廊洗臉，兩名特務押著我到母親的房間，母親正在睡覺，門被踢開，她驚嚇得從床上跳起來，十五年前的惡夢重現。他們大叫：「黃學文呢？躲到哪裡去？」母親低聲下氣告訴他們：「我們也不知道他跑到哪裡去了！」其中一名特務指著我：「這個女孩子是誰？敢對我們講話這麼兇？」母親顫抖著說：「是我的女兒，小孩子不懂事，請你們原諒，對不起！」我站在旁邊，憤怒得全身發抖，可是爲了不增加母親的麻煩，只有咬牙忍住。幾個特務又吼又叫，一間一間地搜，直到搜遍所有的房間，都找不到人，才悻悻地走下樓，還一面破口大罵：「逃！看你多會跑！跑到哪裡去，我把你抓回來！」一面向地下吐口水。

十五年前這批調查局惡棍把父母抓走時，我和姊姊正睡在另一個房間，沒有當場看到父母被抓的景象。十五年以後，我看到這批劊子手追捕父親的那種窮兇惡極、如野獸一般的行狀，讓我在往後的日子裡參與對抗暴權都有義不容辭的切身感。我常常想，如果連受過迫害的我們都不挺身而出，還有誰敢站出來抵抗呢？

當年，我們的生活很貧困，完全無法提供父親逃亡所需的生活費，不知道脫離台灣社會十五年的父親如何自給自足。偶爾，我將當數學家教存下來的儲蓄帶去給他，他在電話中指示地點，我坐車轉了好幾站，才到他的藏身之處。有一次是在一棟空屋內，我進到裡面後，正在四處觀望之際，聽到背後有人關鐵門的聲音，回頭一看，父親站在那裡。他躲在我後面觀察很久，確定沒有人跟蹤我才現身，他的自由來得不易，無論如何不能失去。往後十幾年，我們就一直生活在害怕父親再度被抓回牢裡的恐懼中。

晚年的父母談起多災多難的一生，母親半開玩笑地歎氣向父親說：「你是個歹命的人，連跟著你的人都歹命。長汀二十多名子弟兵跟著你出外闖天下，闖得斷手斷腳，只好回鄉種

黃學文逃亡時，與妻子楊薰春的合影（1974）。

田。武漢旅社的員工和我跟著你這個大老闆只想混口飯吃，也跟著到牢裡關。六個小孩投胎作你的兒女，來到人世間卻當了孤兒。」父親只有苦笑。這苦難的一生，難道眞是命嗎？

（二〇一六年作者補註）

被監禁十五年，在台灣島內逃亡八年後，父親終於於一九八二年改裝易容成出遊旅客，冒險的由台灣松山機場闖關成功地逃亡美國，二〇一二年逝世於美國洛杉磯，享年九十三歲。他曾想落葉歸根，回福建定居。那時祖母已過世，母子沒見上面。回去一年後，又黯然神傷的離開他日夜思念的祖國和家鄉。他沒說出原因，我們猜也知道是人文水土不服。身上所有的銀兩物資，都給了福建親人後就返美了。

父親始終不承認這種現實，仍說他是回美國努力賺大錢後，再回去建設他美夢中偉大的中國，和幫助福建長汀建橋、建學校，就像他當年渡海來台賺錢，把錢寄回大陸救濟親人一樣。當我們痛罵國民黨時，他都歎氣的爲國民黨辯護，說是一部分敗類所爲，不全是國民黨的錯。我們也就不在他面前談論這些，以免傷了家庭和氣。他稱蔣介石老烏龜，蔣經國小烏龜。這點我們父女終於達成共識，沒有爭議。也許就是這個年老了還想掙大錢回家鄉建學校的夢想，繼續支持著他不肯倒下去的驚人生命力吧！

十年後（編按：一九九二年），我感同身受，義不容辭的參與台灣黑名單人物闖關回台，同樣驚險。生死關頭，不能有所閃失，這麼熟悉的過程，通關時也不至於慌張失色。台獨聯盟主席張燦鍙驚訝地告訴他太太張丁蘭說，黃秀華膽子眞大眞穩，動作快速，像軍人。他不知道我們爲了拯救父親已經操練了幾十年了。比孤立無援的父親幸運的是，這批黑名單人物回到台灣，有一大群台灣人相挺。

再會！苦難大地

有一天，二十七歲的姊姊突然宣布她要結婚了，這個消息令大家非常驚訝，我們甚至不知道她什麼時候開始談戀愛。

八歲以前，姊姊是武漢大旅社老闆的掌上明珠，活潑聰慧。父親常常笑咪咪地帶她去朋友家炫耀這個寶貝女兒。她有商人之女的精明能幹，父親常得意洋洋地告訴母親：「這麼能幹的女孩子一點也不像妳。」母親從小受日式教育，凡事一板一眼，有話直說，從不懂得拐彎抹角。

八歲以後，姊姊突然變成一群孤兒的小媽媽。她默默承受這個巨變，原本好強的她，慢慢變成不與人爭執，逆來順受地應付著四周不利的環境。小小年紀就得煮飯給兄弟和妹妹吃，冬天冰冷的日子裡，她用力搓洗我們所穿又厚又重的卡其制服。

父母在法院開庭時，她帶著我站在法院走廊，一面哭、一面拉著任何一個可能幫我們把父母救出來的大人的衣袖：「請你救救我們的父母，他們快被壞人害死了！」有一次，她攔住一個美國記者，一面哭訴，一面比手劃腳，終於把這名洋人帶進法庭。這名記者在法庭上坐了一會兒，搖搖頭就走了出去。不知道是聽不懂，還是對台灣司法的惡質難以置信，愛莫能助。

姊姊未滿十歲，一個肩頭扛著要把父母從獄中救出的使命，另一個肩頭要承擔家中管理家務的責任。高商畢業後，她在一家私人貿易公司當會計，所賺的每一分錢都花在爲家裡添購傢俱、買冰箱、電視機。她的慷慨、無私、善良，像一陣暴雨後的和風，把這艘慘遭海難的船隻緩緩吹向安全的陸地靠岸，倖存的孤兒們在這股穩健的助力下邁向新的人生道路。

犧牲了童年，犧牲了青春，十九年來，她對這個家庭無條件地奉獻，從來沒有一句抱怨，也從來不說出內心的需求，也沒有人問她需要什麼？二十七歲的她，已經受過許多同齡女子無法想像的生活壓力，她的心像個歷經滄桑的老婦人。

從小和姊姊形影不離的我，此時更想起她種種的好處。她只大我一歲，卻站在前面擋住一切的打擊，讓我能夠發展出獨立的個性。看著即將要結婚的姊姊，想從她口中探聽羅曼史的故事，才突然發覺我並不瞭解她，她已經習慣隱藏自己的心事，那個活潑大方的八歲女孩將永遠深鎖在她內心看不見的角落。這個家對大哥大姊虧欠太多了！所幸有他們，這個家在狂風暴雨中得以保全。十九年來，他們所作的一切都是爲了在父母入獄後還能維持住一個完整的家。

我們爲姊姊安排了一個很體面的婚禮，姊夫一再謝謝我們的熱心幫忙。這是一個很長的故事，六個從小共患難的兄弟姊妹中，姊姊扮演了對大家一生影響重大的角色，我無法向姊夫解釋大家對姊姊的感激。也許有一天，姊姊會告訴姊夫這個故事，也許不會。也許她想把不幸的過去拋在腦後，忘記一切，一切從頭開始。她照顧我們十九年，現在希望這個愛她的男人能好好照顧她。在五個兄弟和妹妹的祝福下，姊姊和新婚夫婿遠赴澳洲定居。

姊姊的離國，更加強了我們往國外發展的決心。十九年來，隨著年紀的增長，內心的感受愈敏銳而愈感痛苦。眼看著武漢大樓日趨髒亂和下流，無限感傷。這棟原是雄心萬丈的父親所建立起來的夢想王國，一夕之間變成全家人一生中擺脫不了的夢魘。斑駁的大樓像一塊腐爛的臭肉，引來一批想趁火打劫的遊民，每天上下大樓，都看到人性最醜陋的一面。已經十九年了，我們都有很深的厭惡和倦怠感，因而建立了共同的目標，走出陰暗的大樓，另闢一個新天地。

黃嫚娜遠嫁澳洲，1985 年與她兩個女兒的合影。

大學畢業那一天，因內心的茫然，我並沒有參加畢業典禮，我提早回家，從大白天睡到傍晚，我坐在床上，望著四周的環境，想到自從父母入獄後，家中一切的社會關係都被切斷了，白手起家在現實的台灣社會是件很不容易的事。我不斷地問自己，我的未來在哪裡？我的前途在哪裡？舉目四望，只見一片灰濛暗淡的天地。

白色恐怖依然沒有消失，整個台灣社會仍充滿了「忠黨愛國」人士對政府的諂媚言論，有智慧、有良知的自由人士仍一一被捕下獄。無辜的受難者躲在社會黑暗的一角，默默承受著痛苦和孤寂，受難者的家屬是台灣社會上的黑五類，內心裡都有個一生磨滅不掉的烙印。要遺忘，只有遠走他鄉。

像幾百年前那支因戰亂而從中原逃往福建長汀定居的客家祖先一樣，我們開始整理行裝，準備離國。我申請到物理獎學金，準備赴美國中西部念研究所。老六正在念台北工專電機系，畢業後也準備隨後來美留學。大哥正請大姊夫幫他申請全家移民的手續，準備和妻女五人共往澳洲。成大地球科學系畢業的二哥深知貧窮的痛苦，不想再往學術領域發展，準備和未婚妻赴波利維亞開餐廳，他希望自己有一天和父親一樣成爲成功的生意人。

父親仍在東藏西逃。海峽兩岸仍不准人民來往，父親原想坐漁船偷渡回大陸老家，度過殘生。母親提醒他，他是跟著蔣介石來台的國民黨員，兩個同父異母的哥哥都被共產黨殺死，兩個同胞弟弟被共產黨下放勞改十幾年，回大陸是凶多吉少，不如等這群孩子看誰先在異國安定下來，再想辦法接他出國。他想去美國，念念不忘十九年前被調查局人員從家裡保險箱中搜括走的那一萬五千元美金。他告訴母親他將來要到美國找我和老六，繼續做生意，把美金賺回來。

我們都不忍心告訴他，他已經老了。從三十九歲被調查局抓去坐牢後，青春歲月已經一去不復返，他已經是六十歲的老人了，做大生意的大好時光和夢想已經結束了。只有仰賴下一代的奮鬥才可能提供他一片安享天年的淨土。

出國的前一天，我在他藏身的地點找到他，除留下四百八十元美金帶在身上外，我把幾年來的儲蓄全數交給了父親。到了美國，我有足夠的獎學金可以生活。講到這兒，父親已是老淚縱橫，只能告訴我好好照顧自己，他無法公開露面到機場送我。

當年出國限制非常嚴格，陳布雷之孫陳師孟申請出國曾遭到警總的盤問：「像你這種身分背景的子弟怎麼可以離國？」等他被警總盤問完後出來，在外等待的未婚妻康萍看到他臉

黃秀華赴美留學前在台灣的留影（1977）。

色蒼白、直冒冷汗。以我這個不顯眼的黑五類，不曾有什麼特殊的阻力，只按照一般留學生出國的手續，但必須接受幾天「留學生出國講座」的訓練，拿到證明書才可以辦理出境。講座的重點是：「要提防共匪的同路人來誘惑身居異鄉孤寂的留學生。有這種情形發生，趕緊向中國同學會報告。」

我這才恍然大悟，畢業之前，輔仁大學教官一直慫恿班代表要大家加入輔大校友會，加強聯繫，這個校友會在島內沒什麼功用，在美國卻是中國同學會用來控制留學生的管道，當初還天眞地以爲校方是爲了我們畢業離校而依依不捨呢！至於「共匪的同路人」究竟長得是圓是扁，誰知道？他們會怎麼來誘惑我們這些四肢不勤、五穀不分的書呆子呢？從我出生到出國，老是聽到「共匪」、「匪諜」、「毛匪」、「朱匪」的萬惡不赦，究竟什麼罪狀，也是語焉不詳，好像最大的罪狀是「竊據大陸」。中國大陸人口有好幾億，土地有台灣幾百倍大，看來這批共匪神通廣大。當時一起受訓的留學生並沒有人提出任何的疑問，打了幾天的瞌睡，只想趕快拿到結訓證明書辦理出國手續。果然一出國後，許多留學生，包括國民黨的忠貞小組長，紛紛受了「共匪同路人」的誘惑，變節左傾，成了支持毛澤東的統派分子。

「留學生出國講習」中最大的漏洞就是沒有提到「台獨」分子，台獨分子都給當作匪諜辦，官方指出這些人是中共爲了顚覆台灣而滲透來台。後來我在國外才發現，許多「共匪的同路人」原來都是國民黨的忠貞幹部，因爲一到國外立即有被矇騙的感覺，而無條件倒戈支持中共的共產主義政權。也是出國後，我才恍然大悟國民黨十幾年來「匪諜就在你身邊」的眞義，輔大物理系和我同窗四年的另一位女生，出國後不久就思想左傾，果然是匪諜就坐在我課桌旁。至於「台獨分子」，從出生到出國時我都沒聽過，收音機、電視媒體從來不提。如果時光倒流，國民黨應該在「留學生出國講座」上加入要「提防台獨分子」的課程，而且應該仔細解釋「共匪的同路人和台獨分子」錯綜複雜的關係。事實證明，十幾年後共匪的同路人也很快地放棄共產思想，在美國大搞房地產，走上比資本主義更資本思想的路線，而台獨分子不僅令國民黨頭痛，後來連國民黨的黨主席李登輝都變成「台獨的同路人」。

一九七九年七月，帶著兩箱裝得滿滿的必需日用品和衣物，懷著一去不復返的心情，我在二十多名親友的送行下上了飛機。當年能出國仍是少數，連平日不常來往的親友都趕到機場來送行。

飛機慢慢地飛離松山機場，濃厚的雲霧籠罩著台灣海島，彷彿第二次世界大戰的戰火還未散盡，又像是武漢大旅社冤獄解不開的一團謎。

我們六個兄弟姊妹顛顛簸簸、踉踉蹌蹌一路走來，互相扶持，互相拉拔，在惡劣的環境中，抵抗誘惑，抵抗墮落。雖然每個人心中都有陰霾傷痛的一角，但仍然抱持著奮鬥、克服困境的進取心，這是無情蒼天僅存的一絲餘情。我們心智健全地走出已經成爲貧民窟的武漢大旅社，走出籠罩著前半生的悲情，也許在新的世界裡，我們可以找到一片樂土，爲自己和子孫開創出一個嶄新的命運，嶄新的人生。

當年，在政府大力提倡民族意識下，台灣社會正流行著侯德健的成名曲——〈龍的傳人〉：

古老的東方有一條龍，它的名字就叫中國，古老的東方有一群人，他們全都是龍的傳人。巨龍腳底下我成長，長成以後是龍的傳人。黑眼睛，黑頭髮，黃皮膚，永永遠遠是龍的傳人。

我開始懷疑龍的存在。也許它曾經存在過，就像武漢大旅社，在父母入獄之前，它是全台北市最大最豪華的旅社，它曾經有過輝煌的歷史；現在它是一座四壁斑駁、破損不堪、隨時會倒塌的貧民窟，在那裡我們六個兄弟姊妹度過了悲慘的童年，陷入長達十九年的惡夢。我們的父母和我們的伯父、叔叔們，各在兩岸蔣介石和毛澤東的政權下受著人間煉獄的折磨，黑眼睛的迫害黑眼睛的，黑頭髮的殺害黑頭髮的，如果做龍的傳人要承受這麼多的苦難，爲什麼要我們的子子孫孫一代接一代延續著這種悲劇呢？除了做龍的傳人，繼承龍的悲劇，我們難道沒有其他選擇嗎？

我們六個兄弟姊妹懷著突破自己命運的希望，互道珍重，各奔前程。

再見！台灣！再會！苦難大地！

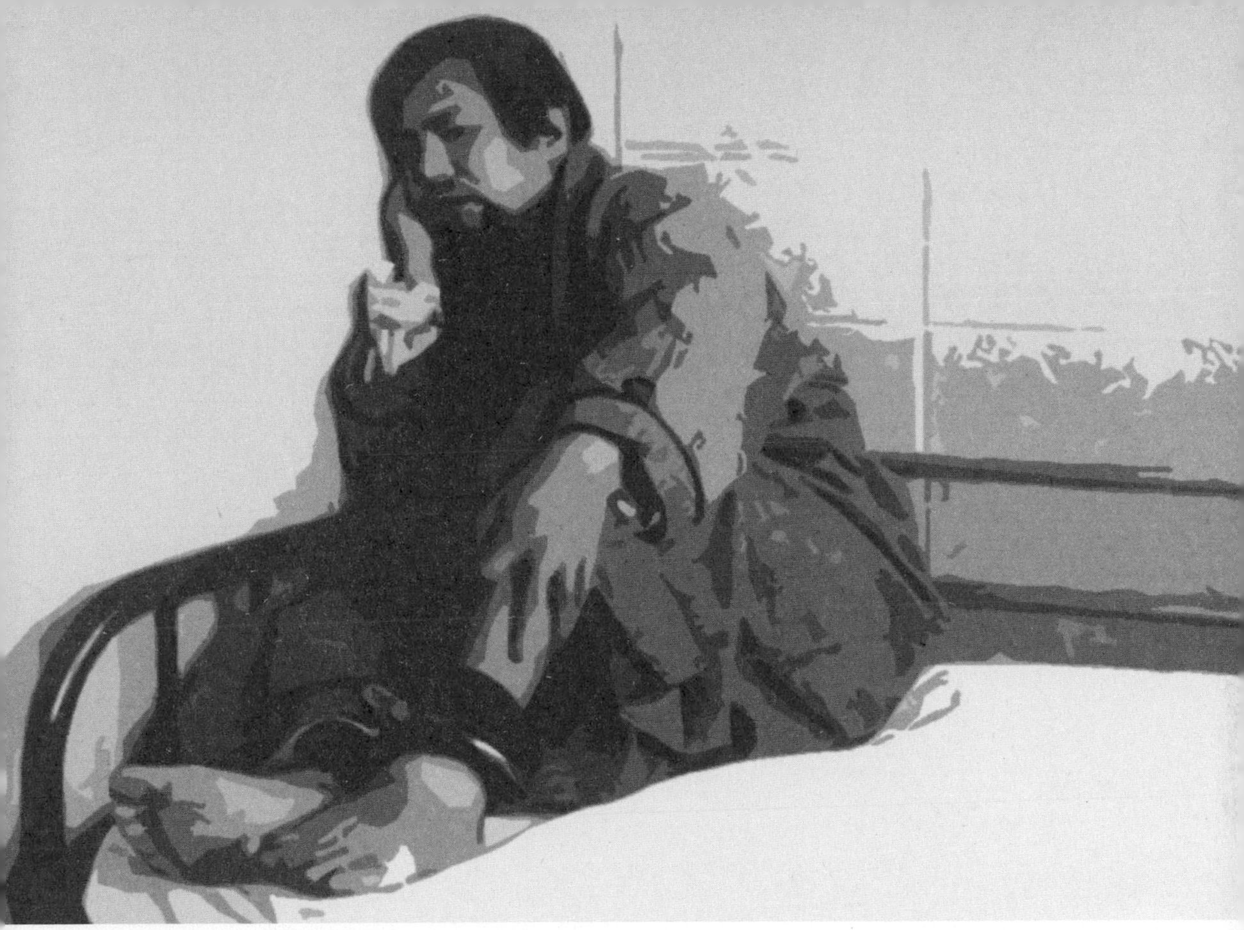

第二部

生死劫

冤獄三十六年

／黃學文

韓非子說：「法者，憲令著於官府，刑罰必於民心，賞存乎慎法，而罰加乎姦令者也。」三十年前轟動全台的大冤獄也許爲人所淡忘，但是我們不會忘記，因爲這三十年間，我們正生活在冤屈和苦痛中。

我等九次上訴，均遭惡勢力脅迫、破壞，法院竟採信矛盾百出之刑求口供，作爲冤判死刑、重刑的依據。冤屈之下，二人慘死，倖存者亦在悲恐中惶惶不可終日，子女在陰影籠罩下倍受精神痛苦。千古冤獄，莫此爲甚！

我的簡歷

我是福建長汀縣策田鄉人，策田鄉離汀城三十華里，汀江河經鄉溪流大海。

我的先祖父黃有餘爲清武舉，先父黃則悌是清秀才，民初福建法政學校第一屆畢業，家母林求生，福州教會陶氏學校畢業，曾任福建長汀第一屆民寧女子學校校長，外祖母是傳教士。幼年時，我住在外祖母家，早晚及三餐祈禱。稍長，在福州教會三民中學就讀，抗戰時期前往廣東梅縣南華學院深造。

我二十餘歲就任福建長汀縣及上杭縣之鄉長，後又任長汀縣策武鄉國民小學校長等職。抗戰末期，國民黨中央警官學校在福建招考台幹班，配合盟軍登陸台灣，我被錄取。畢業翌日，日本投降，即搭乘美國軍艦登陸台灣基隆，進駐日本八甲町警官練習所，我以督察名義率領佐警接收全台北市各派出所。當時台北民間自己組織了由劉明領導的糾察隊，後改編爲義勇警察總隊，由我兼任總隊長，在老松國民學校指揮糾察隊員訓練後，全部隊員被分派至各派出所充任警員，我旋即奉派出任台北縣七星區警察總所所長，管轄北投、草山、汐止三個分駐所（當時南港與汐止合併成一個分駐所），計二十一個派出所，總所在士林，部屬所員、巡官、巡佐、警員百餘人。警察係負除暴安良責任，任務繁重，生活緊張，與我性格不符，所以過了一年時間我辭去警察職務從商，經營全台北市最大的武漢大旅社。

天有不測風雲　人有旦夕禍福

一九五九年七月十八日凌晨四時許，旅社經理姚嘉薦被旅客與服務生發現自縊身亡，工友吳亮即來叫醒我說：「老闆，姚老先生自殺了。」我立刻穿上衣服下二樓，見姚吊死在門框上，隨即通知了派出所。派出所巡官任瑞迅速率領數名警員到達維持現場，五分局刑警亦隨後到達，我也趕緊通知姚的親友。

數個月之後，也就是同年十二月八日深夜十二時許，我夫妻與孩子正在熟睡中，王琪率領數十名調查局便衣人員，包圍汀江公寓，撬開我房門，數十名大漢衝進臥房，如強盜般，將我夫妻蒙上青布綁架，孩子驚醒哭叫著，兩漢挾一人，我們即被推上事先備好的車輛內。其餘數十大漢，將我家財物全部洗劫一空，連產權證等亦搶走。第二天他們在報上宣稱：「客戶用一萬五仟美元向黃換房，黃預備美金逃跑……」等，並虛構各種事實，誹謗我名譽。一夜之間，妻離子散，六個幼兒，最大才十一歲，小則尚在吃奶，哭成一團，旅社被人占管，財物被劫，一群幼兒生活無依。

慘遭刑訊迫供

我被蒙上青布挾上囚車，約一點鐘，被推進刑房。一會兒，一點聲音都沒有，我被迫站了數個鐘頭，腳實在瘆得厲害，就想坐地。膝蓋正要彎下時，旁邊打手上前就是一掌，嚷道：「不要想坐下。」

一直站了八、九個小時，此時天已大亮，才將蒙在我頭上的布拿開，隨即你一拳他一腳一頓毒打，我拚命叫：「這是什麼機關？亂打人啦！救命啦！」有一打手一邊打一邊說：「老子昨夜我在武漢旅社住宿時，你上三樓在樓梯口邊走邊叫，不做虧心事怕什麼，現在看你怕不怕。」他們見我被打得無法站立快要倒地時才鬆手，接著問口供。

（一）迫認匪諜

問：「你是共產黨嗎？」答：「不是。」問：「共產黨以前在你家鄉（福建長汀）做匪窩，你的鄉人許多在匪區做大官。」答：「我不知道。」問：「你知道在台灣的長汀人哪幾個是匪諜？」答：「不知道。」問：「你可以保證在台灣的長汀人沒有一個是匪諜嗎？」答：「不能保證。」問：「那你就知道許多人是匪諜不願講，講有功可抵罪啦！」答：「不知道，我沒有罪，抵什麼罪呢？」問：「長汀人匪諜傅美玉（以前報載傅美玉係自新匪諜。）你認識嗎？」答：「我認識。」問：「怎麼認識的？」答：「我在南昌街開委託商行時，有一對夫妻進店來買貨，他倆講我家鄉（長汀）話，我就和他談起來，她說她叫傅美玉，她先生是招商局船長，買了點東西就走了。」問：「以後呢？」答：「有一次我在南昌街五十九巷巷口碰到她，打個招呼沒說話。」刑手就一拳打過來，罵道：「狗糞的，你就是匪諜，推得一乾二淨。」我很氣，大聲叫道：「你可調查啦，這是什麼機關，不要亂戴帽子。」接著換班又問：「你認識董某嗎？」答：「認識。他與我是中央警官學校的同學，不過不同班，我是學員隊，他是學生隊。」問：「他是長汀人嗎？」答：「是的，是我同鄉。」刑手拿出一張相片給我看，此相片係在運動場的全身照片，我仔細看後答：「不認識。」刑手就說：「這人與你同學董某同樣係匪諜。」我就反問：「董某不是現任某機關股長嗎？」刑手答：「是的，你不能外講。」我答：「好。」接著刑手又問：「你最近見到董某嗎？」答：「數月前他來台北受訓，我請他吃飯時見過面。」問：「他有沒有罵總統？」答：「他怎麼會罵總統呢？」問：「那他說些什麼話？」答：「大家問安聊天，吃過飯後即分手了。」問：「就是這樣嗎？」答：「事實是這樣。」刑手又一拳一掌打我，說著：「別人的事亦不坦白告訴我們，搞得我們沒面子，對上面不好交待！」

（二）「通緝匪諜黃舒文就是黃學文」

王琪領著數名刑手來問了。首先進來的大漢面上有點小麻斑，窮兇極惡。一進刑房，王琪劈頭就問：「你以前在北投住過嗎？」答：「我在七星警所所長任內住過北投。」問：「你叫黃舒文嗎？」答：「不，我叫黃學文。」王琪說：「黃舒文和黃學文不是一樣嗎？通緝匪諜黃舒文住過北投，你也住過北投，你就是通緝匪諜。」我不理睬他，如果和他這種違背人道辦案的人抗辯，只有挨打。問畢，王琪及刑手一甩手走了。

調查局找不出羈押我們的理由，就迫我們承認匪諜罪名，以便長期刑求，不知天理良心何在！

沒幾天，刑手將我押出刑房，用水向我面部猛噴，叫道：「小子想睡啦，看我這組不起啦！」然後又是一頓痛打。

移地酷刑逼供經過

因我們無辜七人被打慘叫之聲，會影響其他在押之人，且我們根本沒有殺人，當然不肯承認，所以調查局沒有打到迫供，就將我們押出原來關押的台北市三張犁調查局刑房，將我等再蒙上眼布，押到淡水河邊一棟刑房拷打，此地有鋸木聲及河水流動聲，可能是個鋸木場。在此刑訊，慘叫之聲外面根本聽不到，所以刑手更是肆無忌憚。在這裡所受的刑求，現在想來亦毛髮直豎，感覺到驚心動魄！

（一）強光照射

我被押進刑房內，全房燈光強亮，這時是十二月寒冷冬天，但這裡好像是大熱天一樣。他們令我除穿短褲外，其餘衣服均脫光。左右前後共有數十支大約是兩百燭光的強燈向頭上照射，對眼睛照射，一邊照眼睛，一邊打耳光，只覺得眼珠像要掉下來似的，眼淚直流。

（二）被迫跪磚塊

地上排了許多碎石磚塊，他們令我跪在石磚上，我光著雙膝，不准動，一動就一拳打來，打翻在地。數小時下來，皮破血流，兩眼昏花，全身來回搖擺像不倒翁，快要倒地時，才命令我站起，但無法立足，只得扶我坐在椅上，稍稍休息一下。如此反覆折磨。

（三）十腳趾縫插入角竹旋轉

換了一班刑手進來，將我捆在坐椅上，在我腳趾中間夾進一根一根四角竹竿，十個腳趾都插上了，於是用力一收，慢慢旋轉，然後加速用力旋轉。趾骨與竹角相磨，痛徹心肺，只覺得筋骨斷裂！直到血肉模糊，竹竿與趾肉嵌到一起拉不動了，刑手才鬆手。

（四）十手指縫插入角竹旋轉

因腳趾無法再與竹角互磨了，改十指插入角竹，用力旋轉，十指與竹角互磨，覺得天昏地暗，直到血流手腫，皮破肉碎，無法再磨擦才停止。

（五）測謊器沒用，拳頭才有用

這時已被刑求得半昏迷狀態，不知被刑求幾天了，沒穿衣服，沒食飯，只喝菜湯度日，有時口乾開口要水喝，他給鹽水喝。有一天，忽然抬進一台機器，他們令我坐在機器上，這機器布置得非常恐怖，燈光一熄，有個化妝成鬼狀的人大聲叫道：「我是姚嘉薦顯靈，黃學文你趕快承認殺我。」我即說：「姚老先生，你自殺在我旅館，我的名譽事業已慘受損失。你自殺前數天，不是對服務生說過，到底黃先生是兒女眾多的人，很有良心。現在他們要強迫我承認殺你，如果你眞有靈魂的話，請你趕快來救我吧！」電燈立即光亮，刑手將測謊機一摔，說：「看，這個沒用的東西！」一拳向我右手臂打過來。這時我右手臂整個被打得淤血，成青黑色。刑手說不承認殺姚只有這樣——然後將拳頭點在我鼻子上。意思是說：測謊機沒有用，只有拳頭才有用。（調查局用各種慘無人道、迷信、荒唐的手法迫供，向外卻發表說「科學破案」，卑鄙！）

（六）手指甲穿針

將大頭針頂在指甲裡層，問：「你殺人不？」我搖頭，於是一頂，一根大頭針穿進手指，再頂，又一根插進去，血流如注，我痛得全身發抖，覺得身子飄飄忽忽，無法坐著，眼看地板浮動，房屋搖晃，像暴風雨來襲，又像強烈地震來臨，然後昏倒在地上。

（七）昏死三日再復活

昏過去什麼都不知道，這是最快樂的時候。醒來後，見三人坐我身邊，有一位很和氣地對我說：「要不要叫你岳母來看你。」我搖頭。又問：「要不要請你同鄉來接見你。」我亦搖頭。「那你要求怎樣？」答：「我是無辜的，請你們趕快放我回家。」接著我要小便，他們給我一個面盆，我竟小便出半面盆以上的尿水，我漸漸清醒，這班人走了，進來一個年輕的客家人，他說他是醫務人員，我就問他：「我沒吃什麼東西，哪來這麼多小便？」他說：

「你昏死去了三天，我灌維他命和水給你喝，並替你注射，你看你的手臂……。」我向兩手臂一看，腫得像碗口那麼大！他繼續替我注射，給我維他命吃，我的健康開始慢慢恢復。

（八）范子文說「打殺他」

我們七個無辜的人被捕，被日夜輪流刑求，四個人一組，六個小時換一班，這需要大量人員；調查局辦案人員雖和吳雪塵勾結導演了這場冤獄，但又作賊心虛，怕被調查局內部正直人員知悉，所以只得到外面臨時僱請了一些人，其中有所謂「線民」的，這種打手根本沒有一點問案知識，有時候東拉西扯，連他自己亦不知問的是什麼。我被打得昏迷過去再醒來時，有個打手就說：「看樣子你沒有殺姚嘉薦，如果有的話，打到這樣，你一定會說出來，我刑求了許多匪諜，沒有像你這樣的好漢。」這不是好漢不好漢的問題，我沒有殺姚嘉薦，怎麼能隨便承認呢？他們問：「你沒有殺姚嘉薦，你認爲姚嘉薦可能被誰殺呢？」我答：「姚自殺那夜，武漢旅社住了一百多個旅客，姚的房間左右均有住人，對面是服務生房間，有八個人；七、八月又是最炎熱天氣，旅社房間內無浴室亦無廁所，姚房係在旅社樓梯口，旅客洗澡、上廁所、乘涼均要經過姚的房間，況且旅客休息客廳亦在姚房前面，上三樓屋頂乘涼還可看到姚房，如果姚被人殺，一定會被人發覺。況且姚窮，又年老多病，與人無深仇大恨，不可能人家會殺他。」刑手說：「姚被人殺不會錯，上面交待下來，姚就是你們殺的。」並口口聲聲說，提進來了，沒有亦要承認有。因此我只好要求見他們最上層的負責人，於是范子文出現了，刑手說：「他就是我們這裡負責的人，他是最大的了。」我問：「你是這裡的局長嗎？」他沒有答。我心想，此人好像常來刑房，叫打連天，常說：「這個狡猾匪諜，打殺他。」但是刑手說他是負責人，此地他最大，所以我只好哀求他命令部屬不要毒打我，並說：「我從來沒有害過人，沒有做過違背良心的事，你們竟把我這樣刑求，如果你害死了我，你有什麼好處？」范說：「爲了政治。」我說：「姚嘉薦是自殺的，你們要迫認他殺，對國家有什麼好處？」他聳聳肩膀，不吭一聲就走了。不久，另一班刑手來接班時，拿了一張紙條給我看，說：「我們的老闆一定要你承認殺姚嘉薦，否則只有繼續打，不承認，打到你死爲止。」因此我繼續被嚴刑拷打。

（九）聖誕之夜

這一夜聽到外面有報佳音唱詩聲音，這時我才知道被他們刑訊半月有餘了。王琪夜晚進刑房就說：「今天是聖誕夜，本來要去教堂的，因爲你的案事，我不去了，特地來誠懇勸告你，如果你不承認殺姚嘉薦，只好送軍法，到了軍法，大門一關，押進去，死路一條，那時你要承認，送司法，不可能，沒用了。」我說：「我沒有殺姚怎能隨便承認呢？」王說：「承認了殺姚嘉薦，到了法院，眞的沒殺姚，可以請律師辯護……。」我不理他，刑手又伸手要打我時，他暗示制止，到天亮約一時許他才走。

人係血肉之軀，在長期折磨中，身心幾近崩潰。想孫中山先生開國之初，發表了「飭內務司法局兩部嚴令所屬禁止刑訊令」，說「不論行政、司法官署及何種案件，一概不准刑訊」，並聲明「如有不肖官司，日久故態復萌、重煽亡清遺毒者，除褫奪官職外，付所司法以應得之罪。」未想到中山先生發令有近半個世紀，刑求竟仍在繼續，他在天之靈亦會深感不安。在這人間冤獄中，已沒有什麼道理可講，亦不容你申辯，這時我只想到以死來解脫皮肉痛苦。

（十）要自殺求死解脫刑求痛苦

刑房在二樓，去洗手間必須經過走廊，我想趁他們押我到廁所時，跳樓自殺，但樓不高，我怕跳下去腳骨或手骨折斷，人沒死，變成殘廢，活著更苦。只好趁監視人員不注意時，將大衣大小鈕扣拆下，全部呑到肚子裡，又將洗手間的肥皀呑到肚裡，能呑下去的東西，均呑下去，以求一死！但是，呑下那些東西，不但沒有肚痛，什麼時候解出來我亦不知道。這時候眞是求活不得，求死不能！

（十一）王琪取得迫簽殺姚編供，笑到假牙落地

這天，王琪拿著迫得的會計林祖簪的編供給我說：「你看他們都承認了，你還不趕快承認。」我稍看了一下說：「你們這麼長久日子拷打，是沒辦法才承認的。」王說：「你也承認，不要受苦啦。」我說：「我沒有殺姚，你們假的亦要我承認嗎？」王說：「只要你承認殺姚，其餘我不管，你去法院申辯好了。」王琪即提筆邊寫邊問：「你殺姚嗎？」答：「是。」問：「用什麼毒藥殺？」答：「你說好了。」他說不知道。我說：「是你們特務用的，裝在牙上，一咬就死。」他說對。他寫了數句，不知什麼東西，王琪催我簽名，我正在呆想，沒有注意，刑手又舉起手要打我，我說：「這樣還不好？」刑手說：「你沒殺姚，請律師給你辯護好了，這樣免得你受苦，我們亦免得熬夜。」我想，對這種比土匪更不講理的人，只好簽名，到法院再申冤吧。王琪拿著此張賣命迫簽編供書，笑說：「這是第二特獎呢！」轉過身，直笑到假牙落地。

過幾天，王琪進刑房來，很失望地說：「姚方拿了一張十萬元支票，我的局長不要。」我心想：姚嘉薦之子姚志國來台奔喪，住三流的蓬來旅館，旅館費尚無法負擔，何來十萬元懸賞呢？這不過是宣傳欺騙手法而已，他們要我的命，原來是想要十萬元賞金，哪知是空頭支票。

（十二）迫簽各項編供

王琪迫簽第一張編供後，果然不來了，由另一班特務來迫供。問：「針筒哪裡買的？」我想三樓汀江公寓房客洪玉樹去香港，不受吳雪塵脅迫，說向洪玉樹買，將來好由他出面作證。接著又問毒藥哪裡來，我答：「王琪說，特務用很毒的藥，只有向藥店買。」刑手說不對。有一組特務很有道德，他問：「你妹夫是醫生嗎？」我答是。他問：「毒藥是不是他拿的？」我答：「根本沒有殺人事，我的妹夫哪有給我什麼毒藥呢？」他說：「今天我很忙，但是他們要我來接班，如果你妹夫沒給你毒藥，他有妻兒子女，你就說沒有。」過了幾天，換了一班特務，拿了陳華洲的口供來，笑咪咪說，陳華洲是台灣大學農學院教授，將化驗剩餘農藥巴拉松交由王藹雲注射殺姚。這時我才知陳華洲、住客王藹雲亦被捕。接著又要迫簽我妻楊薰春參加殺姚，我說：「你們也有妻兒子女，我的最小兒子尚在吃奶，你們要害我，何必又害弱者女人呢？」所以沒強迫我簽楊薰春參加殺姚。又換一班人來，迫簽時說：「你看我替你寫姚嘉薦因向法院說要告你與陳華洲僞造文書，陳怕身敗名裂而指示你如何殺姚。這樣你可以責任輕啦。」我心想，不是責任輕重問題，陳華洲是台大化工系教授，根本不是農學院教授，而且姚嘉薦從來沒有向法院告我與陳華洲僞造文書事，到法院查卷，即可知這一切都是揑造迫簽編供的。吳雪塵勾結范子文等，要提誰就提誰，要迫簽什麼就編什麼，濫用職權，故意製造冤獄。

（十三）迫認檢察官蔡炳福等受賄包庇殺姚

姚嘉薦自殺之初，台北地方法院檢察官蔡炳福、督導法醫葉昭渠博士及有關治安人員，依據刑事訴訟法規反覆勘驗屍體，偵查了百餘人自由口供，作出第一七五二二號「武漢旅社經理姚嘉薦縊死案偵案報告」，第八條結論：「姚嘉薦之縊死——今反覆徹查，仍不能發現有其他足以證明其爲他殺之具體事實或證據，況死者自縊前，在警察局曾向督察員邵中毅聲述：『法院和警察都辦不了，我只有到中山北路撞總統座車或自殺。』則其早已萌生自殺之念，故自殺之成份較大，自應推定其爲自殺。」但調查局人員要把姚嘉薦自殺變爲他殺，所以便想方設法要給檢察人員定上罪名，以便翻案。

這天，刑手要迫簽台北地院檢察官蔡炳福、法醫葉昭渠、警務處督察王厚才、派出所巡官任瑞、組長林德等勘驗姚自縊的全部有關人員，收賄包庇殺姚，上面寫了許多編供要我簽。刑手說：「你沒有殺人，那麼蔡炳福檢察官等不是會替你提出反證啦，我們亦要交差，如果不簽，我只好打你，何必麻煩我們，你又何必要受苦呢？」我說：「警務處督察王厚才是管警紀的，因爲姚嘉薦、莊立銘、陳宗仁在刑事大隊有親戚，向刑事大隊告偷竊賬簿。我去報告他刑事大隊違法辦案、刁難我、他去調查是職責所在，姚自殺案件與他無關，他沒有參加姚案偵察專案小組，他有什麼權利、有什麼必要包庇我殺姚呢？」刑手說：「上面要你簽，我就要你簽，你給我講亦無用，快簽吧。」我不肯簽，他們就二十四小時不讓我睡。我要閉眼，就聽「啐」一聲，他們的口水向我臉上吐，並說：「小子想睡啦。」我還是想睡，他們就用手指著我的眼睛，似要插進去，說：「要睡著，就挖眼睛。」長時間下來，眼睛就像要裂開似的。在這呼告無門的冤獄中，只好簽名，他們寫了什麼，我亦沒有看。

（十四）迫認楊姓女法官判案受賄

迫簽了檢察官蔡炳福、法醫葉昭渠博士等受賄包庇殺姚編供後，他們又怕我的親戚朋友替我主持正義，又要編供我的親戚朋友受賄，他們一定要迫我說出有個派出所警員因案到我家請託，說是我太太講的。我說：「你說出是哪個派出所警員，我又不認識任何派出所警員。」於是，他們便變本加厲刑訊。很久以前，的確有個擔任銀行警衛的堂兄弟因砍了數根公有林的小案子，請求法院的楊姓女法官從輕發落，即使說出來亦無關係，但是想到在調查局所說的必須是假的，不能有眞，否則到了法院，法官對我在調查局的迫供眞假難分，還會使法官認爲我沒有種，怕替我主持正義，而且自己倒霉，又要拖累朋友，所以不管刑手強迫也好，欺騙利誘也好，我都不理睬。經過多日折磨，我仍然沒有答供給他們。

（十五）范子文親自導演錄音

范子文在取得我等迫簽的編供後，仍怕我們不承認，因此與王琪來導演錄音。范子文以很得意的聲調高聲問道：「你們在調查局自由嗎？」迫答：「自由。」聲音很小，連自己說什麼都聽不清楚。王琪馬上寫條子放在桌上——「大聲點」。他要我答用巴拉松殺姚，可是我進調查局之前從未聽過巴拉松一詞，所以我「巴……巴……」，下面二字說不出來，他們又用字條寫「巴拉松」三字然後要我唸出。一聽就知道是導演的。在法院公開錄音內容時，聲音淒楚，這倒是調查局刑求的明證，我現在想來亦心酸，但他們認爲有「調查局」三字依勢，假的亦要變成眞的。范子文說：「送你去法院，你才知道厲害，沒殺姚嘉薦亦要關你坐三年牢。」又說：「七人中，就是你……。」下面說什麼我根本不知道。

有一天，我被提到刑房，王琪進來說：「我們與台北地方法院曹庭長接洽好，過二天就送你回台北看守所。」我心想，不送軍法死不了，法院三審三級，地院已被他們接洽好，受他們左右，冤判我罪，還有高院及最高法院可申冤。過了數天，天黑時，果然將我們分別押回台北看守所。沒數日，接到台北地院開庭傳票，審判長就是王琪所說的曹德成。

地院開庭戴上手銬人生最大恥辱

范子文認爲我們無法扣上「匪諜」的罪名送軍法處理，只好送司法開庭。在我們那時候只要被冠上「匪諜」二字，即可長期羈押、不聞不問，更有甚者是聳人聽聞的折磨，我們在黑獄裡時常聽到慘叫聲。陳華洲教授因前幾年曾從警總保過一個陳姓學生出獄，後來這學生到美國留學後投共，陳又有糖尿病，怕刑求，這下調查局逼他選擇，是願坐「匪諜」的牢呢？還是坐「殺人犯」的牢？開庭之前，調查局辦案人就密謀策劃，認爲法庭上有許多記者旁聽，我們一定會呼冤，陳華洲是大學教授，如果依照編供承認殺人，尚能使社會相信我們眞殺姚，於是范子文等就一邊威脅，一邊利誘，要陳在地院法庭按照他們的編供背誦，他們要陳說給黃「巴拉松」原是要殺老鼠的，如此便可保平安無事，否則就要當「匪諜」辦。那時我們被送回台北看守所，陳仍羈押在調查局，所以陳沒有戴手銬出庭。

我們由地院法警帶上手銬押上法庭，此時法院擠滿了觀看的人群，還有許多記者旁聽。曾任國民學校校長、警察總所所長等職的我，素來替人排解是非，息事寧人，一生奉公守法，現竟被構陷爲殺人兇手，帶著手銬上法庭，見此受冤屈情景，羞恥得眞想碰地而死，但內心仍抱著法律保障人權的信念，認爲我們向庭上申冤，要求調查冤情，只要地院求眞求實，均可查出每一指控都爲編供，故意陷害，立可宣告無罪，還我清白。哪知我們被押進法院，由王琪率領的大批調查局人員，早坐滿在旁聽席上，因爲我們以前曾被調查局送到法院看守所，又突然被押回調查局，所以心中均有恐懼。法庭內坐滿了調查局人員，我們精神上受到無形的威脅。

我們自被調查局非法逮捕，一直到法院開庭，始終被嚴密個別拘押。雖然處此受威脅的惡境，但我們均異口同聲說「冤枉」，一致申訴在調查局的口供是刑求的。我舉起被刑求受傷的雙手給曹庭長看，誰知他不但沒有命令驗傷，竟說這一點傷算什麼，我想脫掉衣服將全身傷痕給法官看，回頭一看王琪及那批兇猛打手坐在椅上，實令我害怕。此時大家均不敢大膽申述被調查局刑求迫供詳細經過。這時，我們要求調查有利事實，法官不予理睬，我向法官申述有利口供，他們亦用手制止不讓我說下去。

寫到這裡，我想起在台北看守所羈押期間，一位日本通學者告訴我一件事，日本曾經下反一個案子，是說有位老翁將其所有積蓄常常隨身帶在一個過路涼亭休息，有一天，老翁所帶積蓄全部被竊，因而氣憤自殺。刑警偵查結果，認定係一位常經過涼亭的學生謀財害命。

學生被抓起來刑求迫供，承認了謀財害命，法院審判時，亦照刑警迫供時的說法承認了。法官小林爲了愼重起見，將全案帶回家深夜詳閱全卷。天將亮時，見有兩隻老鼠將其兒子要當早餐吃的雞蛋抬到洞口吃了。他的兒子吃早餐時，見蛋沒有了，便叫嚷開，法官太太認爲係小丫頭偷吃，就打小丫頭。起初小丫頭說沒有吃，法官太太更用力打說：「承認了，以後不偷吃就算了。」因此小丫頭承認偷吃雞蛋。見此情形，法官得到提醒，認爲有刑求迫供事。小林法官再開庭時，令刑警退出法庭，然後這位學生才敢說出沒有謀殺老翁的實情，並哭訴其被刑警刑求迫供經過。後經法官小林親自勘驗現場，以及偵查有關人證、物證，複驗屍體，結果認定老翁因失財而自殺。至此該學生蒙冤大白，宣告無罪。

但是我們的冤案，早在調查局「調查」之前，就已經劃定爲我們殺害姚嘉薦，以致在調查局被長期羈押、刑訊出簽供、送法院，調查局辦案人范子文、王琪與主審法官對此案的「接洽」，及至我們手銬加身帶上法庭，總之，這個罪就這樣被他們冤枉了，審判只是形式而已！這自古未有之千古奇冤，由這幫怠忽職守、狼狽爲奸的官僚一手造成。這一點，早爲我國刑事專家洪文堯道出。數天開庭後宣判，我們均處重刑：我與林祖簪、游全球、王藹雲死刑；陳華洲、吳亮無期徒刑；楊薰春十五年。

我眞想不到，在保障人權的神聖法律大旗之下，法院竟會被惡勢力左右，冤判無辜的人死刑，帶給我們精神上無限痛苦。

戴上腳鐐人生最悲慘痛苦

被地院兒戲般冤判死刑、重刑後，我們被押在看守所。死刑犯一律帶上腳鐐，腳一動，鋃鐺響，心就痛，數天吞不下飯。天呀，竟憑惡勢力要我死就得死！這些法官爲了要保住前途官位、升官發財，竟把良心道德責任抛到九霄雲外，不顧無辜百姓的痛苦死活，豈能不受到天理責罰？

上訴高等法院審判亦係形式

地院是依據調查局的刑求迫簽編供而判決的，因此各共同被告申請傳喚有利證人及提出有利反證均遭反對。在地院審判期間，他們不准律師及家屬與我們見面，直到上訴高院時，才准律師、牧師接見，第一次獲准來見我的，是蔡牧師等三人，他們一再替我禱告，祈求上帝明辨是非。

在高等法院審理中，同案蒙冤人，被地院冤判無期徒刑的陳華洲，申請傳喚台灣大學上學院化工系副教授、助教等出庭作證。這些人一到庭後，一致證明陳是工學院化工系教授，而非農學院教授，化驗與農藥毫無關係，陳從來沒有用過農藥巴拉松；如須領用化驗的任何藥物，均須向台灣大學塡領物三聯單，陳華洲從未領用和申請購買巴拉松，可爲查證。在法庭中，陳申訴他在調查局被迫承認拿農藥巴拉松給黃學文時，當時連這詞在英文中如何拼法都不知道，是調查局人員自衣袋內取出寫有 Barathion 字樣的小紙片強迫他照抄，不久調查人員又說：「我們副局長說，要將B改爲P才對，要你再寫過。」他處此環境，不得不將原來的B改爲P，他說，現在的案卷裡的筆錄中仍有塗改的痕跡，陳華洲教授還要求將一本寫下被調查局刑求迫供經過，而被調查局扣存的聖經交給法院爲證。經法院數次行文調查局，他們才將該本聖經送達法院。聖經內寫著「主呀，我被調查局非法羈押幾十天，沒有的迫我說有，不是的要我說是……」等等，將其被調查局人員刑求迫供經過記載詳盡。這一系列的證據，都說明起訴書中所指控的全是編造逼供。但高等法院就是不採信這些證據，依然亂判葫蘆案，依然要冤枉。以後陳再上訴，上訴不久，終於憤激不堪而死，他的太太王敦健也相隨於地下。這是後事。

起訴書中指控殺人動機爲姚嘉薦向法院告我和陳華洲僞造文書，而我等懷恨報復，其實我、陳華洲與姚根本沒有訴訟，這完全是子虛烏有的指控！這是有卷可查的。楊薰春雖有向法院控告姚侵占公款，姚被地檢處飭五千元交保，但亦無姚向法院告楊薰春僞造文書情事。就是這麼簡單的事實，舉手之勞即可查清訴訟是非之關鍵，高等法院法官卻不願查閱、不敢查閱，因爲高院開庭時，調查局人員仍坐在旁聽席上！極明顯，這是高院法官對調查局辦案人「接洽」和「懾服」的含義。我等各同蒙冤人一再提出反證、要求傳證，聲明在調查局受辦案人員刑求迫供二月有餘，並將捏造殺姚編供一一說明及反駁，但高院與地院一樣，根本不予採信、不以說明，審判亦只不過是一種形式。在辦案和審案人員相互串通下，我們竟至告白無門，只好含冤上訴最高法院。

最高法院一再發回高院更審

最高法院因為是祕密辦案審理，不公開審判，所以相對地比較公正，但最高法院不直接判決，只是針對高等法院判決有漏洞的、應調查而未調查的事項，略指示要點，然後發回更審。

姚案第一次發回更審，第一庭審判長是陳綱，主審推事是吳昌麟。據說陳綱這庭非常公正，而且閱卷非常愼重，最高法院判決書所載稍有漏洞或與事實不符，即發回更審。我想，像我們這樣的冤枉大案，如果閱卷愼重，總該看出原判漏洞百出的錯誤吧！果然，過些天發回要旨，指出「調查局法醫蕭道應鑑定結果與台灣省警務處法醫葉昭渠鑑定結果截然不同，審理事實之法院，仍應調查其他必要之證據，以資認定。」

眞是一語道破！如此人命關天的案子，鑑定不容隨便取捨。我們七次上訴最高法院，最高法院亦一再發回，指明對兩位法醫相反鑑定應詳加調查，因此最高法院函往國防醫學院（六十一年七月四日（61）善灶字第2259號），復函略以「農藥鑑定可委請日本法醫學會理事長轉請權威會員鑑定」。最高法院將葉、蕭兩位法醫鑑定送中央警官學校譯成日文後，送外交部轉駐日大使館，交日本法醫學會鑑定。結果法院送日本法醫學會鑑定資料被竊，外交部復司法行政部（六十二年六月十八日台（52）函判決第〇六一之〇號函：「鑑定書之日文譯本，前駐日大使館交亞東閱（係協會東京辦事處工作人員），均已無法尋出，請轉告台灣高等法院，向原鑑定單位洽索。」外交部函司法行政部所謂鑑定資料「無法尋出」，要高等法院補送，最高法院對如此重要文件不翼而飛，竟未加追究，甚而迄今尚無補送！

鑑定結果且尚未確定，即證明高等法院對於姚嘉薦自殺或他殺尚未調查清楚。但是最後，高等法院硬是給王藹雲、游全球、林祖簪、吳亮、楊薰春作出冤判，甚至相隔鑑定書遺失三年多，最高法院亦「鄭重其事」地作出了最後「定讞」！這不是違法，又是什麼？

王藹雲等向最高檢察署提出非常上訴，向監察院呼籲，但他們均以黃學文在高院審理病保在外，尚未結案爲理由，未加受理。因此，此案空懸三十年，任由七名被告（存者及死者）在冤獄中掙扎而不能清白！

十五年腳銬鋃鐺死囚生活

我一向相信法律保障人權，爲民服務，凡事遵循法律行事，想不到被送進了冤獄。幾次三番更審，法院把我們推來推去，既不願冤殺我、又不敢宣告無罪。在死囚室裡，聽腳鐐鋃鐺，無處申冤，實在忍無可忍，因此夜不能眠，日不思食。但這時我總感覺到創造宇宙萬物之神——上帝時刻在身邊保佑我、安慰我，遭遇緊急危難時，神好像在身邊對我說：「你不要怕，我會保佑你平安。」

台北看守所羈押一百多名死刑被告，均押在二舍。最高法院似乎全在星期三判決，判決後，在《中央日報》等報上發布消息。那時死刑犯被最高法院判決後雖然可以向最高檢察署提出非常上訴，但仍是最高法院覆判，最高法院又是那幾個人覆判，當然仍是死刑，所以經最高法院判決死刑的案子，等於死定，沒有一點挽救餘地。在看守所時只准看《中央日報》，看守所管理員爲預防被判決死者一時精神緊張而亂事，就將報紙剪空，報載經最高法院判決一個死刑案子則剪一個洞，二個死刑案則剪兩個洞。如被判死川確定的人的家屬來接見時，看守所怕家屬會告知，即停止他的會面，改到下星期一才准其接見，到了星期五晚上，看守所警衛對判死刑的監房特別監視。由於其他同舍房死刑犯家屬會來告知消息，所以第二天看守所被告多數均知誰被最高法院判決確定，這時候看守所就派管理員安慰他，准他選擇較懂法律的在押人替他寫非常上訴狀，並且放出謠言，說最近要大赦，有希望挽救等等。通常被最高法院判死刑後，六、七天就執行槍決。執行槍決那天早上不吹起床號，起床前一會兒，數十名武裝人員到二舍房將人押出。有的殺人犯到執行槍決時，沉著得很，到每個牢房門口打招呼，說句「我先去」，如台北縣勵竹中學有個體育教員，是殺死校長的兇手，他穿上事先預備好的紅衣，紅衣上還繡了字句，手拿把扇子，視死如歸，若無其事地走到刑場。有的則亂罵，亂叫×××萬歲，有的大聲呼冤。但第二天官方發表的消息照例一律略述：「××犯被執行時，寫下遺書，深表痛悔」等等。

我一生做了許多善事，亦救過人命，別人不知，主上帝全知道。年老華僑姚嘉薦因私人原因而自殺，如今反誣爲我殺，只有天知道，我相信主，我不會冤枉死，上帝隨時都在我耳邊告訴我：「不要怕，不是你。」

有一次我家人沒來看我，一直到下個星期一，我家人才送菜來，笑說：「上星期五家裡忽然有要緊事沒來接見。」我就問：「此地看守所星期五報紙又『開天窗』了，要殺人了，你知道嗎?」家人說這幾天沒看報,不知道。我想想這當然應該與我們冤案無關。面會畢,我就問管理員,星期五剪報是哪個案子最高法院判決確定了?他說是別舍房押了一個死刑案。我問:「死刑被告不是都押在二舍嗎?」他答:「是啦,這個不知是什麼案子,我沒看報紙。」他們都講另舍房一個死刑犯的上訴被最高法院駁回,判決確定了。這時想起小時候母親說的話,就是神的旨意,人要相信神,平常做人要憑良心,不要做害人的壞事,否則縱使別人不知,神絕對會知道,神審判人的罪惡,絕對準確的,人會冤枉人,神不會冤枉人。害人惡魔范子文觸犯國法被軍法判處死刑,冤判我死刑的法官曹德成暴死,則是神審判的鐵證。自我被調查局送回台北市看守所羈押起,我每日早晨上廁所時,必將衛生紙寫上「害我惡魔范子文不得好死」。看守所有一位某公管機構主管,因爲妻子不知情收了一份禮而入獄,其妻後來自殺了。這位主管說:「我認識范子文和王琪這兩個人,因爲以前有位退職的調查局人員住在我家裡,他兩人常來我家,所以認識。這兩位因此常到我辦公室來找我要房屋,我哪有辦法給他們房子呢?說實話,如果這次不進來,亦會被這兩人害進來。」他還對我說范子文是副處長,正處長是姓徐的,那個時候徐處長住在台大醫院治病,徐出院後即將范子文調走了。當時范對這位主管說,他與徐處長以前在上海就是同事,沒想到徐處長將他調走也不對他說一聲。後來有一天我妻子來會面時,說陳華洲的太太到我們家告訴她,有一個前調查局的葉某,是陳先生的好友,特地告訴她,范子文夫妻犯重法,已送軍法審判了。這時起,我更相信因果報應。古語云:「種善因得善果,造惡業得惡報。」「積善之家必有餘慶,積惡之家必有餘殃。」所以我想上帝一定會救我。

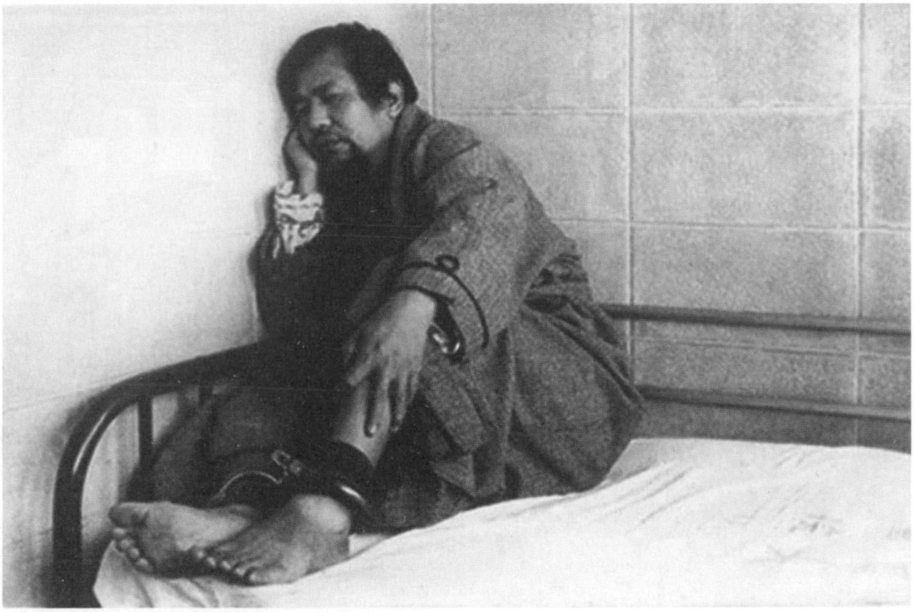

黃學文保外就醫時，戴著腳鐐坐在醫院的病床。

我被冤判死刑，要戴七、八斤重的腳鐐，爲了要在這種苦難中掙扎出來申冤，我將被腳鐐銬住的兩腳展開或舉起，日夜不斷磨練，年餘將銬鍊磨斷，看守所替我換新腳鐐，年餘後再磨斷，就這樣磨斷了許多腳鐐。看守所舍房沒有自來水管，是用木桶擔到每個房門口，由被告自己用手提到房內。那時每個監房押一個死刑犯，另配一、二個貪汙案或受刑較輕而且較有錢者，幫死刑犯做事及供他們香煙。我家每星期均送兩次菜，我又不會抽煙，而且我家人及親友們常寄錢來，所以我從不拿囚房的錢單去購物，許多輕刑者都爭著要與我同房，有位某公管機關的科長，就用每月的津貼與我同房的科員對換房間。我不但不會以「龍頭」的身分占同房便宜，並而且親自戴著腳鐐走出房門去提水，並在房門口用手高舉約百斤的水桶數十下，他們不知道我在練功夫，均搖頭認爲我受冤獄刺激，患了精神病。有一天，看守所醫務課長說要送我去醫院檢查。我問檢查什麼病，他說檢查看有沒有腦病。我說：「我被調查局刑手打傷，你已經替我醫好，他們沒有打我頭，腦哪裡來的病。」他笑笑說：「輕刑者要求送外就醫都很難照准，你判死刑，送你外醫怎麼不去？」他那種要做好事的表情，我心裡明白了，就答說：「好，我與家裡聯絡。」過幾天，警衛課只派一個警衛，而且讓我不戴手銬一道走。普通輕刑者外醫，要派幾個警衛，因爲我在看守所十幾年，大家都知道我要洗冤不會逃跑，所以比較放心。接著是送我住院，亦只派一名警衛陪我住院，過了十餘天，法院批准交保，全看守所均感驚奇。尤其令他們驚訝的，經判死刑二、三年後改判無期的人，解開腳鐐後走路會像鴨子一樣搖擺，而我解開腳鐐走出看守所時，和普通人走路一樣，他們沒有想到，這是我在看守所練了十五年腳鐐功夫，不知練斷了多少腳鐐鐵鍊的結果啊！

身體恢復自由心不自由

雖然交保走出了台北看守所大門，但仍背了莫須有的死刑罪名在外，見人抬不起頭來。自從吳雪塵勾結其服務機關辦事處長范子文等將我們逮捕那天起，武漢旅社全部被侵占經營，以後雖經親友們收回，但均被一間一間租出去。一樓上海浴室等迄今無付分文租金；三樓汀江公寓住戶雖有付租金，但仍是照十餘年前的租價，住了約百餘戶，亂糟糟似難民收容所。看到這些，心裡很感傷心！我只在汀江公寓住了數天，就上山養羊去了。身獲自由心不自由的我，坐在高山望著天與海，每日苦思如何呼籲法律保障人權，還我清白。一天過一天，一年又一年，等到什麼時候，沉冤才能昭雪呢？

守正不阿的吳亮要殺王琪

吳亮雖沒受過什麼教育，認字不多，但從小在部隊當兵，受部隊嚴格訓練，養成守正不阿的軍人品格。退伍後，由部隊長官介紹給姚嘉薦，姚親自錄用為旅社工友，沒想到不到兩個月就出事了。

姚自殺後不久，姚方親友及陳宗仁等要他對我作不利的偽證，被他拒絕。吳亮對姚妻弟吳雪塵僱請流氓打手威脅我及擾亂旅社以致無法營業感到很氣憤，大罵吳雪塵及流氓無理取鬧等等，因此吳雪塵的同事范子文逮捕了他，刑求逼供他在殺姚嘉薦時把風，後在調查局受刑數日，不幸傷及肝部。

被調查局羈押時，吳亮與同房匪諜爭論，他說國民黨好，同房匪諜說共產黨好。後來同房匪諜反咬吳亮是匪諜，因此調查局在報上發佈吳亮是匪諜。他被送高院審理時，莊立銘在庭上作偽證，吳亮一拳打在莊立銘身上，莊大聲叫：「吳亮打人！」吳說：「你作偽證就該打。」那時審判長是汪輔，他當然知道我們是冤枉的，看到吳亮打莊立銘，汪輔小聲對莊說：「你向地檢處告吳亮。」莊立銘作偽證，心裡有鬼，哪敢告吳亮！以後莊立銘因案押在台北看守所，他要求與我們隔離羈押，所以在台北看守所羈押期間，我從未見過他。

調查局組長王琪因勾串台北地檢處王某檢察官犯了貪汙案，羈押在台北看守所，起初與我同舍房，那時有被告說要替我打王琪，我不答應。有一次，王琪在接見家屬時與我碰面，他笑咪咪地走到我面前說：「審判長汪輔說，要將四個死刑均改判無期……。」還沒待他繼續說下去，我就很氣憤地瞪他一眼，我心想，還不是你們這幾個敗類去威脅法官將王藹雲等三人改判無期徒刑，仍判我死刑，想害死我。他看我敵視他，調頭就走。不久，他調到看守所福利社替被告服務。吳亮因被刑求受傷有病，且被冤判徒刑，因此亦在福利社服務。那時在福利社打雜，如果不是擔任送菜任務，是不能進舍房的，但有一天傍晚，吳亮竟溜進舍房來，對我說：「老闆，剛才我在福利社剖西瓜，我想用剖西瓜的刀，將王琪頭砍成二片。我站在他後面，他沒注意。」吳一邊說，一邊用手勢表演給我看。「我刀都舉起來了，後來想一想，我身體已被他們刑訊重傷，這樣會不會影響我們的冤枉案子，所以沒有砍下去。」我說：「吳亮，你千萬不能這樣做，一定會影響我們冤案，否則平反無希望了。」是夜，我不放心，於是叫了一碗麵當點心，當送麵的被告將麵送來時，我對送麵的被告說：「你回福利社時，請你對吳亮說，那事絕對不能幹，同意不同意，你來收碗時，要將吳亮的答話告訴我，千萬拜託。」後來送麵的被告來收碗時說：「吳亮說好不幹了。」這樣我才放心。

吳亮因被刑求傷得很重，很早交保，以後在某中學做工友。他住榮民總醫院時，我去看他，那時他躺在床上，談到我們的冤案，談到被刑求受傷情形，一面說，一面口吐白沫和血，非常激動。我只好安慰他說，大家同樣慘，被酷刑拷打，現在不談此種悲慘之事，希望他安靜修養治病，養好了再去申冤。坐了一會，我就離開榮民總醫院了。以後我幾次想再去看他，但是想到他談起冤案一定會傷心，所以就沒去。他出醫院後，再回中學服務，不多久傷病再復發，醫治無效，病死在醫院。據友人告訴我，報上讚揚他生前將薪俸買飯救濟貧困學生，死後還將積蓄捐助了慈善機構。我聽到後非常感動，亦傷心，他最後住進醫院，我不敢去看他，因爲我怕見了，談起在調查局刑求之事，他一定會受刺激。沒想到守正不阿、無辜的吳亮就這樣被折磨死了。

我保外後十餘年，亦未與王藹雲等見面，大家都是冤枉，心裡都明瞭冤情，談起慘遭刑求二月有餘，只能越加傷心。我在深夜寫這本冤枉書時，想到一生中經營之苦心，在調查局所受刑求之殘酷，想到一再的冤判，受惡勢力壓迫得不能喘氣，不禁傷心痛苦，老淚縱橫。每每睡著時，戴著腳銬與刑求的痛苦情景就在夢中出現，頓時驚醒而徹夜難眠，這時我就祈禱，主啊！我一生清白，祢是知道的，祢什麼時候伸出救苦救難的雙手，來爲我洗刷冤情，讓我們重見天日？

（編按：此文寫於一九九五年，黃學文返台為自己冤獄平反之際）

自立晚報　中華民國八十四年四月二十六日　星期三

武漢大旅社冤獄？

立院亂鬨鬨

■立院司法及預算聯席會上午審查法務部最高檢察署預算時，由於民進黨立委李進勇在詢答過程揭露發生於民國四十八年的「武漢大旅社」冤獄案，並請來事件主角黃學文夫婦進場旁聽，而意外引發立委朱星羽因不滿主席謝啓大處理會議過程，進而以霸佔發言台，上台阻撓主席發言等方式致使會議數度中斷，最後在謝長廷、劉文慶及王建煊、周荃等人斡旋及調停下，謝啓大以經過出席委員共同同意下，順利讓黃學文夫婦在場旁聽。

文／蔡日雲　圖／王禹仁

▲李進勇（中）廖正豪（左）黃學文（右）

1995 年 4 月 26 日《自立晚報》報導黃學文在立法院控訴冤案的相關新聞。

一、黃學文要將冤枉經過在立法院向眾人報告情形。（右）

二、立法委員李進勇（中）質詢調查局局長廖正豪（一）將黃學文七十九天非法長期刑求逼供、（二）姚嘉薦死亡後，經蔡炳檢察官督導法醫葉昭渠等勘驗有縊死，為什麼半年以後由調查局自新匪諜蕭道應出具鑑定係被注射巴拉松死亡，依據學理中毒巴拉松死亡，係瞳孔極度縮小，但經法醫鑑定無瞳孔縮小。

三、調查局長廖正豪，對李進勇立法院委員質責七十九天刑求逼供，只答現在沒有刑求，對于半載有無捏造違法鑑定，無法回答。

（廖正豪局長左）

黃學文影印《自立晚報》剪報，在傳單上親筆寫下時任調查局局長的廖正豪，於立院答覆立委李進勇的質詢的情節。廖正豪沒回應武漢大旅社案是否刑求，只說「現在沒有刑求」。至於法醫鑑定是否捏造，則沒有回答。

悲情歲月

／楊薰春

我在昭和四年（一九二九年）出生於環境幽美的溫泉村別墅，是柯家的第四個女兒。我的生父柯文質十二歲就留學日本，一生奉獻給台灣抗日運動。我出生時，父親在林本源家族當「家長」，即土地代理人，當時是我家最富裕的一段時光。父親關心台灣社會問題，當大地主的代理人和他愛替貧苦農民打抱不平的個性不合，不久就辭去工作，全心投入抗日組織，以後家中經濟生活就很不好。

我五歲時，我的舅舅和舅母結婚很久都沒有小孩，遂要求柯家過繼一個女兒給他們，我的舅舅和舅母就成為我的養父母，我改姓生母的姓，姓楊。我的生母很注重教育，和她的弟弟、弟媳約定，一定要疼我，並培養我念完高等女學校，我的養母答應她，說就是替人洗衣服做苦工都要讓我念完高女。我跟著養父母回到芝山岩的石角，度過很快樂的童年。

當時台灣很多買來的養女都被虐待而死，我的養父母卻把我當寶貝小公主一樣疼。養父每天從台北回來都帶一隻雞腿給我吃，我初上小學時，養母每天背我去上學，在學校外面等我下課，再背我回家。後來她背我到教室後就走，我就大哭，鄰居的小孩每天回來向她報告：「妳一走，哈路又哭了。」鄉下孩子大都穿木屐上學，只有我穿最時髦的長統襪，和飛機牌的皮鞋，放學後經過田中的小溪，我常把鞋子脫掉，跳進溪中抓小魚、田螺等。和我一起玩耍的是一群比我大一點的堂兄弟，他們都是很忠厚老實的鄉下孩子。有一次我追他們，自己不小心掉進水溝內，撞得鼻子流血，哭著回家告訴養母，養母把他們教訓一頓，一再交待這三個堂兄要好好照顧我，他們都靜靜地挨罵，不敢出聲。至今我還是很懷念這幾個善良的堂兄弟們。

楊家先祖是前清舉人，和林本源是好友，雙方各爲當時的南北首富。據說先祖有七個太太，古時的老式房子是一房一棟，住在一起。我們是大房，我小時只剩下三大棟，從一棟走到另一棟要走上一段時間，房子有三重的圍牆圍住。過年過節時有很多的拜拜，大拜拜要請上幾十桌，也請戲班子來唱歌仔戲。養父很會唱歌仔戲，常常上台表演，

楊薰春的母親（中），也就是黃秀華的外婆，1927 年攝於新北投自宅庭院。她手上抱的是黃秀華的二姨媽，左邊的女孩是大姨媽，右邊的男生是大舅柯炤。

扮小生。農曆七月三日是楊家特別的大拜拜，一百多年前的這一天，許多楊家的忠僕和盜匪作戰而死，所以楊家子孫要祭拜他們；還有「吃公」，由管理楊家公產者辦幾十桌，宴請姓楊的子孫。後來楊家衰敗了，傳說是日本人在楊家的土地上開了一條往陽明山的公路，破壞了楊家的風水所致。現在國家安全局附近很多的土地原來都是楊家的。小時養父把山上的水果，如龍眼、桃子等包給人去摘，我十分不捨地站在下面睜大眼睛盯著，養父會大聲地叫我不要擔心，他會留下一些給我吃。我很會爬樹，爬得又快又高。現在這個桃子山也變成安全局的。

後來我念淡水高女。日本教育注重念書、體育，也注重人格修養。我們校歌有一句「溫良貞淑、高雅的氣品，很有氣質的優姿」。女學生常常穿著白上衣黑長裙，雙手持長刀練劍道。我讀高女的四年時間，都在念文藝小說中度過，我的理想是當一名文學家。我的二姊念第三高女，是台灣女子所能念的最好學校，她的理想是當音樂家。有一年的歡送畢業生表演會，我向男老師借了一件寬大的日本和服，臉上塗得黑黑的，自編自演表演了一齣喜劇——「空想是自由」，全部的同學和校長、老師都抱著肚子哈哈大笑。從此同學叫我檜之健（A-NO-KEN），這是當時日本演劇界出名的男演員檜本健一的別名，是日本出名的笑匠，就像美國的卓別林。畢業以後好幾年，有一次在西門町碰到一位男仕叫我檜之健，原來他是淡水中學畢業，雖然當時淡水中學和淡水高女的校長同爲有坂一世，但學校是分開的。

我念高女時雖然是戰時，常常逃避空襲，物質也缺乏，但是每天都在文藝小說、詩歌、音樂中度過，是個完全不知世事的小女子，高女四年像美夢一樣的日子。

畢業後有一天，我和友人在路上碰到以前的女同學，告訴我她結婚了，邀請我去她家玩。想不到，從此我一生的命運就改變了，我在她家裡遇見了她先生的哥哥。當時男女授受不親的時代，我們都很單純，不懂什麼是戀愛。後來我和她成爲妯娌，全家就住在一起。我的小叔是個遊手好閒的人，來台後，全家大小都靠我先生過日子，常常向我們要錢。我的先生對大陸來的同鄉特別有情，一些親友來台都是全家在我家包吃包住，到了他們找到事情才搬出去住。

就讀淡水女高的楊薰春（右）。

我要嫁人時，向當時情報局台灣站的站長林頂立提起。他問我對象是誰，我說是黃學文，林頂立說：「是抓『皮蛋』的那個督察嗎？」我先生原來在警界服務，當督察時突檢酒家，酒家都是靠地痞流氓當保鏢，「皮蛋」是台北的大流氓，誇口他是情報局的人，一般警察不敢抓他，我先生不怕，照樣把他抓去台北市警察局。林頂立和我生父是結拜兄弟，我的生父是單純的讀書人，和林頂立以及另二名抗日的台灣人，是滴血入酒飲的結拜兄弟，以打倒日本帝國主義爲目標而加入軍統局。

我父親是大好人，一輩子很少顧慮到自己。他和蔣渭水、蔣渭川兄弟一起抗日，蔣渭水死前，我父親還對他施行口對口人工呼吸，完全沒有顧及到自己可能被感染到病菌。最後也是爲了要救一船四十多人而死。林頂立就和我父親不一樣，他是做官的人。

我父親從事中美情報地下工作，默默做了很多事，只想打倒日本帝國，從來不和人計較名利，他對名利看得淡泊，結果功勞都記在林頂立名下，林頂立的官愈做愈大。我父親爲公犧牲後，林頂立在追悼會時，在眾人面前向我母親下跪哭著發誓：「柯先生是爲我而死，是我對不起柯先生娘，我發誓今後一定要負責我的兄弟柯先生一家人的生活。」

當時能在國民黨下做大官的，大都是無情無義的人。林頂立在我們家人的眼中，就是這樣的人，他官做得很大，當過農林公司董事長、全民日報社長，後來《聯合報》社、國泰人壽、國泰產物以前也是他的關係企業。他有許多姨太太，有些是廈門帶回來的，大都是酒家女出身。我的生父爲了抗日兩袖清風，他去世以後家境更困難，林頂立返台後卻享盡了榮華富貴，並沒有如他下跪時發誓所說的話來照顧我們。林頂立的情報站利用很多台灣和廈門來的流氓做情報人員。「二二八」發生時，他的公館就由這批流氓帶槍保護。林頂立看我娘家貧窮，不太來往，但和我家卻是有來往的，因爲我先生會做生意，家境富裕，林頂立的大太太常替我的兒女織毛衣。

我先生的個性比較內向，不適合官場，不久就退出警界開始做生意。他的事業心很重，很有生意頭腦又勤快，很年輕生意就做得很大。結婚後我像一部生產機器一樣，一直生孩子，八年內生了六個。後來我節育不生了，我先生很不高興，他要更多的小孩，他常常誇我生了六個小寶貝都很漂亮、又健康。

我作夢也想不到嫁給我先生後，生了一大群小孩子，休息三年後還歹命到陪他去坐牢。民國四十八年，「武漢大旅社冤案」發生，害了我們一輩子。

武漢大旅社案情本來是很單純的。一個菲律賓華僑自殺在我們經營的旅社內，專案小組反覆徹查，斷定為自殺，主辦檢察官蔡炳福都要結案了，哪裡想到幾個月後，三更半夜，一群調查局人員跑來我們的大樓，包圍旅社，把我們夫妻和旅社員工等六人用黑布蒙著眼睛帶走，後來連台大化工系主任也抓進來。像一場惡夢一樣，我們被刑求七十九天，毒打要我承認幫助我先生殺人，不讓我吃睡，直到我昏倒為止。他們一面打一面說：「上面交代下來就是要你們承認殺人。」「為了國家，犧牲你們幾個有什麼了不起！」「不是共產黨也要刑成共產黨。」「我們用刑，讓你們以後查驗都查不出傷痕。」

二十二歲的楊薰春（1951）。

我一生中所受的教育告訴我，黑就是黑，白就是白，可是他們硬要我承認殺人。「承認幫你先生殺人後，就放你回家。」我平時連殺雞都不敢看，怎麼敢幫我先生殺人？

我生了六個小孩子，都很小，最小三歲，最大十一歲，正是需要爸媽照顧的時候，我們夫妻倆怎麼敢做這種事？我們自己有很多財產，更不會爲了貪財去殺人。這些特務人員不管，他們一面用刑一面騙我，說只要我承認看到幾個員工在我先生房裡密謀，就可以回家看我的孩子。

用刑的人寫好了自白書要我照抄，第二天他們說開會討論後，認爲我沒有受過中文教育，受日本教育的人不會寫這樣的自白書，他把我抄的自白書在我面前撕掉，再開會，重新拿另一份要我抄寫。抄完後，又要我拿著這一份自白書照著唸，還一面錄音，這份自白書和錄音帶就是我殺人的證據。我被判刑十五年，再加上他們想出的殺人動機是由我楊薰春僞造文書引起的，再加一年，總共判刑十六年。小火車頭帶大火車走，事實上根本沒有僞造文書這件事，更沒有殺人這件事，是五千年歷史大中華老烏龜所領導的政權下最偉大的科學破案。不要臉的國民黨！

每次開庭，我都向法官下跪哀求他們放我回家，我有六個幼兒，不能坐牢。我先生也請求法官說我是個女人家，什麼都不知道，讓我回家照顧小孩。這群禽獸不如的人，昧著良心什麼都不管，只會收紅包和升高官。

沒有坐牢以前，我只是一個平凡的家庭主婦，平時家事都請人做，我只要照顧六個小孩，不讓他們太頑皮就可以了。我總共坐牢五年多，牢裡形形色色的人都有，這才慢慢增加了很多社會智識。

被酷刑了兩個多月後，我被關在看守所女所中。剛開始很不習慣，又想到家裡六個小孩子怎麼生活，很煩惱，好幾個月晚上睡不著覺。後來家人給我寄來很多日本文藝小說，還有善心人寄給看守所許多中文翻譯小說，我失眠時就坐起來整晚看書。《基度山恩仇記》、《飄》等我可暗記每頁，尤其《基度山恩仇記》男主角被莫名之冤陷害關進死牢裡，後來逃出來，開始對陷害他的人一一報復，我一面看，一面掉眼淚。初入獄時，我每天很痛苦，女犯中大都是吸毒的，或是妓女、殺人犯，我很害怕。其中有一名女犯人看我不順眼，說要用勾針把我的眼珠子挖出來，我嚇得好幾個晚上不敢把眼睛閉起來。我後來想開了，我還有六個小孩子在家裡等爸爸媽媽回家，我不可以在牢中有三長兩短，我要堅強地活下去，回家抱我的六個寶貝。這樣想以後日子就好過一點。

看守所的所長、主任，每天看進進出出的犯人看太多了，他們知道我們是有教養的家庭出身，不會隨便作壞事，是被冤枉的，對我們夫妻倆很好，給我們很多方便。有時小孩子來看我，他們讓四個小的從送菜的窗口爬進來，和我在牢裡共度一些時間。有些人看到也裝作沒看到，睜一隻眼閉一隻眼。

在牢裡五年多，每天都有犯人進出，有很多是慣犯，抓進來放出去，不久又進來。有個小賊專門偷小東西，進進出出，牢裡有飯吃，有地方睡覺，她在外面挨餓受凍，牢獄好像是她的別墅。後來她就沒有再進來，我們猜她是偷東西時被人打死了。吸毒的女犯人也大部分當妓女，看她們毒癮發作時像一場大病似的，很可怕！年紀輕輕，三十多歲，面上黃黃的，

楊熏春年輕時出遊留影。

要死不活的樣子。關在牢裡的毒販都是「小宗生意」，眞正的「大買賣」都已經職業化，很少被抓進去關，就是被抓進去也一下子就保出去，不然就是判得很輕。在牢裡眞正體會「有錢能使鬼推磨」這句話，有錢的犯人和沒錢的犯人，所受的待遇也天差地別。

看了這麼多樣的人生道路，使我更體會到家庭教育的重要。現在回想起來，心裡一陣一陣痛，眞不知道那五年多我是怎麼捱過去的。

我們被抓去關後，家中留有一大筆財產，我希望能由我娘家人來代理，我先生是外省人，和我娘家語言不太通，他把財產交給了那個遊手好閒的弟弟，我們還夢想有這些財產，我的小叔和小嬸會好好照顧我的小孩，哪知道不到幾年，家裡所有財產都被這個靠不住的小叔花光了，我六個小孩的生活情況越來越糟，到後來他們來看守所看我時，身上都穿得破破爛爛，髒兮兮的，像一群小乞丐。有一段時間我的生母把兩個女兒帶去她身邊照顧，我的小兒子也送去鄉下養母家裡，後來他們又都回到台北。不久，我的母親告訴我，我的孩子每天餓肚子上學、受凍，其中三個被我的小嬸騙到樹林一棟空屋中，差一點餓死。我氣極了，和我先生商量，一定要他的弟弟把第三層樓交回給我的大兒子，以維持孩子們的生活。

五年多後我被放回來，武漢大旅社已經變成一個貧民窟。除了一樓是店面，二、三樓總共六十多個房間，我的六個孩子卻住在一間沒有光線、通風不良的房間中，連床也沒有，在地上鋪一層棉被睡覺，棉被連被罩都沒有。房間角落地上放著一個切菜板，一個煮飯的小爐子。我們是這棟大樓的主人，我的兒女在自己的大房子內像一群小難民一樣生活。我入獄大兒子才十一歲，在我坐牢時停學，每天在家煮飯給弟弟妹妹吃，也給我們送菜面會。我的大女兒當時才八歲，就要打掃、幫全家洗衣服。看到他們生活的情形，比我在牢中想像的還差，讓我非常傷心。

我回來不久就到處借錢，也讓我的孩子過好一點的生活。我把大兒子送回學校去繼續讀書。入獄前，我只是一名平凡的家庭主婦，沒有掌過經濟大權，沒有在外面做過事，出獄後又要打官司，一家大小的擔子一下子要承擔下來，壓力很大，很久以後我才慢慢習慣。

今年二月二十八日（編按：一九九五年），我先生接到法院判決「免訴」。就是告訴我們算了，不要再打官司了，想要不了了之。我們夫婦倆不甘心，雖然牢也坐完了，命也撿回來，官司打了三十六年很辛苦，但是我們不願意老死還背著無辜的殺人罪名，立法委員李進勇陪我們上立法院指控調查局刑求、逼供、偽造自白書，也當場向各立法委員呼冤。我們同時上訴，要法院還我們清白，判我們無罪。沒想到政府害怕我們揭穿三十六年來政界、司法界、官方媒體集體製造出的武漢大旅社冤獄案的罪行，反而把免訴撤銷，判我先生無期徒刑。我先生無辜坐了十五年牢，逃亡二十一年後，還得一輩子繼續逃亡。

開庭之前，我上各個電台去控訴調查局的罪行，聽眾都很同情，但是大家都沒有力量。很多聽眾都告訴我，要我的女兒回台灣競選立法委員，有力量才能平反。我的女兒是很不喜歡政治的，除非不得已，她不愛和別人爭執。

開庭時，我一看那三個老法官，就知道是三個老油條。官司打了三十六年，我知道號稱民主的台灣仍然是由一批骯髒的人控制司法界和報社。調查局的勢力還在，多數法官都有把柄在他們手中。我從法院大樓的三樓一直罵，罵到一樓，我罵他們「土匪法官」、「土匪政

1996 年，六十七歲的楊薰春在立法院前，懸掛寫著「白道綁匪，還我父親」的布條，舉著丈夫黃學文戴著腳鐐的照片，控訴「武漢大旅社冤獄案黃學文，被白道綁架長達三十九年」。

府」。但是沒有用，我們沒有力量，惡勢力三十六年後依然存在，許多惡法官都升官發財。

我最感謝的就是幾十年來義務替我們打官司的三位律師，莫屏藩律師是中央警官學校出身的，何祚歆律師是陳華洲的律師，陳過世後，替我們夫妻辯護。二、三十年來，大小事常常請教他，據何律師告訴我，從武漢大旅社冤案後，他不再接刑事案件。還有前台灣航空公司董事長，曾擔任二次大戰後在南京審判川島芳子的軍法官，來台任律師的石美瑜。幾十年來，他們無條件地替我們辯護，自己出錢出力。我出獄後每年過節一定送一斤肉鬆去他們家，感謝他們的幫忙。在這個無情的世界，幸好還有這三個我感激一輩子的好人雪中送炭。

我今年六十七歲，官司已經打了三十六年，還沒有打完。我原以爲現在是民主時代，可以洗清冤枉，沒想到還得繼續打官司。爲了這一個莫名其妙的冤枉案件，我的一生像一場惡夢一樣。還好我的六個小孩都長大成人，每個都很乖，除了老大急著入社會賺錢不肯念大學外，其他都是大學畢業。我坐牢期間，六個孩子中的三個差點餓死，一個差點被河水沖走，神明在暗中替我保護這六個可憐的孩子，現在他們事業都很成功，家庭美滿。

武漢大旅社的官司經過蔣中正時代、蔣經國時代到現在李登輝時代，這個悲慘的事件還沒有結束。蔣中正、蔣經國和一群貪官汙吏、害死人的特務們都好死在台灣，而我和七十五歲的丈夫卻被害一生，還要隨著兒女到世界各國去流浪。

天理何在？

三十六年前，我六個三歲到十一歲的可憐孩子，爲了救我們，站在台北市中山堂前發「武漢大旅社冤案」的「呼冤書」。三十六年後的今天，我站在台北市的廣場上發傳單，希望群眾來法庭聲援無辜的我們。

我們的冤案什麼時候才會平反？

（編按：此文寫於一九九五年，黃學文返台為自己冤獄平反之際）

不想回憶的童年

／黃來藩（黃學文三子）

我姊姊秀華是老四，我是老五。我們差不到兩歲，小時很要好，也常常打架。她是我外婆養大的，日本式教育下那種凡事一板一眼的性格，講究細節，喜歡追根究柢，很煩人，坐著站著都直挺挺的，兩手擺得端端正正的，很像個小教官，也像個全副武裝、隨時要打仗的軍人，太緊張了。而我天生愛百分之百的自由，不愛人管。她總是考全校第一名，我卻常常逃學，都是班上吊車尾的名次。我在學校穿得又破又爛，常被欺負，因此不願意上學。我姊一天到晚逼我念書，而我一看到文字很多的書，就頭暈。那一群在白紙上一隻一隻爬行的黑蝌蚪，我不認得它們，它們也不認識我。我一直認爲，念太多書，沒社會經驗沒用。我這麼一講，我姊又會瞪我。我對她又愛又怕。

二十多年前她出版《武漢大旅社》時，要我回憶一些往事。因爲不快樂的童年，我就沒回應。現在年老了，知道把經驗傳給下一代很重要，我就在她的要求下勉爲其難地寫下一些回憶。

母親與父親因「武漢大旅社命案」被捕時，我才五歲。我很調皮，但身體不好，瘦瘦小小的。母親很疼我，我也吃了很多的補品和維他命，還是一天到晚拉肚子。後來父母不在了，沒人照顧，我有一餐沒一餐地亂吃東西，反而不拉肚子了。仍然瘦，但是長高了，是我們全家最高的。奇怪，我姊姊有外婆細心照顧，反而長不高。我長高後，就不和二姊打架了，因爲她打不過我。

由於父親與母親雙雙被打入黑牢，無人照顧的家產爲人所覬覦，親朋好友視我家爲畏途，避之唯恐不及，只有外婆敢伸出援手。外婆只有一份微薄的眷村糧餉，要餵飽我們幾個兄弟姊妹，誠屬不易，要照顧我們、教育我們，也有心無力，但無論如何，她還是帶著我兩個姊姊。至於我和當年還年幼的幾個兄弟，就交給叔叔與嬸嬸照管。可是他們完全沒有照顧我們，他們收取我們旅館的房租，自己花用，卻任憑我們挨餓受凍，自生自滅。

我叔叔與嬸嬸好吃懶做，每天下午五、六點，他們的狐群狗黨就會來報到，大吃大喝，而我們兄弟什麼也吃不到。他們會喧鬧到清晨三、四點才睡覺，一直睡到中午，然後出去買東西回來吃，吃完又開始午睡，一直到三、四點才起來。他們十分刻薄，也十分狡猾，我們幾個兄弟平常都穿骯髒與破舊的衣服，就像小叫化子一樣。但是當我們有機會去看守所探視父母親時，叔叔與嬸嬸都刻意讓我們梳洗乾淨，並穿上新的衣服，爸媽因此被他們蒙騙，還對他們感激涕零，並更加信任他們，這眞讓我們欲哭無淚。這些新衣服只是表演用的道具，我們一回家，就馬上被嬸嬸脫下，拿去給她自己的兒子穿。

我們的家產被占用，所以我們兄弟都擠在一個小房間內，而且睡在磨石地板上，冬天沒有好的棉被蓋，都凍壞了，經常生病，病了也沒錢去看醫生買藥，直到現在都還被一些後遺症所苦。

我六弟當時只有三歲，經常肚子餓，坐在樓梯口大哭，哭得我們兄弟都肝腸寸斷。只要六弟餓得饑腸轆轆，我就去叔叔房間門口，找他留下來的殘羹剩飯給他吃。餓得兩腿無力、兩眼直冒金星的六弟，總是狼吞虎嚥，顧不得上面的螞蟻和蟑螂。如果沒找到殘羹剩飯，我就會去新公園，穿著破爛衣服的我，跟在穿著整齊潔淨的日本觀光客後面走，他們看到我那種面黃肌瘦、楚楚可憐的模樣，就起憐憫之心，總會施捨一些吃的東西。我一拿到食物，就往家狂奔，深恐六弟餓昏過去。有時我會拖著已經餓得分不清東西南北、兩腿發軟的六弟去台北火車站，撿拾旅客沒吃完就隨便丟在地上或從車窗丟出來的食物。幼年時這些悲慘遭遇，刻骨銘心，所以長大成人、經濟情況改善之後，只要看到別人類似的情況，我們總會伸出援手，幫助那些十分窮苦的弱勢者。

我有時也會去武昌街的明星蛋糕店（二樓是台北文人雅士聚會的咖啡屋），這家白俄人開的麵包店，是蔣家與台北上流社會貴族經常光顧的地方。二〇一四年過世的詩人周夢蝶，當年就在明星門前騎樓下擺攤賣書。他經常急急忙忙地跑到我家旅館二樓去上廁所。白俄老闆娘非常仁慈，我每次一站在外面，只要她看到，總會給我一些東西，從沒讓我空手回去。若她不在，就會有一個台灣籍的女店員看店，她常常面帶怒容，把我趕走。好些年後，聽說這個女店員嫁了店內一名台灣籍麵包師傅，白俄老闆與老闆娘後來年紀大了，就把店送給他們經營。他們已經變成明星的老闆與老闆娘。後來我媽從監獄回來後，我常向她誇口，要不是我扯得下臉去向明星麵包店的老闆娘要麵包吃，老六早就餓死了。

我們幾個兄弟去學校上課，都穿破舊的衣服與鞋子，總被同學取笑，我因此就不再去上學，而到中山堂或新公園遊蕩。後來，福星國小的三年級導師陳萬得進行家庭訪問，得知我們家悲慘的遭遇與處境，從那時起，開始提供營養午餐給我，看我們住處太髒太亂，還派同學來我們家大掃除。我開始規矩地每天去上課，學業突飛猛進。升上五年級後，陳老師還特別交待蘇德興導師，繼續照顧我。我其他的兄弟，也都分別得到一些有愛心的導師的照顧與教導，因而沒有輟學。

黃學文長子黃東藩後來移民澳洲，這是 1984 年攝於雪梨的全家福照片。

我常常告訴姊姊，她們很幸運，被外婆帶到眷村養育，有吃有喝，又有外婆的良好教養，如果留在武漢大旅社，下場一定很慘。我是男孩子，我知道很多不幸的故事，常常爲那幾個被旅館內地痞流氓欺負、欺騙的小女孩感到難過。這群小女孩一輩子都活在對男人恐懼的陰影中吧！眞可憐！

我大哥因爲必須照料旅館，所以只讀到高職畢業，就不再升學。不過，他後來從事建築代銷業，賺了一些錢，移民澳洲。二哥成大畢業，開營造廠，家境不錯。大姊從關渡基督學院畢業後，在一家貿易公司擔任業務經理，結識並嫁給一名住在澳洲的英國籍客戶，現在住在澳洲。二姊秀華輔大畢業後，到美國留學，之後擔任電腦軟體工程師，她長期在美國從事台灣的民主與獨立運動，爲黃家與台灣做了一些貢獻。六弟台北工專畢業後，到加州州立大學長堤分校留學，現在在一家公司擔任電腦硬體工程師，還沒退休。

我本人文化大學畢業，原本在台灣開建設公司，後來生意不好做，就收起來。現在，過著半退休的生活。

悲慘童年的餘悸，和入社會後感到國家制度的不健全、不穩定，陷阱太多，讓我很沒安全感，遂決定全家移民到美國。移民生活不容易，寄望一雙兒女能有穩定的未來，千萬別讓子女和我們一樣，揹著莫須有罪名冤案的十字架。看著好好做著生意的父母，突然被人三更半夜綁架，還要逃亡，還要和腐敗的官司纏鬥一輩子。我不想我的兒女，過著這種不知道什麼時候雷

黃學文三子黃來藩（老五），1995年與女兒攝於台灣。

公會霹到頭頂，身家不保的生活。

希望台灣能司法改革，不要再有像「武漢大旅社冤獄案」的悲劇發生，讓無辜的兒童頓然失怙，流落街頭。在此特別謝謝曾經照顧過我的福星國小老師陳萬得和蘇德興，他們的愛心我銘記一輩子。還有，小朋友們，無論如何，要好好上學念書，不要像伯伯一樣，小時候因沒有父母照顧，常常逃學。逃學不好，雖然因爲家境不好在學校被無知的同學嘲笑，但好好念書、努力上進，才有前途。長大後讓嘲笑你們的同學們汗顏！逃學很容易變壞，逃學不好！

（編按：此文寫於二〇一六年，《武漢大旅社》再版前）

黃學文四子黃國藩（老六），1993 年與兒子攝於美國洛杉磯。

包不住的青天——姚嘉薦命案七被告喊冤的故事

／黃怡（作家，資深媒體工作者）

姚嘉薦命案的七名被告中，陳華洲是第一個去世的。在最高法院將姚案第二次發回更審的上訴程序中，陳華洲因病保外就醫，隔不久，就死在台大的病床上。陳華洲是病得相當嚴重才送出來的，那時，四年多的呼冤生活，已使他飽受精神折磨。去世前，律師何祚歆去探望他，他還啞著聲嗓說：

「我是天主教徒，但我的家庭背景是信佛，我也仍然相信輪迴和報應，請告訴我，我生時被冤枉了這麼多年，難道死後還要繼續做冤鬼嗎？」（一九八四年一月廿八日口頭訪問，王藹雲談話）

由於何祚歆是姚案其他被告的共同義務辯護律師，陳華洲逝世後，其他六人輾轉聽到這段遺言，都有愴然不能自已的感受。自從一九五九年七月十八日姚嘉薦死亡後，他們七人的命運，便因調查局的辦案方式，而被緊緊地連繫在一起。眼看熬過了第五個年頭，陳華洲就熬不下去了，那麼其他人又將如何？

今天，一九八四年開春，距陳華洲去世，已經二十年了，當年那愴然不已的六個人，只剩下五個人，而且這五個人中，還有一人精神失常。姚案從起訴到定讞，前後共十六年又九個多月，經一、二、三審，最高法院曾九次發回更審，參與審理的推事多達七十多人，所傳證人幾達二十人，而在定讞後，被告四人又鍥而不捨地提起非常上訴，非常上訴被最高法院檢察署駁回後，還準備在最近聲請再審。

這四個人究竟是爲什麼呢？

被告王藹雲和游全球，因此案被羈押了將近十七年，定讞的刑期是十五年，他們早於一九七六年九月十四日最高法院更審判決後，就辦妥交保，獲得釋放。

被告林祖簪，因此案被羈押了七年，因腸胃問題保外就醫，定讞時也判了十五年，然後於一九七九年入監繼續執行刑期四年多後，便假釋在外。

被告楊薰春（即精神失常的被告黃學文之妻），因此案被羈押了五年，定讞時判三年。

他們四人，目前的年齡是五十六到六十五歲不等，皆可算是生活差強人意，爲什麼還打算喊冤到底、絕不放棄呢？

「因爲我們是無辜的，」楊薰春在接受訪問時說：「從一九六〇年二月六日一審起訴後到今天，我們七人不曾要求減刑。如果姚嘉薦是自殺的，請判我們無罪；如果姚嘉薦是我們殺的，判我們死刑。我們不要求減刑，不要折衷，不要冤枉；我們只要求水落石出。」

（一九八四年一月廿八日口頭訪問）

直到二十四年後從頭話說姚案，這四人仍面露憂憤之色。姚嘉薦命案到底是怎麼回事呢？

二十四年・話說從頭

一九五九年七月十八日凌晨四點左右，旅客林鴻邵因爲投宿的中台旅社客滿，由女服務生李秀美陪往台北市漢口街一段八十巷十二號武漢旅社，由工友吳亮啓門引導上二樓。遠處有光線射來，看到前面白濛濛的，好像有人站著，於是來人順手開亮右側壁燈，發現二一四號房有人懸掛在門上，再仔細看看，原來是武漢旅社的姚嘉薦經理，他脖子縊在繩圈裡，已經氣絕了。他們接著便急忙通知帳房林祖簪，又喚起睡在三樓的旅社老闆黃學文及老闆娘楊薰春，林祖簪並向台北市警察局第五分局公園路派出所報案。

四點卅分，備差警員陳文中趕到現場，看到已氣絕身死的姚嘉薦，隨即守護現場，一直到當天上午，由第五分局派刑事組副組長林德等，會請台北地檢處檢察官蔡炳福及法醫葉昭渠，赴現場實施勘驗。

當時現場狀況是這樣的：二一四室位於二樓樓梯右側，房門敞開，死者姚嘉薦身穿內衣短褲，足著日式橡膠拖鞋，由一新繩結環縛門框上端，面斜右側內向，懸縊其上。死者的鑲牙一副，下墜地面；木凳一隻，向內傾倒於屍體左足前方。室內窗帘未掩，床上棉被未動，毛毯散置，香港衫掛於門側左壁掛衣鉤上，其餘如櫥櫃、桌椅、保險箱等，均尚無異狀。

勘驗人員葉法醫在姚嘉薦縊死現場搜索結果，並無發現遺書或其他遺留痕跡，乃命令拍攝現場照片十種，並測量屍首位置，發現現場門框長是二一七公分，寬是七九・五公分，屍體身高一七〇公分，足尖離地八公分。

這一切工作都完畢後，蔡檢察官命令割斷繩索，放下屍體，由葉法醫檢驗屍體各部分。第五分局又派刑警組副組長林德、隊員周宜仁、沈福榮在現場蒐集事證，分別訪問了該旅社的帳房、服務生及二樓旅客。到十一時許，蔡檢察官和葉法醫檢驗完畢，認爲是自殺縊死，推定自殺時間是上午三時許，並由檢察官當場簽發埋葬證，交由死者友人陳宗文（也是武漢旅社的股東）收埋。

以上是警方在把姚嘉薦當成一般人，以沒有偏見的辦案態度去處理現場後，所做出的「自殺」結論。但是在知道姚嘉薦是旅菲華僑後，立刻覺得「此項縊死關係重大」（台北地方法院檢察處第一七五二二號「武漢旅社經理姚嘉薦縊死案偵查報告書」），而主動進行較深入的偵查。因爲五〇、六〇年代，台灣資金短絀，爭取僑資成爲官方重要的經濟政策，華僑的身分似乎像「特等公民」，各種待遇自然也必須特殊。

華僑身分‧特殊偵查

第五分局除了將現場檢驗結果呈報，七月十八日下午又陸續傳訊了陳宗文、莊立銘、黃學文、楊薰春、林祖簪、呂再來、吳亮、溫風等八人，漏夜偵訊完畢。七月廿一日，再傳旅社服務生楊許麗玉、吳鸞珠、柯焉及劉黃蓉四人。（見北市警五分刑字第一〇六八八及一一〇八八號）

從以上的偵訊筆錄中，警方最想了解的有兩點，一、姚嘉薦生前的人際關係；二、案發當時旅館內的動靜。

第一點大致是這樣的：黃學文、楊薰春夫婦向台灣產業股份有限公司承租座落在漢口街一段八十巷十二號三層樓屋一幢，於一九五八年五月前，將二樓全部闢成旅社，叫做汀江旅社。後來，姚嘉薦經人介紹，認識了黃學文夫婦，決定夥同莊立銘和陳宗文，與黃學文合營旅社，這就是後來的武漢旅社，姚、莊、陳三人占出資的三分之二，推舉姚嘉薦任經理，黃學文夫婦有三分之一的經營權，派林祖簪為帳房。

一九五八年五月一日，合營關係開始，但不久後武漢旅社即因其前身汀江旅社的債務問題，傢俱被查封，影響到旅社的信譽及營業。當姚嘉薦依約（合營契約第十一款有謂：「……汀江旅社……未完之權利義務……如累及本合約共同營業利益時，甲方應負損失賠償之責。」）要求黃學文履行契約義務時，雙方齟齬日甚。

在一九五九年五月廿七日，姚嘉薦和陳宗文、莊立銘聯名具狀，向省警務處刑事警察大隊控告黃學文、楊薰春及林祖簪損毀、背信、侵占、竊盜。黃學文被控後，一面接受警務處直屬大隊長劉長泗的私人調解，一面卻由其妻楊薰春在六月間，向台北地檢處控告姚嘉薦侵占背信。這一來，雙方劍弩弓張，更不待言。

實際上，因為姚嘉薦在武漢旅社投下最後的一筆儲蓄，他那時的焦慮心情是可想而知的。在命案發生前，姚嘉薦接受市警局督察員邵中毅查詢時，曾說：「據黃學文自稱『台北市警察與我均熟，你去告也沒辦法。』我曾去警務處刑警大隊告黃學文，跑了兩、三次，到現在也沒有結果，我實在沒辦法了。法院和警察都辦不了，我只有到中山北路攔總統座車或自殺了。」那天是七月十六日，也就是他死前的兩天。

警方偵查到這裡，一切事證都指向姚嘉薦的死亡和黃學文之間的金錢糾紛有關，不是直接有關，就是間接有關。但是黃學文會殺人嗎？

懸賞在前・辦案在後

黃學文當時四十歲，福建長汀人，在錢財方面固有些喜歡拖拖拉拉的歷史，然而從姚嘉薦生前準備接受和解的條件看，黃對姚的債務也只有十八萬元之譜。（見劉長泗致市警局「本人調解武漢大旅社債務糾紛經過」）

姚嘉薦如是自殺，固屬離奇，因爲只聽過被債務逼得自殺，比較少聽到有人索不到債而自殺。可是姚的個人生活背景一直未被列爲偵查對象，也不能不說是本案的一大瑕疵，姚生前對這筆債權的重視，或許和他長期經商失敗及老境堪憂有關，如眞是這樣，他自殺亦不致完全不合理。

十八萬對薄有恆產的黃學文而言，依常理固然不易構成「殺人的動機」，但是黃學文究竟有沒有「殺人的事實」呢？依據第五分局查訪案發時在旅社的十二人，一點兒也找不到黃學文或其他人殺過人的蛛絲馬跡。

整個案子爲什麼後來一直朝他殺的方向發展？表面上看，是因爲姚嘉薦的兒子姚志國返台，得到僑界支持，而私底下這些僑界的後援浪潮，是有人在背後鼓動掀起的，目的呢？還是討錢。

在姚嘉薦死後，姚的內弟吳雪塵（原為調查局高雄調查站站長，因走私案被撤職）、陳玉祥以及莊立銘、陳宗文等，曾糾集打手數十人，威嚇黃學文退還股金二十餘萬元。（實則姚、陳、莊三股一共只有十五萬元）後來，姚志國和僑界的後援會，又共同懸賞十萬元的鉅額獎金，更使案情的偵辦日趨複雜。

「那時的政府可是把華僑捧上天了，」何祚歆律師說：「有些華僑，當初還不是在大陸，淪陷後他不到台灣，先去外面兜轉一圈，再回來，就成了華僑了，一切從優辦理！」（一九八四年一月卅一日口頭訪問，何祚歆談話）

菲律賓有一家中文報紙刊載了姚嘉薦命案後，老總統看了立刻下條子，上面寫著八個大字：「查明事實，從嚴偵辦。」（一九六五年第四次更審，陳思永審判長開庭時談話）姚案被告聽了，才知道他們的命運是冥冥中被安排好了。

「我想調查局是誤會了老總統的意思了，」何祚歆律師補充道：「他的意思是：先查明，後嚴辦。而這個案子，就像我在出庭時常常強調的，根本是有嚴辦而無查明，並且不先查明就已經嚴辦了！」（見前引，何祚歆談話）

始而嚴辦．終未查明

姚志國是七月廿八日由菲抵台的，廿九日下午四時，報請檢察官由第五分局刑事局員及副組長陪往覆驗。七月卅一日下午六時，死者親屬將屍體移往司法行政部調查局體檢室，第五分局派刑警組副組長林德，陪同台北地檢處蔡炳福檢察官及葉昭渠法醫解剖屍體，在場的有死者親友代表陳孟敏、姚貽煎、僑委會吳柏珍、朱文模及警備總部冉耀宗、調查局甘副處長青山、法醫室科長蕭道應，由法醫施行割取內臟，蕭科長攜回化驗鑑定。

八月三日下午，蔡檢察官又會同司法行政部調查局及第五分局，再勘現場，取去縊死用的繩索一根。

八月、九月、十月、十一月過去了，拿去化驗鑑定的內臟絲毫沒下落，而到十二月八日深夜，行動開始了，四、五十名特勤人員進入武漢旅社，逮捕了八名相關人員。

據七名被告之一游全球回憶，整個被捕經過是這樣的：

「那是民國四十八年十二月八日，大約十點鐘左右，我已經快要睡覺了，突然有兩個人跑進來，問說：你是什麼人？叫什麼名字？身分證拿出我看看！給他看了以後，他說，好，你到樓下來，那時武漢旅社門口已經擺了好幾部車子，我一上車，眼睛就被蒙起來了，開、開，開了大約個把鐘頭，到了一個地方，我下車還是他們抱我下車的，進了屋子，蒙的布才拿開，調查局的專員王琪就問我，剛才在旅館，你叫些什麼？我說，我叫，我當然叫，我又沒犯法，我叫什麼？還沒講完，王琪的手就過來了，一摑兩個耳光。

我說你怎麼打人呢？王琪說，我怎麼不打人？你知道這是什麼地方？這是司法行政部調查局。我說，這是調查局？我又不是共產黨，我是恨共產黨才到台灣來的。王琪說，你是殺人犯。我說我殺了誰了？他說姚嘉薦。我說，你們治安單位不是辦了案，說是自殺的嗎？他說不是，是你們殺的。我說，是我們殺的？憑你們說的就是我們殺的嗎？

王琪說，你殺他幹什麼？我說，我沒有殺他幹什麼。王琪說，你幫黃學文幹什麼？我說，我幫黃學文殺人幹什麼？對不對？我今年三十八歲了，我會隨便幫人殺人嗎？他們就不管了，把我拉出去。

那天晚上就有四個人，兩人是打手，一人問，一人筆錄。他問我姓名後，又問我有沒有成家立業，我說，沒有，我是阿兵哥來的。他問我，你們爲什麼參與殺人呢？我說我怎麼會參與殺人？姚嘉薦？姚嘉薦他不是自殺的嗎？他說，不是你們謀殺的？我說，我們謀殺他幹什麼？好，從那時就開始用刑，打啦，開始都是用打的。

打了以後，第二天晚上，就用兩百燭光照眼睛，一邊打耳光，一邊照眼睛，那種難受勁兒，唉，一邊流眼淚，一邊受光照，眼睛就像刀割一樣難受。

第三、四天以後，就更難受了，他們拿鹽水給我喝，喝了以後，就不再給喝水了。不喝鹽水也不行，不喝他揍你。然後持續三、四天，不給喝白開水的時候，我渴得難過，要水喝。他們說，要喝就得承認殺姚嘉薦。我說，我承認好了，就我一個人殺的。他們說，不行，有很多人殺的。我說，你要我承認，我當然就說我一個人殺的。他們說，不行，不只你一個人。我說，不只我一個人到底是哪幾個？我都沒看到，是不是沒到齊？他們說，都是你們旅社那幾個。我說，我們旅社有兩百多人，是那兩百多個嗎？他們說，譬如林祖簪啦……。我說，就是林祖簪和我兩個嗎？他們說，還不止呢，還有其他人，好，游全球，你不要以爲你骨頭硬，你慢慢就會講的。我說，這不是骨頭硬不硬的問題，你既然要我承認，總要告訴我是承認哪幾個人吧？

然後又換了地方，這下子又更厲害了，把我衣服剝得光光的，十二月天，就開著電風扇吹；還把電話線綁在兩個大拇指，線繞在脖子上，他通一下電，我人就振跳一次，這樣整法；或者拿鬃刷子在光腳上刷刷。我眞受不了，於是我說，你要我承認，可以，但是一定要告訴我有幾個人殺，很多人殺？很多人是幾個？七個？八個？九個？如何殺法？不然我只能承認我一個人殺的。他們說，你一個人不可能殺。我說，如果我一個人不可能殺，我就沒有殺人。

好了，接著就是讓我仰躺在一條板凳上，鼻子上捂一塊濕毛巾，把辣椒水一滴一滴，滲過濕毛巾，滴進鼻子裡去。我後來聽別人說，還有一種刑，是把豬鬃插進尿道中，不過我沒受過這種刑。

我從八號被打到廿四號，爲什麼我知道是廿四號，那天他們休假，其中一人說，媽的個屄，游全球，就是爲了你們，害得我們不能過Christmas。八號那天起，我幾乎就沒有睡過，他們四個人一組，六小時換一班，把我整得慘兮兮的。

廿四號那天，他們突然說，你既然沒殺人，可以交保，就叫來幾個菜在裡面吃。我因爲十幾天沒睡，加上喝了點酒，被關在警衛室中，半躺半睡，感覺身體好像飄著一樣，迷迷糊糊的，到了夜裡一、兩點，又忽地把我搖醒，然後帶我去看姚嘉薦屍體的幻燈片，跟我說姚嘉薦找我，我說，我又沒做虧心事，爲什麼他要找我？他們要我跪下，我說，我爲什麼要跪他，他又不是我殺的，但他們還是逼我跪。

他們說，我不承認也要蓋章，我說，我不承認當然不蓋章，他們便一個人抓起我的手蓋章，一個人照相，等抓到我的手往自白書蓋上的那一剎那，抓的人閃到一邊，照的人就照下了我單獨在蓋自白書的鏡頭。

我在調查局待了五十天，只有第三天唐錦黃檢察官來過一次，我說，報告檢察官，我是冤枉的，他說，好，你是冤枉的，問了一點筆錄就走了。

移到看守所後，唐檢察官來偵訊，我又說，報告檢察官，我冤枉，調查局的王琪馬上當著檢察官面前揍我，而且破口大罵：他媽的王八蛋，叫你不要翻供你偏要翻供。我說我冤枉怎麼不講。王琪就跟唐檢察官說，一切照以前寫就是了，寫完，他要我蓋章，我不蓋，他又打，說，你非蓋不可。不得已，我只好蓋。

蓋下之後，檢察官就回去了，我也被還押看守所，那時調查局的人員一分鐘也沒離開，第二天，又把我押回調查局，又整整一個月。一回去就打，他們說，王八蛋你，你還翻供。我在調查局總共八十天，到正式公開審判的前幾天，他們才把起訴書給我。」（一九八四年一月卅一日錄音訪問，游全球談話）

羈押期間．刑上加刑

姚嘉薦命案是一九六〇年三月二日公開審判的，因此游全球並沒有誇張。不但是游全球，其他六名被告的情形也大同小異，除了七十多歲的張聰明因年老體衰，在第一次移送看守所交保候訊外（一九六〇年一月廿七日，中央日報四版），黃學文、林祖簪、吳亮、王藹雲、陳華洲、楊薫春也羈押了將近八十天。

這八十天，是充滿了疑問的八十天。

疑問一：既是執行羈押，爲什麼沒有將被告解送到看守所？（刑事訴訟法第一〇三條一項）可見一九五九年十二月八日午夜到一九六〇年一月廿六日下午四時半的五十天羈押是非法的。

疑問二：訊問被告，爲何不「予以辯明犯罪嫌疑之機會」（第九六條）？爲何拒絕被告對質（第九七條一項）？爲何用強暴、脅迫及其他不正當之方法訊問被告（第九八條）？

疑問三：爲何不給被告合法的就審期間？依法（第二七二條）他們應有七天的就審期間，爲何他們只有四天？他們如何委任律師？如何從容準備辯護？

游全球今年已經六十三歲了（編按：一九八四年），他用他那福建長汀的口音，講述八十天的羈押經過，話到刑訊慘酷處，臉上還隱隱透出驚悸的神色。在將近十七年的羈押生活中，他獨居了十六年，這是他主動要求的，因爲他受的刺激太深，環境中稍有一點不寧靜，他就精神不安。

楊薫春是被告中唯一的女性，當年三十二歲，也逃不過打的份兒，打完就疲勞訊問，「我昏過去的時候，他們才讓我休息。」她說：「他們告訴我，不寫自白書就不能回去，我因爲有六個孩子沒人照顧，就答應寫，可是我受日本教育，根本不大會中文，他們就答應寫好給我抄，我前後抄了好幾遍，都是他們拿回去開會，大概覺得不太對，又把舊的拿回來撕掉，

給我新的抄。」（一九八四年一月廿八日口頭訪問，楊薰春談話）

現年六十五歲的林祖簪，廣東蕉嶺人，也曾提到這一段：「我一進去，他們就問我，林祖簪，姚嘉薦是怎麼死的？我說，是自殺死的。王琪馬上就對我拳打腳踢，罵我胡說八道。你想想，一進去，也沒有案子，也沒有問什麼詳細的東西，就動手打人，像江洋大盜一樣。」（一九八四年一月卅一日錄音訪問，林祖簪談話）

在刑訊黃學文時，更是「……將衣服脫光，逼跪碎石磚上，用勁不斷鞭打，或將四肢綁於籐椅上，在手腳之十指叉中，插入筆桿竹根，緊扣手腳，痛徹肺腑，猶不釋手，以致失卻知覺，儼若死人者幾次，在此幾次中，均由調查局法醫蕭道應注射藥劑，始復甦醒，後又繼續其慘無人道之摧殘，似此不斷刑求之下，達二十天之久，再將全身綁於椅上，用強烈燈光對眼猛射……無所不用其極。」（一九六〇年六月十一日「黃學文、楊薰春子女呼冤書」）

一九八〇年十一月三日病逝於榮民總醫院的被告之一吳亮，安徽宿縣人，死時只有五十三歲，被刑訊時是三十三歲。他在逝世前半年，曾寫了封信給林祖簪，中間有這麼一段：

從五月十五日病情惡化，迄今十二天，未能躺著睡了，全靠躺椅上，終日心慌，氣急大汗不止，心臟衰竭，已到了穿衣入廁、刷牙洗臉無法自理的地步，這樣煎熬，不知還得多時？眞是生不如死。

如此痛苦，我想起在調查局被刑傷的事，有一殺千刀的打手，高瘦個子，穿件海軍夾克，操浙江口音，逼我在預先擬妥口供上加蓋指紋，我不從，被毆，在一氣之下，將口供撕掉。

這時那打手過來，一手推我靠在牆上，朝我胸部猛擊數拳，並說：「你有種挨得下，數年後你就知道！」

果然在台北看守所羈押第七年，開始胸部悶痛，痰中帶血，而拖到第九年才保外就醫，已造成肺部大量吐血。在一九七三年至一九七六年間，我在榮總有十四次住院紀錄，另外，又曾送往榮總急診處做過三十三次急救。（一九八〇年五月十七日吳亮信件）

一具屍體・兩種鑑定

緊接著調查局的偵訊，就是起訴，起訴書中採用了蕭道應法醫在調查局所做的鑑定，認為姚嘉薦是他殺，理由有五項：

一、姚屍之心臟內血液、肝、腎、脾、腦、腹部肌肉、尿水等，化驗證明有巴拉松毒物存在。
二、其巴拉松毒物係生前由左上腹以注射方式注入。
三、內臟變化如肺臟內及支氣管內有分泌物堵塞情形，頗符合巴拉松中毒所見。
四、頸部及頭部有紋壓現象。
五、索溝所見與死後吊上之現象頗為符合。（四十九年鑑卯字第六二五號「司法行政部調查局鑑定書」）

蕭道應的化驗鑑定，獲得台大農學院教授陳玉麟的支持，但法醫葉昭渠曾表示強烈的反對意見，他說，巴拉松中毒特殊的徵象有：

一、明顯之瞳孔縮小。
二、巴拉松進入人體部位有特有之有機磷劑臭味。
三、注射部位留有多量巴拉松乳劑。
四、口腔附有有機磷臭之泡沫液或嘔吐物。
五、眼球、眼瞼結膜及內臟漿膜下常發現溢血點。
六、實質臟器之變性變化，時有現出血象，也可嗅出巴拉松臭味。

而他所鑑定的姚嘉薦屍體：一、依外表及解剖所見，係生前縊死之現象；二、並無可以致死之病症；三、並無可致死之外傷；四、並無可以致暈迷之外傷，亦無抵抗外傷；五、並無藥物中毒之現象。所以他認爲是自殺。

葉昭渠法醫還指出調查局及台大農學院毒物化驗方法及判斷之錯誤。

一、調查局毒物化驗部分：

(1) Indophenol呈色反應係應用於藥品管理爲對象之方法，因很多內臟內之物質及藥品等亦可能發現與巴拉松同樣之類似反應，因此同時須以Spectrum檢驗其吸收帶及探討酵素學的性質證明有機磷後始能決定是否有巴拉松存在（見《日本法醫學雜誌》八卷三號一八五頁及十卷六號六五八頁、十一卷四號四六〇頁），按調查局所引用之文獻內亦有記載此法非絕對的以光電比色計或分光光度計而測定吸收度。該毒物化驗並未考慮此點，故不能確認有巴拉松之存在。

(2) 檢驗內臟是否含有巴拉松，肝及腎須在二十天以內，尿水須在十天以內，腦須在五日以內，逾此期間，即不能驗出，心、肝、胰等按現代科學方法甚難驗出，血液內是否有巴拉松，如在流動狀態以外，亦不能驗出。本案調查局化驗巴拉松之時間，遠在有效化驗期間以外，死者之腦已溶化，血液已凝固，依據學理均已不能化驗出巴拉松，何能於死者肝、脾、腎、腦、尿水、血液等，均能驗出有巴拉松之理（見《日本法醫學雜誌》八卷三號一八六頁、同九卷三號一七九頁）。按上列二項學理，係依據日本熊本大學法醫學教授兼醫學部長世良完介所發表〈關於農藥有機磷劑之法醫學的研究〉一文所提出，該篇論文於一九五九年曾得到日本法醫學會最高獎。

(3) 調查局對姚屍鑑定書內曾謂「先將姚屍僅有四十八c.c.之胃及十二指腸液合併作毒物之系統化驗」，是則該四十八c.c.之胃及十二指腸液如確已合併作毒物系統化驗後當已無餘液，而該鑑定書內檢查巴拉松項內，又謂「姚屍之胃及十二指腸液內，並未發現有何巴拉松反應」，不知此項檢驗所需之胃液從何而來？不無疑竇。

(4)台大農學院最初曾與調查局同樣以 Indophenol 呈色反應方法化驗，結果並未發現有巴拉松之反應，則調查局鑑定書所謂用 Indophenol 方法化驗又何能發現有巴拉松反應。依上述理由，該化驗均係判斷錯誤，不能謂有巴拉松存在。

二、台大農學院毒物化驗部分：

(1) Diazo 法之呈色反應中，除腦汁呈陽性反應外，其他內臟則均呈陰性反應。依儲藏時間判斷，腦早已腐敗，如有陽性反應，則尚有未腐敗之腎，當更有陽性反應，其化驗結果，應有陽性反應者，反呈陰性反應，其應呈陰性反應者，反呈陽性反應，其不正確當可想見，又 Diazo 法呈色後有色部分以 Benzol 及 Amyl alkohol 之等量混合液轉溶之，轉溶後之呈色部分仍以 Spectrum 確認之（《日本法醫學雜誌》十卷六號六五八頁），但農學院並無作此試驗，實不能確定爲巴拉松。

(2)用 Paper chromatography 法顯色其斑點之出現，臟器自身或其他物質均可發現同樣反應，因此須要固定RH值，有時尚以紫外線鑑別其螢光或以作圖法消去類似呈色物始能鑑別，而本案在化驗時雖曾使用正常豬之腎臟作空白對照試驗，但無使用既知之巴拉松作對照試驗，故無法固定RH值，因此不能立即決定有巴拉松之存在。（見《日本法醫學雜誌》八卷三號一八六頁，同十三卷三號三二七頁）

事後調查局蕭法醫雖對新聞界發表謂台大農學院用色析法檢驗姚屍內臟時，曾用標準巴拉松樣品從事對比試驗，但遍閱台大農學院化驗報告書內，並無此項記載，查化驗毒物所採用之化驗方法，應一一記載於化驗報告書內，殊難以空口辯稱作爲憑據。

(3) 前項方法既係藥局管理及以食物爲對象之化驗方法，如不用對照試驗法，固不能單純適用於屍體內臟之化驗，且姚屍七月卅一日解剖，九月十九日送到農學院，至九月廿三日第一次化驗，十月二日第二次化驗，既已逾出有效化驗期間，而謂其腦脾仍呈陽性反應，殊值懷疑。

(4) Indophenol 法、Diazo 化法等之敏感度均係二，可謂極度敏感，因此如 Paper chromatography（五）法等能驗出者，則 Indophenol 法及 Diazo 化法亦應可驗出。

基於上述理由，本化驗係判斷錯誤，實不能謂有巴拉松存在。

除此之外，葉昭渠法醫又講了一些意味深長的話：

法醫學術，不僅學理深奧，且不若其他學科之普及，故設非受有專門教育，特殊訓練，豐富之實際勘驗經驗，並具有不斷進修與研究之精神者，實難以勝任或理解。尤以社會科學，見仁見智，固各有說，但自然科學雖不乏因時代之進步而有後說否定前說之事實，不過自然科學之學理，一經試驗成立，殊鮮有分歧現象。

本人自接受法醫專科教育後，從事法醫工作垂廿餘年，檢驗屍體凡三千餘具，其中驗出巴拉松中毒致死者，不下卅起，且對中外法醫學之最新專門論著，無不經常研讀闡述，雖不敢自詡有所成就，然躬省對姚屍之檢驗報告，尚無謬誤之處，亟願隨時接受國內外法醫裁判學家之指正賜教。（一九六〇年，〈關於姚嘉薦命案鑑定學理之探討〉）

兩位鑑定姚嘉薦死於巴拉松中毒的所謂「專家」，陳玉麟根本沒有醫學經驗，且在法庭公然有「對於法醫學我是外行」的自承；而蕭道應雖是台北帝國大學醫學部畢業，也擔任過廣東省陸軍總醫院醫官，卻有長時間在從事黨工活動，沒有受過一天正式的法醫訓練。

因此照理說，葉昭渠法醫的鑑定應受到格外的重視，可是從一九六〇年第一次開審到

姚案鑑定相反理論
兩名法醫應傳
今在公庭說明
地院今整日開調查庭

【本報訊】轟動海內外的本市武漢大旅社經理姚嘉荐命案，台北地方法院刑庭庭長曾德成，定於今日上午九時在該院第三法庭再次開庭調查，除揭擧本案兇嫌黃學文、陳蕙洲等七人外，並傳訊警務處法醫葉昭渠，及司法行政部調查局法醫蕭道應出庭，說明對姚嘉荐屍之鑑定經過，葉法醫被指定於上午出庭，蕭法醫則被指定於下午出庭。

據悉：葉、蕭二法醫，均已備好各項資料，將於今日分別向法庭提出，俾各自為其鑑定證據及推斷說明所根據之理論，因兩人對姚屍之鑑定，形成兩種極端相反的結果，葉法醫認定姚為自殺，蕭法醫則認定姚之被殺係他殺，而姚案之破獲，係根據蕭法醫的鑑定之結果。

蕭法醫與葉法醫，同為本省有數的權威法醫，在民國廿餘年間，日據時代日人在本省帝大所設的法醫學系，蕭法醫出任講師及主任，葉法醫則任助教，故兩人同事，共研法醫學，俱有深厚淵源。而姚嘉荐命案，兩人先後對姚屍的鑑定，却生極端不同的結果，而打起對台來了。

據關係人士透露：蕭道應法醫對其檢驗姚屍，認定其為他殺，將不顧與葉法醫的同事友誼，堅定其所鑑定的結論。蕭法醫已擬定一份說明書，於今日呈交法庭，說明其對姚屍的鑑定而無錯誤。在該說明書上，蕭道應對本案而與葉法醫對立，表示遺憾。但謂：本案關係重大，他不能不為他的鑑定而負責。蕭道應對本案黃學文等被告延聘律師石奕瑜等，前次開庭時對他所作的鑑定書加以非議各節，並將逐一反駁。

豪華旅客駐松山
船不留人病留人
急性胃病行不得也

【基隆訊】瑞典郵輪「孔訓」號抵基後，有一位六十五歲的旅客，因患急性胃潰瘍，送松山台灣療養院治療。

昨日上午十一時許，一位六十五歲的旅客SRORENCE ARESNMBER，突患胃潰瘍疾病，經有關單位即派救護車送往台北松山台灣療養院治療。「孔訓」號離華時，這位患病的旅客未能隨船去日本遊覽，將於病癒後再行離台。

1960 年 3 月 16 日《聯合報》報導，法醫葉昭渠、蕭道應在法庭說明鑑定證據及推斷的消息。

定讞，法院都採用相反的鑑定。葉法醫所得到唯一意外的「指正賜教」，是來自姚志國，一九六〇年十月，姚控告葉涉嫌瀆職、僞造文書、僞證及黃學文涉嫌行賄。

檢察官偵查結果，裁定不起訴處分（五十八年不字第六〇九號，台灣台北地方法院檢察官不起訴處分書），姚志國以華僑身分的無往不利，終於碰了釘子。

殺人犯與匪諜之抉擇

一九六〇年三月二日姚嘉薦命案開庭後，除陳華洲外，全部被告都翻供了，而且當庭控訴刑求。

陳華洲和黃學文同鄉，是福建長汀人，當時五十四歲，任教於台大，是化工系系主任。陳華洲在庭上承認曾以農藥巴拉松十餘毫升及橡膠手套兩副，交給黃學文使用，黃學文說要拿去殺蟲。陳華洲又說，黃學文離去時，還搖了搖藥瓶說：「這個姚老頭太可惡，一定要幹掉他！」（一九六〇年三月四日，聯合報三版）

這些話在歷年歷次審判，都被採爲最重要的證詞，儘管陳華洲後來一直否認，說是在逼得走投無路時才照吩咐講的。

「陳華洲死的前一天，我去看他，」何祚歆律師說：「他還說，我這一輩子沒看過巴拉松，沒研究過巴拉松，沒想到卻被巴拉松害得那麼苦！」（一九八四年一月卅一日口頭訪問，何祚歆談話）

何祚歆律師回憶道，當年他為了辦這案子，曾花了五、六個月研究巴拉松，調查局在移送給法院的書面文件中，一直誤指陳華洲是台大農化系主任，這是因為巴拉松不能隨便買到，而事實上，農化系實驗室確有巴拉松，但化工系實驗室自從成立後就沒有進過巴拉松，負責採買的人也到庭作過證。陳華洲是化工系主任，根本接觸不到巴拉松。（同前引，何祚歆談話）

在調查局移送的黃學文口供中，有一段說：「陳華洲供給巴拉松農藥時，曾囑此農藥有劇毒，使用時應帶手套，以免觸及皮膚。」而事實上，巴拉松的原液根本不會刺激皮膚。（同前引，呼冤書）

而且，蕭道應法醫對巴拉松有無反應所做的三種試驗中（一般反應、敏感反應、遲鈍反應），只有遲鈍反應有「疑陽」（一＋）反應。「法院以此為最後的審判證據，我認為太草率，」何祚歆律師表示：「從此以後，我再也不接任何刑事案子了，我對中國的法官失去了信心。」（同前引）

關於陳華洲為何在一審承認交給巴拉松，還有一段內幕。「我們後來碰到陳華洲，他告訴我們，在案發前幾年，他曾經從警總保過一個學生，也姓陳，後來投匪了，調查局拿這事威脅他，說他如果當庭不承認巴拉松的事，以後要以匪諜辦他！」游全球說。（一九八四年一月卅一日錄音訪問，游全球談話）

一直到陳華洲去世，還是以共同殺人罪被判無期徒刑。承認巴拉松對他的自由並沒有什麼大幫助，可是在他的價值天秤上，顯然做個「殺人犯」還是比做個「匪諜」要安全些。

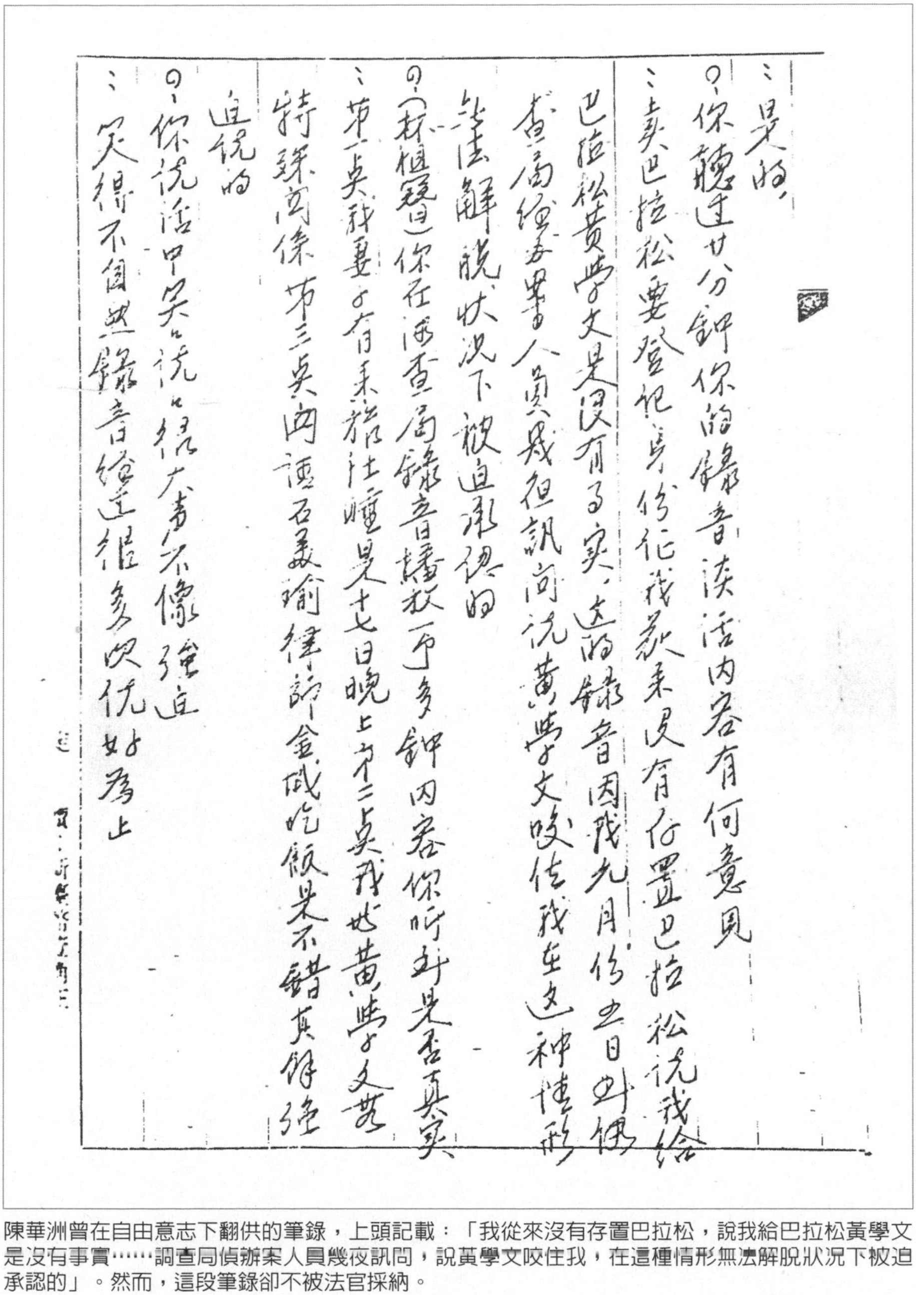

：是的，
○：你聽這廿分鐘你的錄音談話內容有何意見
：其巴拉松要登記身份他我從來沒有存置巴拉松說我給
巴拉松黃學文是沒有事實，這個錄音因我九月份廿日到偵
查局偵辦案人員幾夜訊問說黃學文咬住我在這種情形
無法解脫狀況下被迫承認的
○：(林檢察官)你在調查局錄音播放了多分鐘內容你所知是否真實
：第一點我要有來搭往嗹是七十七日晚上第二點我與黃學文甚
特殊的關係第三點內這石姜瑜律師金城吃飯是不錯真的強
迫說的
○：你說話中笑說說很大聲不像強迫
：笑得不自然錄音從很多次說好為止

陳華洲曾在自由意志下翻供的筆錄，上頭記載：「我從來沒有存置巴拉松，說我給巴拉松黃學文是沒有事實……調查局偵辦案人員幾夜訊問，說黃學文咬住我，在這種情形無法解脫狀況下被迫承認的」。然而，這段筆錄卻不被法官採納。

判決理由·洋洋灑灑

姚嘉薦命案自從鑑定他殺和巴拉松的證詞出現後，大有一瀉千里之勢，到一九六〇年三月廿四日，法院宣布判決：黃學文、林祖簪、游全球、王藹雲，共同殺人罪，死刑，褫奪公權終身；吳亮、陳華洲，共同殺人罪，無期徒刑，褫奪公權終身；楊薰春，共同殺人及偽造文書，有期徒刑十六年，褫奪公權十年。法院判決理由是這樣寫的：

本件被告黃學文於四十五年間，以其妻楊薰春名義，與被告陳華洲及案外人張聰明合作，由楊薰春出名，向台產公司租得台產大樓，經營武漢旅社。

及其所投資之款，係由陳華洲出具支票，向陳德深借來，嗣以陳德深迫債甚急，極欲再行招股，始經柯賢習、柯炤之介紹，以楊薰春名義，與歸國華僑姚嘉薦合作。

嗣又與楊薰春共謀私刻姚嘉薦印章，另行偽造楊薰春、姚嘉薦合作契約，將取得姚嘉薦所交資金中之十萬元予陳華洲償債後，即不履行合約，且從中阻撓，拆換旅社太平門，縱容三樓公寓住客使用旅社浴室，指使旅社住客不付房金，並與被告楊薰春唆使被告林祖簪盜取姚嘉薦保管之帳簿，將旅社收入自行扣抵租金，致雙方提起訴訟。種種糾紛，以致引起對姚嘉薦之異常嫉恨。

在先，被告楊薰春被台產公司訴請返還台產大樓，在地方法院提出前項偽造之合作契約，獲得勝訴，及至四十八年七月十六日上午，姚嘉薦到台灣高等法院作證，乃指明其夫婦僞造文書，將陷彼等身敗名裂，因起殺機，即於當日下午四時許，前往陳華洲處，告知姚嘉薦在高院作證情形，陳華洲亦不願姚嘉薦生存，遂與之共謀殺死姚嘉薦，並予以毒藥巴拉松。

同月十七日上午九時許，復召集被告林祖簪、游全球、王藹雲、吳亮共同參加，及決定殺害時間、分配殺害工作後，再囑林祖簪購買麻繩。

當日上午十時，又赴陳華洲處，告知殺害姚嘉薦布置情形，陳華洲並給予膠質手套兩副，於返家途中，復購得棉質手套二副帶回。又囑由被告林祖簪購買酒菜，準備於十八日凌晨在二一八號房間飲酒壯膽。

以及於飲酒後，分配手套進入姚嘉薦臥房，由其與林祖簪、游全球、王藹雲同時動手，吳亮在外把風。由王藹雲在腹部注射巴拉松，約二十分鐘後，將姚嘉薦屍體懸吊，僞裝自殺。

上面這段是黃學文部分的判決理由，以後每次的判決書，都以此爲大綱，只有些微的變更情節。

這個「殺人故事」，乍看之下，似乎振振有詞，其實是漏洞百出。

人證物證．付諸闕如

先談人證，除了姚案的六名所謂「兇嫌」（陳華洲不在場）以外，沒有一個人能夠證明

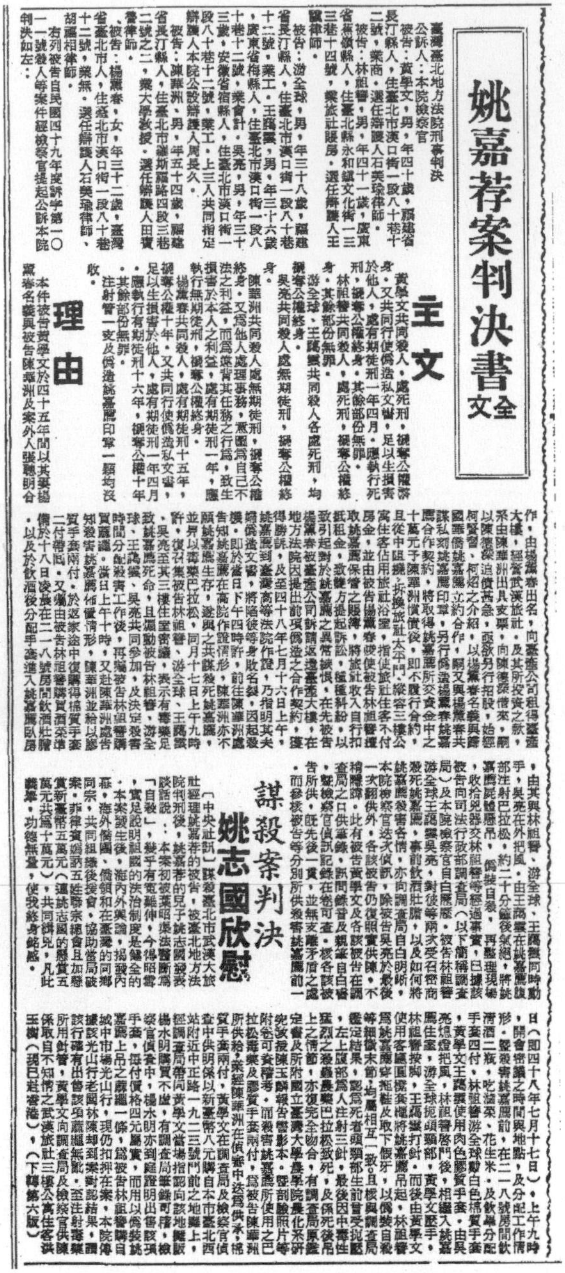

姚嘉荐案判決書全文

臺灣臺北地方法院刑事判決

公訴人：本院檢察官

被告：黃學文，男，年四十歲，福建省長汀縣人，住臺北市漢口街一段八十巷十二號，業商。選任辯護人石美瑜律師。

被告：林祖簪，男，年四十一歲，廣東省蕉嶺縣人，住臺北縣永和鎮文化街一三三巷十四號，業旅社賬房。選任辯護人王賢律師。

被告：游全球，男，年三十八歲，福建省長汀縣人，住臺北市漢口街一段八十巷十二號，業工。王鶴霖，男，年三十六歲，廣東省梅縣人，住臺北市漢口街一段八十巷十二號，業會計。吳亮，男，年三十三歲，安徽省宿縣人，住臺北市漢口街一段八十巷十二號，業工。上三人共同指定辯護人本院公設辯護人周長久。

被告：陳華洲，男，年五十四歲，福建省長汀縣人，住臺北市羅斯福路四段三巷二號之二，業大學教授。選任辯護人田寶營律師。

被告：楊叢春，女，年三十二歲，臺灣省臺北市人，住臺北市漢口街一段八十巷十二號，業無。選任辯護人石美瑜律師、胡福相律師。

右列被告自民國四十九年度訴字第一〇一一號殺人等案件經檢察官提起公訴本院判決如左：

主文

黃學文共同殺人，處死刑，褫奪公權終身。又共同行使偽造私文書，足以生損害於他人，處有期徒刑一年四月。應執行死刑，褫奪公權終身。其餘部份無罪。

林祖簪共同殺人，處死刑，褫奪公權終身。其餘部份無罪。

游全球、王鶴霖共同殺人各處死刑，均褫奪公權終身。

吳亮共同殺人處無期徒刑，褫奪公權終身。

陳華洲共同殺人處無期徒刑，褫奪公權終身。又為他人處理事務，意圖為自己不法之利益，而為違背其任務之行為，致生損害於本人之利益，處有期徒刑一年，應執行無期徒刑，褫奪公權終身。

楊叢春共同殺人，處有期徒刑十五年，褫奪公權十年。又共同行使偽造私文書，足以生損害於他人，處有期徒刑一年四月。應執行有期徒刑十六年，褫奪公權十年。其餘部份無罪。

注射管一支及偽造姚嘉薦印章一顆均沒收。

理由

本件被告黃學文於四十五年間以其妻楊叢春名義與被告陳華洲及案外人張聽明合作，由楊叢春出名，向臺產公司租得臺產大樓，經營武漢旅社，及其所投資之款，系由陳華洲出具支票，向陳德榮借來，嗣以陳德榮追償甚急，亟欲另行招股，始經柯賢晉、柯紹之介紹，以楊叢春名義與韓國華僑姚嘉薦立約合作，嗣又與楊叢春共謀私刻姚嘉薦印章，另行偽造楊叢春姚嘉薦合作契約，將取得姚嘉薦所交資金中之十萬元予陳華洲償債後，即不履行合約，且從中阻撓，拆換旅社太平門，縱容三樓公寓住客佔用旅社浴室，指使旅社住客不付房金，並由被告楊叢春唆使被告林祖簪擅取姚嘉薦保管之賬簿，將旅社收入自行扣抵租金，致雙方提起訴訟，種種糾紛，以致引起對於姚嘉薦之異常憤恨，在先被告楊叢春被臺產公司訴請返還臺產大樓，在地方法院因提出前項偽造之合作契約，獲得勝訴，及至四十八年七月十六日上午，姚嘉薦到臺灣高等法院作證，乃指明其夫婦偽造文書，將陷彼等身敗名裂，因起殺機。即於當日下午四時許，前往陳華洲處告知姚嘉薦在高院作證情形，陳華洲亦不願姚嘉薦生存，遂與之共謀殺死姚嘉薦，並畀以毒藥巴拉松，同月十七日上午九時許，復召集被告林祖簪、游全球、王鶴霖、吳亮至其三樓住室密議，表示有毒藥足致姚嘉薦死命，且囑被告林祖簪、游全球、王鶴霖、吳亮共同參加，及決定殺害時間、分配工作後，再囑被告林祖簪購買麻繩。當日上午十時，又赴陳華洲處告知殺害姚嘉薦情形，陳華洲並給以膠質手套兩付。於返家途中復購得棉質手套二付帶回。又囑由被告林祖簪購買酒菜準備於十八日凌晨在二一八號房間飲酒壯膽。以及於飲酒後分配手套進入姚嘉薦臥房，由其與林祖簪、游全球、王鶴霖同時動手，吳亮在外把風。由王鶴霖在姚嘉薦腹部注射巴拉松，約二十分鐘後氣絕，將姚嘉薦屍體懸吊，偽裝自殺，再整理現場，收拾兇器交林祖簪等經過事實，已據該被告向司法行政部調查局（以下簡稱調查局）及本院檢察官自白歷歷。被告林祖簪游全球王鶴霖吳亮，對彼等兩次受召密商殺死姚嘉薦，事前飲酒壯膽，以及如何將姚嘉薦殺害情形，亦向調查局自白明晰，本院檢察官迭次偵訊，除被告吳亮於最後一次翻供外，各該被告仍復照實供陳，不稍隱諱。此有被告黃學文及各該被告在調查局之口供筆錄、訊問錄音及親筆自白書。暨檢察官偵訊記錄在卷可查。核各該被告所供，既先後一貫，並無支離矛盾之處。而參核被告等分別所供殺害姚嘉薦前一日（即四十八年七月十七日）上午九時，開會密議之時間與地點，及分配工作情形。暨殺害姚嘉薦前，在二一八號房間飲清酒二瓶，吃滷菜、花生米，及飲畢分配手套四付，林祖簪游全球戴白色棉質手套，黃學文王鶴霖使用肉色膠質手套，由吳亮熄燈，把風，林祖簪啟門後，相繼入姚嘉薦住室，游全球扼頸部，黃學文壓手，林祖簪按腳，王鶴霖打針，而後由黃學文使用客廳圓櫈墊腳將姚嘉薦吊起，由林祖簪為姚嘉薦穿拖鞋及取下假牙，以偽裝自殺等細微末節，均屬相互一致。且核與調查局鑑定結果，認為死者頭頸部生前曾受扼壓，左上臂部為人注射三針，最後因中毒性猛烈之巴拉松農藥致死，及係死後吊上之情節，亦復完全吻合，有調查局原鑑定書及所附國立臺灣大學農學院農化系研究所教授陳玉麟報告書影本。暨剖驗照片等附卷可資稽考。而殺害姚嘉薦所使用之巴拉松毒藥及膠質手套兩付，為被告陳華洲所供給，業經陳華洲在偵審中迭為供承，棉質手套兩付，黃學文在調查局及檢察官偵查中供明係以新臺幣八元購自本市臺北西站附近中正路一九二三號門前之地攤上，經調查局帶同黃學文當場指認向該地攤販楊水明購買不虛，有調查局筆錄可稽，檢察官偵查中，楊水明亦到庭證明出售該項手套，每付價格四元，屬實，而用以偽裝姚嘉薦上吊之麻繩一條，為被告林祖簪購自城中市場光山行，現仍扣押在案，本院傳據該光山行老闆林陳却到案對認結果，該行確有出售該項麻繩無訛。至注射毒藥所用針管，黃學文向調查局及檢察官供陳係取自不知情之武漢旅社三樓公寓住客洪玉樹（現已赴香港），

（下轉第六版）

謀殺案判決 姚志國欣慰

〔中央社訊〕謀殺臺北市武漢大旅社經理姚嘉荐的被告，被臺北地方法院判刑後，姚嘉荐的兒子姚志國發表談話說：本案初被葉昭渠法醫斷為「自殺」，幾乎有冤難伸，今得昭雪，實是說明祖國的法治制度是健全的。本案發生後，海內外輿論，揭發內幕，海外僑團、僑領和在臺灣的同鄉同宗，共同組織後援會，協助當局破案。菲律賓媯汭五姓聯宗總會且加懸賞新臺幣五萬元（連姚志國的懸賞五萬元，共為十萬元），共同緝兇，凡此義舉，功德無量，使我終身銘感。

1960 年 3 月 25 日《中央日報》刊登「姚嘉薦案判決書全文」。

此案是這六個人幹的，但這六個人又無一承認自己或自己之外的其他五人曾做過案，所以，姚案人證方面的證據證明力是非常薄弱的。

關於事證方面，歷次開庭，對楊薰春僞造文書部分都調查甚詳，因爲這似乎是黃學文士謀殺人之動機的唯一合理解釋。但是前面也提過，黃、姚之間確有金錢方面的過節，可是足不足以構成殺人動機，尙爲疑問；而且，即使黃氏夫婦和陳華洲有殺人的強烈動機，與林祖簪等其他四人又有何關？他們爲何干冒危險，共同或幫助殺人？

因此石美瑜律師曾對庭上說，你們拿僞造文書案來做爲姚案的主要事由，就好像要一節「小火車頭」來拉一大節車廂，是令人匪夷所思的。（一九八四年一月廿八日口頭訪問，楊薰春談話）

至於物證一：裝巴拉松的瓶子，因爲調查局到永和林祖簪住宅附近挖了很久，只挖出一個裝「灰錳氧」的小瓶子，便不了了之。

物證二：注射巴拉松的針管，調查局口供中，黃學文承認：「係三樓房客洪玉樹所供給。」但洪玉樹是一個做貿易的商人，案發後去了香港，從未到案說明。

調查局所謂「在林祖簪住宅旁乾糞池中挖出針管」，乃一九六〇年一月五日辦案人員押解林祖簪去挖，周圍事先布置了不讓閒人觀看，強迫林指認埋在該處，挖數小時後，一無所獲，又將林押回調查局，過了不久，說找到了，再把林押去，更強迫林拿著針管，任人拍攝現場照片。

開庭時證明看見針管挖出的林祖簪鄰居吳財發，在第一次傳證時，是否認看到該針管的。而且按常理推斷，像針管那麼小的物件，台北市那麼大，隨處垃圾箱一丟或隨地一踩碎就行了，何須勞費工夫，挖地藏埋？

物證三：手套，調查局聲稱已被永和的一次大水沖走。

物證四：繩索，林祖簪在調查局承認是他買的，開庭時傳三光行的女老闆林陳卻來作證，林陳卻說她不曾看過這人。（一九六〇年三月五日，聯合報三版）

如此這般昭明的事實，爲什麼還產生偏差的判決呢？

「那時我們做律師的都知道，推事們對調查局移送的案子，多半審理的較鬆。」何祚歆律師表示：「家父是民國以來的第一輩律師，後來也參與過國家的司法事務，他常告訴我，學法的人固然要具備豐富的法律知識，但道德和擔當更重要。姚案的誤判一直未得平反，我認爲和法官個人的法律素養無關，問題是出在『道德』和『擔當』。」（一九八四年一月卅一日口頭訪問，何祚歆談話）

上訴．上訴上訴

自從一九六〇年三月廿四日一審判決後，被判死刑的黃學文、林祖簪、王藹雲、游全球，全都給銬上腳鐐。已經四個死刑了，可是檢察官唐錦黃仍不服，還要提起上訴。二審維持原判，被告不服上訴，三審判決將該案發回原審法院，原判撤銷。

一九六二年九月七日第一次發回更審的判決是：黃學文死刑，林祖簪、王藹雲、游全球、陳華洲無期徒刑，吳亮十五年，楊薰春十年。林、王、游三人減刑的理由是：

林祖簪、游全球、王藹雲與已死姚嘉薦，原無深仇大恨，實被黃學文利用，煽動參加，並謂將姚嘉薦殺死，當供給金錢及工作，不殺姚嘉薦，則影響各人職業前途，既被威脅利誘，而聽邀參加殺人行爲，其犯罪情節，均較主謀之黃學文爲輕。（五十一年度判字第五四六九號，台灣高等法院刑事判決）

前後共兩年半的兩次審判，判決的基礎事實完全一樣，而一審判決是這樣寫的：

被告林祖簪、游全球、王藹雲，與姚嘉薦原無深仇大恨，竟因黃學文之煽動，而在公共場所之旅館，共同殺人，粗暴殘忍，窮兇極惡，應一併處以極刑。

兩相比較之下，就不能不讓人感覺法官們實在是大權在握，被告的生與死，根本就在他們的一念之間。

關於一九六二年的判決，還有一段插曲：有一天，姚案的整個案卷失蹤了，法院找不到，等找到時，台灣衛生試驗所的一份覆核報告不見了。這份報告是有利於被告的，也是當年兩份覆核報告之一（另一份是台大農學院陳玉麟不利於被告的報告）。

接著的兩次更審都維持第一次更審的判決。在這期間，發生過一個小故事：八里鄉血案（一九六二年五月廿三日案發）的兇手李文修，在臨刑前說：「報告檢察官，姚嘉薦命案的被告是冤枉的，請你主持正義！」這段話成爲李文修的遺言，他曾和游全球共囚一室，了解姚案的大部分案情，而聽到這話的劉馨德，從來果眞爲七名被告提出起訴以來第一次，也是唯一一次的有利上訴。（一九八四年一月廿七日、一月廿八日，游全球、王藹雲談話）

一九六五年十二月十八日第四次更審判決，黃學文、林祖簪、王藹雲、游全球仍維持第一次更審判決，這時陳華洲已經死了，吳亮減刑，判十二年，楊薰春也減刑，判七年半。（五十四年判字第六四八〇號，台灣高等法院刑事判決）在這一審期間，陳思永庭長准許楊薰春保外就醫，她總共坐了五年多牢。

原來在一審時，被告的辯護律師就開始要求，必須將葉法醫及蕭法醫的兩份不同鑑定報告，送往發明巴拉松的日本做最後鑑定。於是司法行政部請託外交部，外交部請託日本政府，這樣輾轉反覆，任憑一紙公文旅行十幾年，終在中日斷交後正式下落不明。

在更五審判時，有一次開庭，王藹雲很生氣地對推事劉鴻儒說：「在我們這案中，檢察官只是調查局的狗。」劉推事問：「你怎麼罵人呢？」王藹雲反問：「爲什麼不可以？爲什麼只准冤枉人，不准罵人？」被告對冤獄的憤怒之情，已溢於言表。（一九八四年一月廿七日、一月廿八日，王藹雲談話）

到第六次更審，已經是一九七〇年，吳亮在這年保外就醫，而林祖簪也早在兩、三年前羈押七年多後，保外就醫。牢裡頭，就剩下黃學文、王藹雲和游全球三個人。

六次更審時，黎志強推事審理了一庭就調走了，依照法律規定，更換推事應該更新審判程序（刑事訴訟法第二九二條），否則判決爲違法（第三七九條一項九款），但是換上呂有文推事後，隔一天就繼續審理了。（同前引，王藹雲談話）

王藹雲曾向呂有文推事抱怨道：「我們在調查局時，就好像跟姚嘉薦打官司，在地方法院時，就好像跟調查局打官司，在高等法院時，就好像跟地方法院打官司。依據法律，偵查審判機關應該就對被告有利及不利部分加以調查，但我們一直受不利偵查和前審不利判決理由的影響，始終翻不了身。」

呂有文推事回答道：「這是法律的漏洞，不是法院對你們有成見。」王藹雲反問說：「一審採獨議制，如果法官疏忽，還說得過去。二審以後採合議制，三、四個法官，如果還疏忽，說法律有漏洞，我們的冤枉又怎麼辦？」（同前引，王藹雲談話）

據說呂有文推事還講過一句話：「我又不是包公，我有什麼辦法？」（一九八四年一月廿七日，游全球談話）

第六次更審還是維持前判。第七次更審期間，黃學文的精神狀況大有問題，庭上只得讓他保外送醫。直到今天，黃學文仍必須在家人的時時照拂下，才不致精神崩潰。

第七次更審判決中，這個案子又有了進展。雖然庭上對原審犯罪事實的認定仍大同小異，但林祖簪、王藹雲和游全球改判了十五年，吳亮的刑期減到七年，楊薰春的刑期減到三年。（五十九年度更（七）第四二六號，台灣高等法院刑事判決）

這一審實際判決的時間一九七三年十二月廿七日，也就是說，從發回更審到判決，足足有三年。爲什麼拖那麼久呢？就是在等日本鑑定二位法醫的鑑定書。

黃學文得「反應性精神病」被保外就醫前，曾在姚案的公開庭上，哭著向推事說：「請求庭上將沒有傳訊的證人再傳，沒有結果的鑑定再爲鑑定，我實在以十二萬分迫切期待的心情，誠懇地要求送往國外鑑定。爲本案我含冤在押十載，誠天下之大不幸者，如今生不如死，請鈞長審愼處理，以免含冤九泉。」（當庭泣不成聲）

以上是法院的正式紀錄（一九七〇年三月廿日），這時黃學文幾乎已達精神崩潰的邊緣。結果呢？「由於中日斷絕邦交，我大使館將上項文件失落，致未能鑑定。」然後，判決書上又補了一句更荒謬的話：「現原鑑定書已遺失，中日又無邦交，而本案經再詳查，事實已甚明瞭，自無再送國外鑑定之必要。」（同前引，五十九年更（七）判決）

這不是拿被告的生命和自由當兒戲看待嗎？

「不過照我看，這審的推事劉日安、呂一鳴、王興仁，都已經算有魄力的。」王藹雲回憶道：「我當時指出，應於審判期日調查之證據而未予調查，是違法判決（刑事訴訟第三七九條一項十款），劉日安告訴我，那你還可以上訴。」（同前引，王藹雲談話）

一九七五年，第八次更審，姚案在押被告只有王藹雲、游全球兩人了，這次他們碰到兩個非常棘手的推事——董國銓和楊力行。

在這次審判期間，被告們曾懇求庭上，說他們被冤枉了十六年，希望庭上能斟酌證據，還他們清白，不料董國銓劈頭就罵：「十幾年有什麼了不起！關三十年的還大有人在。」（一九八四年一月廿六日，王藹雲談話）而楊力行也說：「你們的口供已經把你們咬得死死的，

你們還想怎麼樣？」（一九八四年二月六日口頭訪問，王藹雲談話）

結果董國銓又把林、王、游三人判回無期徒刑。這位黃國銓，就是一九七九年司法人員受賄瀆職案的主角之一，他因收受禁藥案被告鄭翔麟的十五萬，在一審被判了十二年。（一九七九年十一月十日宣判）

一九七六年，第九次更審，案子分到劉日安、張信雄（原為林錫湖）和王剛手上，又恢復了第七次更審的判決，林、王、游三人十五年，吳亮七年，楊薰春三年。王藹雲、游全球也就是在這年交保出獄，因爲他們羈押期間已超過刑期將近兩年。

在第九次更審判決時，大華晚報記者李敏欽曾訪問交保在外的林祖簪，打算將姚案資料寫成一個月的連載，沒想到剛寫幾天，調查局的人員約談李敏欽（一九八四年一月卅一日錄音訪問，林祖簪談話），大華晚報只登了十天就結束連載。（一九七六年五月十三日至五月廿三日，大華晚報二版）

到一九七六年十一月廿三日，被告們再上訴的上訴審判決了，最高法院判決林祖簪、王藹雲、游全球十五年，吳亮七年，楊薰春三年。

經過十七年，姚嘉薦命案終於定讞。

中國司法・黑暗到底

「當年被告選任的辯護律師之一石美瑜回憶說，當初他拿的律師費是一千元，此外就沒有拿過任何費用。十八年的訴訟期間，他爲本案運用在狀紙、印刷方面的費用，就將近兩萬元。」（同前引，大華晚報五月廿三日，李敏欽訪問）

何祚歆律師也說：「我們當年幾個義務律師如石美瑜、莫屛藩聚在一起，常感歎律師辦這個案子，就好像和尚幫人唸經超渡，經是唸完了，但被告們能不能『超渡』，完全看他們的運氣了。」（一九八四年一月卅一日口頭訪問，何祚歆談話）由此話可看出律師面對司法不正義的無力感。

事實上，姚嘉薦命案的民訴官司一直打到一九八二年七月，才完全終了。姚嘉薦的兒子姚志國在這件官司中，要求賠償的金額包括殯儀費、奔喪交通費、精神撫慰金，共一百零五萬二千八百八十四元二角二分，結果纏訟二十二年，因原告、被告屢傳不到庭，承辦推事依職權裁定撤回起訴。

二十五年前正值壯年的林祖簪，現在還住在當年永和的那幢房子，自己留一間住外，其餘的出租，靠點租金度日。「我們的前面都蓋起大樓了，可是我的房子還是非常破爛。我被押的時候，兒子五歲，今年都近三十了。關的第三年，我的太太來看我，說生活不下去，必須投靠他人謀生，我答應，她就改嫁了。不過我也告訴她，姚嘉薦命案當天晚上，還好你來旅館睡，你知道我是冤枉的就好。」林祖簪比年輕時胖多了，全白的短髮，溫煦的笑容，像是個和藹的老人。他提起往事，憤慨依舊，只是已全然無奈了。（一九八四年一月卅一日錄音訪問，林祖簪談話）

游全球雖然頭髮也已花白，但仍身材適中，精神矍鑠，講起話來，中氣十足。七、八年來，他推銷過報紙、開過餐廳，一直很堅強地活著。「你知道，我活著一天，叫我承認這罪，我很痛苦啊！我一度想自殺，卻鼓不起勇氣自殺，後來我只好鼓起勇氣活著，希望平反。可是平反哪裡有那麼容易呢？我不得不相信，中華民國司法，就是這樣黑暗到底！」（一九八四年一月廿七日，游全球談話）

五十六歲的楊薰春，老境甚佳，現在兒孫成群，不愁吃穿，但是她講到這案子，也仍然唏噓。她說：「我一輩子在跑法院、打官司，我真是怕了，唉，可是如果有平反的機會，我再怎樣也得打官司打下去。」（一九八四年一月廿八日口頭訪問，楊薰春談話）

在整個審判過程中表現得最冷靜的王藹雲，出獄後做了一點生意，目前家境小康，他說：「我真正的感覺是，自從司馬遷寫《酷吏列傳》以來，中國的司法好像沒進步過。」（一九八四年一月廿八日錄音訪問，王藹雲談話）

再入社會・人事全非

當黃學文等七人開始羈押時，一雙真皮鞋的售價才二、三十元，等一九七六年，游全球、王藹雲交保出來，要買雙皮鞋時，男人的皮鞋已經是一千多元了。

台北變了，台灣變了，這二十五年的經濟成長、社會變遷、政治進步（或退步），一律和這些長期羈押的被告無關。他們只是「被告」罷了，由於不是在監執行，他們甚至不能下工廠工作；他們不事生產，每天「消費」看守所中的糟粕囚糧；他們接觸不到什麼人，時時打交道的，就是牢監、檢察官、推事、律師……，他們做些什麼？寫狀子、寫狀子、寫狀子……，他們想些什麼？上訴、上訴、上訴……。

「報告法官，我是冤枉的！」

喊冤四分之一世紀，這就是姚嘉薦命案七個被告的故事。

（編按：本文原載《萬歲評論叢書》第二期，一九八四年）

專訪法醫葉昭渠博士實錄

／李進勇

「武漢大旅社案」發生於一九五九年，至今，眞相仍然不明，姚嘉薦究竟是自殺或他殺？驗屍結果乃是本案決定性的關鍵。當年法院爲何採信沒有受過正式法醫訓練的調查局法醫蕭道應之鑑定結果，而捨資深法醫葉昭渠的鑑定報告，這其中的曲折頗值得深究。一九九五年十月三十日下午，立法委員李進勇專訪了法醫葉昭渠。年逾八十的葉法醫，對當年的驗屍過程及相關疑點，仍記得相當清楚。以下是訪談紀要：

立法委員李進勇（以下簡稱李）：請葉博士談一談三十六年前的「武漢大旅社案」。

葉昭渠博士（以下簡稱葉）：這是社會案件，它（調查局）以政治手腕來壓迫社會案件的裁判。第一點，這些被告被羈押時都未認罪，可是被關了四十多天，超過法定期間太久了。第二點，它（調查局）先將口供寫好，然後對被告用刑，逼迫被告承認那份口供，或者自承容納共產黨或協助共產黨；不管被告認供前者或後者，都是死路一條，不過若是選擇前者，可能會判刑較輕。

李：審判過程之中是否牽涉政治因素？

葉：當然有，那時第六處的處長范子文是共產黨員。共產黨對政府不滿，欲蠱惑百姓，造成百姓對政府不信任；因此它（調查局）蓄意利用此案件威嚇老百姓。

李：根據瞭解，審判程序有一些缺陷、瑕疵，包括羈押的時間、刑求等等。除了程序上的瑕疵以外，本案關鍵在於屍體的鑑定。據我所瞭解，最近一次的判決仍然將被告黃學文定罪。

葉：我想即使被告沒犯法，仍然會被定罪，只是輕重之別而已。爲什麼我會這樣判斷呢？當初起訴的檢察官後來被換掉，換成一位具有「反共義士」背景的檢察官，可見調查局硬要入人於罪的意圖很明顯，調查局只要稍微對反共義士檢察官施壓，他就會按照調查局所言辦案；所以此案一開始就已計畫安排好，故意造成冤獄。法院審判時，調查局的辦案人員帶著錄好的口供坐成一排，與法官互使眼色。台灣的法官你也知道，沒有膽量，調查局人員的一個眼色，就能讓法官硬把你定罪。地方法院一審時，被告一個個被詢問，每個人都否認這份口供，說這份口供是因爲被刑求才承認的。問到最後一位時，即那位已逝的學者陳華洲（葉經楊薰春提醒，才記起「陳華洲」之姓名），調查局人員要法官暫停審問，然後威嚇陳華洲，要他承認殺人，或自承是共產黨，並且要他按調查局的口供講，之後只審陳一人，他只好承認提供巴拉松給黃學文。審判時我帶了一捲錄音帶，是我去訪問鑑定出屍體有巴拉松反應的陳玉麟時所錄的錄音帶，起初法官並不受理，後來勉強同意播放，可是法官卻說聽不清楚，一下子就停止播放了。

李：那捲錄音帶的內容爲何？

葉：陳玉麟說他鑑定的結果有巴拉松，但是我告訴他：「令弟鑑定的結果並沒有啊！」他的弟弟在衛生試驗所工作，也是屍體的第一位鑑定者，鑑定結果並無異樣。之後送去台大農化系給陳玉麟化驗，結果有巴拉松成份。我覺得很奇怪，因為屍體完全沒有中毒的現象，所以我與我的藥劑師（即我的屬下，專門負責化驗工作）去訪問陳玉麟。陳為我台南一中的後輩，我問他如何檢驗、檢驗程序等等，他告訴我起初並沒有化驗出巴拉松來，可是當他把化驗結果告訴調查局人員時，調查局人員卻說：「太奇怪了，你弟弟化驗的結果有，怎麼你是專業的化驗者，反而化驗不出來。」事實上他弟弟並沒有化驗出來，是調查局人員故意騙他、嚇他的，陳玉麟只好再化驗。那時剛好有一本新書介紹當時些日本農藥學者專門研究化驗食物內農藥成份的方法，陳玉麟看到化驗的方法後，照著做，結果就驗出含有巴拉松的成份。那種化驗方法叫做 Paper chromategraphy，在以前的一些報告書中，包括陳玉麟所寫的，都記載得很清楚。此化驗方法很簡單，將從屍體內臟抽出的物質滴一滴在試驗的藥布上，再將濾紙直立於藥布上方，並滴上化驗用的藥水。此時，抽自內臟的那一點物質（不一定是藥）會升上來，不同成份的物質會在不同高度停止，其顯現的顏色、濃淡也不相同。這種反應並非只有巴拉松才有，其他物質也會如此，比方說人的內臟，尤其是腐敗的內臟，內含有各式各樣的物質，如果僅以化驗內臟呈現出一點黃色的反應，即斷定含有巴拉松，是錯誤的，非常值得懷疑。正確的做法是必須有一組對照組，即以相同的化驗方式，將巴拉松化驗一次，對照其反應是否一致，如高度是否相符、顏色是否相同，才可以做初步的判斷，但是他（陳玉麟）並沒有實際拿巴拉松去化驗、比較。就這一點而言，可以說他完全沒有化學檢驗的知識。當時

Paper chromategraphy 化驗法才剛發表，陳玉麟以前並沒有以此法做過化驗，所以不知道要與巴拉松試劑相互比較。雖說我知道試驗結果要與巴拉松試劑相互比較，不過此法仍要慎重使用，化驗時要固定RH值，再以紫外線透視分析，這樣的化驗結果比較確實。訪談陳玉麟時，我曾問他是否做到以上幾點，他說沒有。

李：這捲錄音帶有沒有送到法院？

葉：有，開庭時我曾呈上去，但庭上說聽不清楚；我也沒話說，我聽很清楚，但他硬要說聽不清楚。

李：這捲錄音帶有沒有還給你？

葉：有，後來有還給我。

楊薰春（以下簡稱楊）：陳玉麟說不曾檢查脾臟，結果鑑定書內記載脾臟中巴拉松的反應最強，還說腦已經溶化。

葉：沒錯，我剛剛提出的疑點是最基本的矛盾，基本的檢驗方法已經錯誤，此外還有一項，即屍體已經腐敗，腦、內臟已經溶化，假設內臟真含有巴拉松的話，巴拉松應已溶化分解而無法化驗，而他居然驗得出來。按理腦及脾臟比較容易腐敗，竟檢驗出巴拉松來，而比較容易檢驗出物質來的肝臟卻反而無法檢驗。顯見其中的矛盾。

李：這一次法院的判決書內提到，葉博士僅參與屍體外表的鑑定，並沒有實際參加屍體解剖、顯微鏡的觀察及毒物的化驗，所以法院未採納您的鑑定，針對法院這一部分的見解，不知您的看法如何。

葉：關於此點，我做以下的說明。頭一回驗屍的地點是在旅社，我驗完後，因為死者是華僑，所以須先等候死者家屬，詢問他們的意見後，再決定是否做進一步化驗。我也同意，並且要他們將屍體移至殯儀館。屍體送去殯儀館應馬上做防腐處理，但是殯儀館並沒有如此做。第二次我去殯儀館驗屍時，屍體已經開始腐敗，腹部及背部都已有腐爛的現象。屍體剛開始腐敗時血管會腫脹，表面上看起來會有一條條浮起的血管，調查局解剖時看到浮起的血管，就說那是因為注射的關係，並說浮起的部分就是注射口。不過，誰沒有打過針呢？幾時見過注射口會留下明顯痕跡，甚至一道青色的紋路呢？你剛提到他說我沒參加解剖，事實上我有參加解剖，當時檢察處主席曾表示除了我之外沒人能解剖、鑑定，該怎麼辦？我認為可以移去調查局，並且替他們找檢驗人員；調查局以前從未解剖檢驗過屍體，甚至連外表的檢驗也不曾做過，除了蕭道應外，調查局內有一位人員曾經在嘉義地方法院做過檢驗員，有驗屍的經驗，我建議可請此人一起檢驗。屍體移到調查局解剖時，我在旁觀看，一開始並沒有動手，不過由於他們（編按：指蕭道應）不熟悉該如何解剖屍體，我便在一旁指導，我告訴他們該如何用刀，內臟該如何取，他們照著我的方法做。解剖到頸部時，他們又不知如何做，因為頸部皮膚有繩索痕跡，我要他們將頸部皮膚割下，以供染色檢查，判定是生前或死後產生的繩痕。割下的頸部皮膚，他們不會做染色處理，所以拿到我的化驗室去染色。我做完染色化驗後，認為是生前上吊所造成的，並將此結果告知調查局的化驗人員，此化驗結果在鑑定書上亦曾註明；另外一件事也可以證明我參與了那次解剖，即屍體的咽喉骨已斷裂，他們不會取，還是我親自用手割出來的。這些過程我都參與，怎可說我沒有參加解剖，眞是豈有此理。還說什麼他們已經處理好，我所說的話他們一句也不肯聽呢！

李：當時你有沒有化驗的設備？

葉：怎會沒有！那時全台只有我那裡有化驗室。

李：爲什麼沒有送到你那裡化驗？

葉：因爲是在調查局做的解剖，他們說要留在調查局化驗。

李：你是否曾要求他們送到你那裡化驗？

葉：沒有，我沒有要求過。由於頸部皮膚他們不會染色，我才帶回來染色，染完檢驗過後，我又送回去給調查局。

李：據我們所知，巴拉松反應不是調查局化驗出來的，而是由陳玉麟教授化驗出來的。

葉：是的，沒錯。不過，他並不是化驗出來，而是被調查局人員威嚇出來的。調查局人員一再告訴他：「你弟弟都可以化驗出來，爲什麼你化驗不出來？」陳玉麟可能爲了面子問題，因爲他是大學教授，而他弟弟只是試驗所的技正，他可能覺得化驗不出來面子掛不住，因此才會失誤。

李：你剛剛所提的，也就是檢驗的方法及結果，以您專業的眼光來看，認爲無法成立，也就是說那份檢驗報告是不可相信的？

葉：是的，而且不只是我認爲檢驗的結果無法成立。

李：有沒有辦法積極證明呢？

葉：當然有，我曾經將兩份鑑定書寄到日本給世良教授，他是當時國際間首屈一指的研究農藥中毒的專家，我將我所化驗的結果鑑定書，連同蕭道應、陳玉麟所做的鑑定書都一起寄去，世良教授審閱後還曾回覆。大概你（指楊薰春）那裡也有保留回信。

楊：有，原來的信件還留存著。

葉：他回覆的信件內寫得很清楚。當初我將鑑定書寄到日本去時，並沒有註明鑑定者的名字，而是以甲、乙的代號表示，蕭道應是甲法醫，我是乙法醫。爲什麼要如此做呢？因爲我早就認識世良教授，而蕭道應並不認識，我怕世良教授因礙於我的面子而判斷我的鑑定是正確，反而有失公正。他的回覆很清楚，他說甲法醫很沒有科學的常識，化驗內臟的學者（編按：即陳玉麟）也是草率馬虎，其所鑑定含有巴拉松是絕不可能的事情。

李：目前所鑑定出有反應的資料，以科學角度來講是站不住腳的？

葉：完全站不住腳。

李：假設在完全相同的情況、條件，且葉法醫您親自鑑定，是否有可能鑑定結果完全不同？

葉：當然，他們檢驗的程序以及判斷的結果，都是不對的，所以絕對可疑。世良教授已做了清楚的判定。

李：以您的觀點，您認爲陳玉麟的做法是不正確的；那麼是否有另一種可能，即他當初按照您所言的方法檢查，而化驗結果仍呈現巴拉松的反應呢？

葉：完全不可能。爲什麼這麼說呢？因爲按照鑑定書所寫，他只是在濾紙上看到有一個上升的黃色的點，而上升的ＲＨ高度他未做比較，況且巴拉松的顏色還要更黃一點。可見絕不可能是巴拉松。

楊：高度及顏色都與巴拉松的反應不同。

李：那麼有沒有可能按照您所言的方法化驗，而取樣物質即使含有巴拉松成份，但是化驗時已經不可能出現巴拉松的反應呢？

葉：內臟腐敗的話就有可能。以腦部爲例，好像四天或是幾天就檢驗不出來，在鑑定書上我曾提到，現在倒是記不住了。

楊：好像是十天，你曾寫過。

葉：檢驗時已超過時間了，怎麼可能檢驗得出來。

楊：鑑定時，已是死後七十多天了。可否請葉法醫再說明一下，你曾提過關於屍體表面中毒現象不同、皮膚顏色、舌頭吐出、瞳孔縮小等疑點。

葉：第一疑點就是瞳孔縮小，若是巴拉松中毒，那麼瞳孔會縮小變成只有一點而已；若是吊死的，瞳孔會放大。屍體的瞳孔一直是放大的，此情形完全與巴拉松中毒相反，光看瞳孔的反應即知。

楊：據說臉色也不一樣。

葉：是啊，若是巴拉松中毒，嘴角會冒白色泡沫，巴拉松的氣味很不好聞，只要一靠近屍體，馬上就會聞到。可是那日並沒有聞到巴拉松的味道。

李：所以說目前法院所採信的鑑定資料是非常可疑的，但法院長久以來都是採信此份報告。請問葉法醫，不知你是否能建議適當的機構或個人，可以評斷此兩份不同結果的鑑定書？

葉：當初被告曾提出要求，建議將兩份不同的鑑定書再送到日本法醫學會加以鑑定。法院曾說世良教授的鑑定並非法院正式送去的，所以不能認定爲證據。

李：既然如此，法院應該主動正式送去鑑定啊。

葉：是的，所以我曾建議他們送到日本，交由日本法醫學會討論，這是最公平的做法。所以後來才將鑑定書交由警官學校翻譯，然後透過駐日大使館轉交日本法醫學會重新鑑定，誰知文件送到駐日大使館居然全部弄丟了。此點你（指楊薰春）是否向李委員提過？

楊：我提過。也是因爲這個原因才讓黃學文交保出來，法院竟然連您的鑑定書都遺失了。

葉：豈有此理，大使館怎可將文件弄丟。這必定是調查局分派在駐日大使館內的人員所搞的鬼。

楊：後來外交部曾要求它（編按：應指法院）再補送，它說不用了，就此算了。

李：這實在是一個很大的瑕疵，爭議性太大了，若是被告要求做這些程序，法律上是沒有理由拒絕的。

楊：鑑定書是案發後十多年才送去的，案發當時我們就一直要求再鑑定。當時的情況是，陶百川閱卷後，要高等法院院長注意這件事情，並說調查時間拖久也無妨，但一定要調查清楚，因此高等法院才勉強將鑑定書送去，結果遺失了。

李：這個案件已經纏訟將近四十年了，結果最近的判決對被告仍然相當不利，不知葉博士您對此案有什麼看法？

葉：我認爲此案件已經無法挽回了，因爲一開始它（調查局）即是蓄意入人於罪。譬如被告及我們這些證人所說的話，根本就不被採用，所有判決都是根據調查局所呈的違法口供和不科學的斷定。而實際的口供及合理的鑑定書，庭上皆不願採信，甚至連錄音帶都以一句「聽不清楚」而否定。

李：假設此案件若是有冤情，根據葉博士對台灣司法的瞭解，台灣的司法界是否有勇氣在三十多年後的今天翻案，尤其是當事人、被告都還活在人世的時候。

葉：以前最高法院並不直接審查案件，通常都是最高法院認爲有疑點，發回高等法院再審，目前最高法院倒是可以直接審查案件。若是有可能，以非常上訴交由最高法院審查，且由第一審開始，詳細地審閱全部的資料，有不明白的地方即請教專家，查出各項疑點，或許才有可能翻案，不然沒有其他的方法。

李：感謝葉法醫，不知黃太太（即楊薰春）還有什麼問題要請教的。

楊：今天很感謝李先生熱心幫忙；更感謝葉先生，我們拖累您太多，因爲此案，原告還告葉法醫貪汙，所以才斷定死者爲自殺。那件案子反覆纏訟了十年才被宣告不起訴。

葉：當年我去驗屍時，根本不認識黃家人。我覺得此案是故意誣陷，當年檢察處將案子送到法院審判時，有一位與我熟識的檢察官告訴我：「葉某人啊，在庭上作證時，如果法官問話，你就不要回答，聲稱什麼都不知道就好了，這樣對你比較有利。」我說：「這怎麼行，庭上問我，我若知道就應該回答啊！」調查局還對被告用刑，要被告說送了幾萬塊給我，還說我派了一個人從他家後門去拿錢。調查局想以此事誣陷我貪汙又故意鑑定

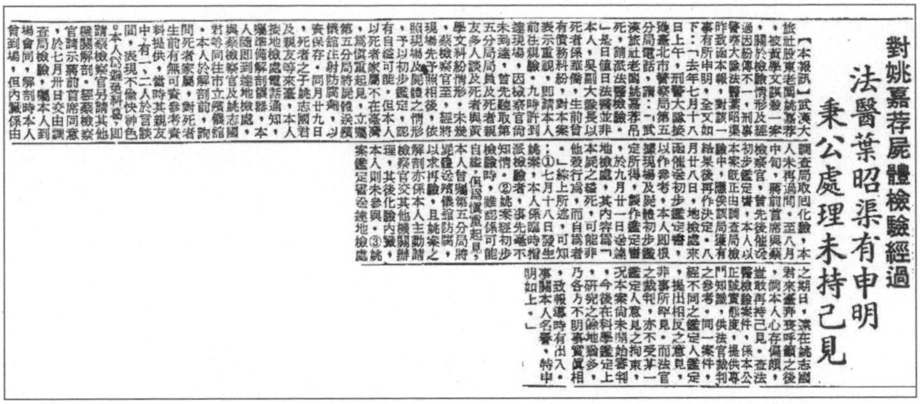

對姚嘉荐屍體檢驗經過

法醫葉昭渠有申明

秉公處理未持己見

1960 年 2 月 5 日《中央日報》刊登葉昭渠法醫申明書。

錯誤，並以此壓迫我，使我不敢講眞話。若按照調查局所言的殺人方法，我看是只有小說裡面才有的情節。

楊：即使是小說，讀者看了這種前後矛盾的情節，也不會採信。

李：今天請教葉博士獲得了許多有價值的回應。可是我最擔心的是，此案已經纏訟三十多年，台灣司法界是否有翻案的勇氣，一旦平反，整個台灣司法界的形象、信心可說完全破產；這件案子的審判有太多無法對大眾交代的疑點，比如兩份鑑定報告都相當權威，但是其結果卻完全不同，法院應主動提交公正第三者鑑定。謝謝葉法醫！

（一九九五年十月三十日下午三時）

揹著死刑亡命天涯

／張平宜

亡命廿二年，去年接獲免訴判決書，仍然大喊：「我沒有殺人，我要求法律宣告無罪！」

他叫黃學文，今年七十六歲，為了「武漢大旅社」命案，曾經先後被判八次死刑，打入死牢十五年，民國六十三年因「病」保外就醫，從此棄保潛逃，亡命天涯二十二年。

去（一九九五）年二月二十八日，正當李登輝總統為「二二八」事件，公開向國人道歉之時，遠在海外的黃學文正好輾轉從家人手中接到台灣高等法院寄來的一張免訴的判決書，「撤銷」懸而不決長達三十六年的「武漢大旅社」命案，理由是追訴期已過。

按理說，這意味著黃學文終於可以結束躲躲藏藏的歲月，坦蕩活在陽光下，不料這位老先生詫異之餘，竟然捧著判決書歇斯底里大叫：「我沒有殺人，我不要免訴，我要求法律宣告我無罪。」

憤怒過後，黃學文隨即挑燈夜戰，戴起老花眼鏡振筆疾書，親手撰寫上訴狀，他強調自己只有七十五歲，不是判決書上的七十八歲，差三年，對已經風燭殘年的黃學文來說太重要了，因為那表示時效未過，他仍有機會上訴，為自己三十幾年來的沉冤昭雪。

去（一九九五）年四月底，在台灣銷聲匿跡很久的黃學文，更冒著當場被抓去執行槍斃的危險，在立委李進勇陪同下，到立法院指控調查局刑求、逼供、僞造自白書等等，請求政府重新翻案調查，還他一個公道。

五個月後，法院通知來了，撤銷他的「免訴」，將他改判無期徒刑。面對無情的現實，黃學文欲哭無淚，悄悄收拾行囊，重新踏上他的亡命之旅。

黃學文的律師李勝雄說：「現在黃學文已提出第十次上訴，萬一最高法院駁回的話，恐怕就是無期徒刑確定了，他要逃，得逃到一百歲，才可以得到自由，問題是，對一個餘日不多的老人來說，放棄免訴，要求審判，爲的只是爭個清白，不料越喊越冤，命運對他未免太不公平了。」

武漢大旅社命案發生時，黃學文才三十九歲，正是意氣風發的年華。福建長汀人的他本來是「台幹班」的一員，台灣光復前一天，隨著二十四艘美國軍艦來台，是最早接收台灣的中華民國警官之一，曾任台北縣七星區警察總所所長，管轄二十一個派出所，警員百餘人。雖然個性的關係，黃學文擔任警官的歲月並不長，但他最自傲的是，二二八事件時，曾救過不少人。

棄警從商，經營北市最大的「武漢大旅社」，沒想到卻因一位華僑自殺而變成終生的噩夢。

棄警從商後，頗有生意眼光的黃學文在武昌街與漢口街交接的城中市場附近，買了一棟建築，經營全台北市最大的「武漢大旅社」。

他作夢都沒想到，其一手建立的「武漢大旅社」，會變成終生的桎梏，旅社經理姚嘉薦在旅社上吊自殺，竟然扭轉了他下輩子的命運。

在當時敏感的政治環境，一來死者是回國投資的華僑；其次此案是調查局來台後第一個偵辦的刑案；再加上蔣介石針對此案，曾下令「嚴辦以慰僑情」；所以原本單純的自殺案，被調查局「平反」為謀殺案，包括黃學文夫婦、旅社帳房林祖簪、旅社職員游全球、房客王藹雲、工友吳亮，和台大化工系教授陳華洲等七人，先後被逮進調查局嚴刑拷打，最後在「匪諜」及「殺人犯」之間，被迫「承認」共同殺人。

在調查局非法羈押的七十九天，被黃學文形容為「人間煉獄」，拳打腳踢是家常便飯，最難想像的是各種殘酷的刑求，他數度尋死不成，只有活著備受凌虐，直到調查局要到他們所要的各種口供為止。

民國四十九年三月二十四日，在全國矚目中，法院宣告：黃學文、林祖簪、游全球、王藹雲四人死刑；吳亮、陳華洲無期徒刑；楊薰春（黃學文之妻）十六年。

以後悠悠十七年，歷經九次更審，直到一九七六年，官司才告定讞，其中陳華洲早死了，林祖簪、王藹雲、游全球三人改判十五年，吳亮七年、楊薰春三年。

至於「主謀」黃學文呢？從第七次更審期間，他就沒有出庭，由於長期抑鬱，他的精神瀕臨崩潰邊緣，被台大鑑定爲「反應性精神病」，法院讓他保外就醫。

保外就醫，就得住院，可是黃家經過這場官司浩劫後，武漢大旅社已經淪爲一棟貧民窟，黃家境遇窮極潦倒，雖然有心，卻無力負擔龐大的醫療費用。爲了不再拖累家人，對司法絕望的黃學文，決定逃出暗無天日的黑牢，他悄悄走出醫院，像空氣一樣消失在人海中，法院幾次傳他出庭，皆音訊渺茫，最後，法院只好發出全面通緝令。

六個子女長大後分逃至國外生根，與子女像是活在兩個世界的人，四十七歲的兒子講到父親即掩面痛哭。

揹著死刑在台灣東躲西藏，在風聲鶴唳中，黃學文活得像隻驚弓小鳥。怕有人盯梢，他幾乎不跟家人聯絡，誰也不知他藏身何處，靠啥維生。起初，調查局有幾名特務，還認眞到黃家抓人，埋伏久了老抓不到人，漸漸意態闌珊，只剩警員例行性的查戶口。

以後，二十年漫長歲月流逝，當年轟動一時的「武漢大旅社」命案，終於淡出人們的記憶，黃學文在那裡？也無人問津了。

深受武漢大旅社命案的影響，黃學文的六個子女長大後，爲了洗去政治受難者的烙印並唾棄台灣黑暗的司法制度，紛紛逃難到國外生根。其中他的小女兒黃秀華，更長期在海外從事台灣民主獨立運動，一九九二年時，發起「台灣外省子弟台灣獨立支援會」，積極投入建設台灣新國家的使命。

多年來，「武漢大旅社命案」是黃家內心深處的最痛，每人都怕極了這個傷痛，寧可避而不談，直到目睹可以「免訴」的父親，像頭受傷的野獸，堅決提出「上訴」，黃秀華知道她再也不能逃避了，她痛定思痛，展開對此案全方位調查，終於將「武漢大旅社命案」塵封多年的檔案，赤裸裸公諸於世。她要找出歷史眞相，還給父親一個清白。

黃秀華這麼說：「其實，從七歲起我等於沒有了父親，前十五年，我隔著鐵窗看他，只能重複『爸爸，請你珍重』，此外無言以對；後二十年，他忙著逃亡，一心只有官司，不知道我們如何掙扎成長，更可悲的是，今年我都四十四歲了，我們父女像是活在兩個世界的陌生人，總之，命運對父親是殘酷的，這場冤獄不僅褫奪了他的公民權利，更剝奪了他當父親的權利。」

黃學文的兒子黃屛藩今年都四十七歲了，如今是個成功商人，他談到隻身在外逃亡的老父時，幾乎立即掩面痛哭，父親在他心目中曾經多麼威風自信，可是一直到現在，他一想到父親，腦中根植的卻是當初在死牢中，披頭散髮，拖著腳鐐，一步一步沈重走出來的畫面。當時父親的狼狽，讓他發誓，長大後一定要替父親報仇。

跟黃學文一樣，他們一家始終逃不開「武漢大旅社命案」的陰霾。命案發生之初，黃家一向生活在雲端的六個小孩，最大十一歲，最小三歲，一夕間淪爲滄海孤雛。兩個女孩，一度還有外婆呵護，四個男孩卻不幸遭到惡親戚的領養，以致度過一段淒淒慘慘的童年。在黃屏藩的回憶中，他有兩年沒有吃過早餐和水果，六個學期總有五個學期的學費補繳，雖然功課很好，但是穿得破破爛爛，加上父親是個殺人犯，他自卑到講起話來變口吃。

妻子楊薰春堅強的代替黃學文跑法院，帶著孩子四處磕頭喊冤，才得以保外就醫「救」了一命。

當楊薰春坐牢五年被釋放回來後，看到武漢大旅社的破敗，六個小孩擠在一個密不通風的小房間裡，沒有床，而棉被連個被套也沒有，房間角落放著一個切菜板及煮飯用的爐子，她忍不住痛哭流涕了起來。

在六個孩子的心目中，楊薰春是個堅強的母親。畢業於淡水高女的楊薰春嫁給黃學文時才十九歲，八年內一口氣生下六個小孩，沒想到才「休息」三年，就因為武漢大旅社命案，被關到監獄五年，從此夫妻名存實亡，各分西東。

如果說，黃學文一輩子在打官司，楊薰春就是代替他一輩子在跑法院，黃學文戴著腳鐐，幾度徘徊在生死一線間，都是靠著楊薰春帶著孩子到處磕頭喊冤，一次又一次寫狀子上訴，來延續他的生命。黃秀華說：母親甚至到不知去那裡打聽來的官員家中跪求，才將父親設法保外就醫，「救」了父親一命。如今為了父親的官司，六十六歲的她又單槍匹馬回台灣，忙著進出法院，上電台，到處發傳單，她真的勇氣過人。

武漢大旅社已滿目瘡痍，像極廢墟，但一家人仍努力走出黑暗，有任何人道救濟必不放棄。

前一陣子，黃學文透過電話，知道楊薰春累出小中風，他急壞了，告訴她，這個官司已經打了三十七年了，不必太心急。黃學文的叮嚀，聽得楊薰春有幾分心酸：「其實現在年紀大了，兒女在海外都有了很好的發展，我也想享點清福，不要再打官司了，但是，我知道黃學文不會甘心放棄，他不能出面，我不替他打行嗎？」

「打了三十幾年官司，對中華民國的司法早就失望了，本來，法院寄來免訴書，我們一家又興起了一絲希望，所以黃學文要上訴，我們全家鼎力支持，結果現在給他判個無期，比判死刑還悲哀，台灣貞的沒有包青天嗎？」

話雖如此，有任何人道救濟，楊薰春一定不會放棄，抱著厚厚一疊影印資料，她帶著記者拜訪了武漢大旅社。

武漢大旅社三層樓的建築還在老地方，只是灰撲撲的，外表滿目瘡痍。目前一樓是賣吃的小攤位，很是髒亂，二樓才是當年命案現場，即是所謂的「武漢大旅社」，原本三十間客房，經過轉賣頂讓，成了三十間個體戶，中庭大大的樓梯，可以想像當年的氣派，可惜的是陽光進不來，空氣中泛著陳腐的氣味，不曉得是不是曾經發生命案的關係，幾乎家家門口都貼了張符咒。

三樓本是提供長期住宿的「汀江公寓」，如今更是殘敗不堪，任由一堆遊民霸住，上個月一場莫名其妙的火災，燒掉了電線後，入夜這裡像極了廢墟。

站在姚嘉薦當年吊死的地點，聽著楊薰春悲情地控訴，當年一群調查人員如何利用一具上吊死亡的屍體，僞裝成農藥巴拉松中毒……一種不寒而慄的感覺從內心興起，彷彿跟著武漢大旅社一起經歷那個白色恐怖的從前。

（編按：本文原載一九九六年四月二日《中國時報》）

逃亡日記

/張平宜

山上養羊掘洞住　各國流亡心封閉

前半段像「蘇武牧羊」　後半段像「魯賓遜」　九歲逃共產黨　下半生為冤案還得繼續逃

想要採訪黃學文，並不容易，因爲他逃亡久了，生性猜疑，幾經波折，他才同意接受電話採訪，但他拒絕透露身在何處。

揹了三十七年死刑走天涯，黃學文大歎人生太苦：「在死牢的前十五年，我比被人誣陷入獄的基度山伯爵更慘，以後逃亡的二十二年，前半段過的是蘇武牧羊的日子，後半段則像是魯賓遜一樣，到處漂流，動盪不安，想我的一生，從九歲起，就開始在逃共產黨，卻萬萬沒想到下半生還要逃國民黨。」

在山上養羊，離群索居，是黃學文逃亡生涯中最苦難的日子，住的是自己挖掘的山洞，連升火煮飯，都怕惹人耳目，除了蒼茫的大地和一條狗外，他沒有講話的對象，印象最深的一次是，有一次家中接濟未到，他在飢寒交迫中看到一隻鳥從眼前飛過，只好將其獵殺來囫圇果腹。

歲月在一山爬過一山中度過，等到風聲不再緊張後，黃學文曾經到高雄找以前的老同學

「敘舊」，結果在一個公共場合，兩人又巧遇到另一位台幹班的同學，有趣的是，黃學文當著那位同學的面，問起「黃學文的近況」，該位同學講了半天，就是認不出眼前這位黑黑亮亮，看起來像個流浪漢的人，即是黃學文。

以後，黃學文漸漸鼓起勇氣，改名換姓，重新混跡人群中討生活。由於他對建築相當的內行，有一陣子他在南部當工頭，替公司賺大錢，老闆欣賞他欣賞得不得了，然而一聽到有人懷疑他的來歷，會不會是「匪諜」時，他嚇得連夜逃跑，連工資都不要，對黃學文來說，「匪諜」是夢魘，逃得越遠越好。

後來，黃學文決定自己搞建築公司，利用人頭代他出面標工程，竟然給他闖出一番名堂，賺了幾年錢後，他決定結束在台灣擔心受怕的日子，計畫偷渡國外。

等到他的兒女都在國外成家立業後，他也就美國、澳洲、台灣、大陸四處奔跑，不過，有個殺人犯的身份，他的心靈始終不得解放，人在國外，他依然堅持一個人賃屋居住，過的是近乎自閉的生活，他未參加過任何兒女的婚禮，鮮少拜訪兒女享受天倫，而且他的電話只給楊薰春一人，總之，執著這場冤枉官司，他變成兒女心目中的陌生人。

一度偷跑回來台灣時，黃學文還去台大法學院旁聽博士班的課，「很多同學常佩服我的法學素養，好奇我怎麼知道這麼多，我只是笑而不答，我怎麼能夠告訴他們，我是個名副其實的『冤獄博士』。」

黃學文總共打過三次電話，最後一次時，他劈頭就說：「因爲想案子想得太專注，結果作了噩夢，夢見被刑求，腳上拖著七、八斤重的鐵鏈，自己嚇出了一身冷汗。」黃學文坦承，逃亡的滋味不好受，表面看起來身體是自由了，可是內心有座心牢，往往夜半醒來，心情掉入谷底，再審視寂寥的自己，常使他不禁老淚縱橫。

出身基督教家庭的黃學文說：「三十七年來，幸好我的心中有上帝，上帝知道我沒有殺人，沒有罪，所以不讓我死，叫我活著做見證。」隔著電話，黃學文蒼老的聲音激動異常，他的一生如此悲劇，眞不知這一次他要逃到何年何月何日，才能重見天日？

（編按：本文原載一九九六年四月二日《中國時報》）

台灣司法史上纏訟最長的官司

／張平宜

調查局介入後　自殺變他殺　命案疑雲重重

一具屍兩種驗屍報告　法院捨法醫就調查局說法　被告被刑求認罪　上訴卅七年仍未昭雪

「武漢大旅社命案」是一件白色恐怖下的悲劇，命案發生已經三十七年了，其中死者墓木已拱，被告七人死了兩人，出獄四人，另外一人還在亡命天涯，官司至今懸而未決，是台灣司法史上纏訟最久的官司。

塵封三十七年的「武漢大旅社」命案，究竟幕後有多少疑雲？藏有多少秘密？爲什麼一具經過法醫鑑定上吊死亡的屍體，突然調查局介入後，立即推翻爲謀殺案，害得七人被捕，走上萬劫不復的命運。

根據調查局的破案報告：「武漢旅社老闆黃學文因與死者有訴訟恩怨，懷恨於心，唆使員工三人，住客一人，由陳華洲教授提供巴拉松，其餘四人協助將毒藥注入姚體內。待姚死亡，再將死屍吊在門後僞裝自殺，黃妻同時在旁協助殺人。」

問題是，一，只爲了黃學文一人的私怨，有必要聯合其他六人，包括股東之一的教授、旅社帳房、工友及他的妻子——六個稚齡小孩的母親，七人共同謀殺一個老人？於情於理似乎不合邏輯。

二，本來這是刑事案件，卻因爲死者具有當時被政府捧上了天的華僑身份，其內弟又是調查局的人，所以從中介入，然而介入後，卻隨即成立「平反」小組，主觀認定此案爲謀殺，事實上已經違反偵查的基本原則。

再者，七名被告在法院內指控，他們在調查局非法羈押七十九天裡，遭受各種暴力刑求，調查局並要他們在「匪諜」還是「殺人犯」作一選擇，七人不得已只願承認殺人，不願充當匪諜。

從調查局介入後，種種非法的作爲已經令人匪夷所思，更令人不懂的是一件單純的自殺案，爲什麼會扯上匪諜呢？據了解，命案中提供巴拉松的是陳華洲教授，他是福建長汀名人，與雷震是好友，一向在政界頗爲活躍。一個台大化工系的教授，會跟農藥巴拉松扯在一起，本來就牽強，再者陳華洲入獄不久，一直積極營救他的雷震也被逮捕；從各種浮現的蛛絲馬跡來判斷，預謀逮捕陳華洲和黃學文應該是不同動機的兩群人，只是藉由同一具死亡五個月的屍體，達成政治謀殺的目的。

另外，此案最大的爭議是關於姚嘉薦的死亡報告。一具屍體竟然有兩種截然不同的驗屍結果，刑事局葉昭渠判定是自殺，六個月後，調查局蕭道應認爲是他殺，然而三十七年來，歷經七十位法官，九次更審，令人不解的是法院只採信他殺鑑定，從未考慮過資深法醫葉昭渠的自殺鑑定。

按理說，兩位「專家」意見相左時，應該有第三份鑑定報告，爲此葉法醫曾經建議將兩份鑑定報告送到發明巴拉松的日本，請日本法醫學會討論，結果公文拖拖拉拉旅行數年，在中日斷交後，下落不明。以後在法院的判決書上，還清楚表明：「現原鑑定書已遺失，中日又無邦交，而本案經再詳查，事實上已甚明瞭，自無再送國外鑑定之必要。」

一件牽涉七人的重大命案，竟然如此草菅人命，漠視人權……

上訴上訴不斷的上訴，呼冤呼冤不斷的呼冤，這是七名被告一再重複上演的生命悲歌，原本不相干的幾人，因爲一具不知自殺或他殺的屍體，被命運鎖鏈緊緊鎖住，活著的生不如死，死的又死不瞑目。

陳華洲入獄四年就病死，死前的遺言是：「我生時被冤枉了這麼多年，死後仍然要繼續作冤鬼嗎？」

吳亮，一個在武漢旅社工作才三個月的工友，莫名其妙捲入命案，判了無期徒刑，入獄第九年，因被調查局刑求的舊傷復發，造成肺部大量出血，才獲准保外就醫。他於民國六十九年病逝榮總，生前寫給友人的信件指出，自從保外就醫，他在榮總有十四次住院記錄，並曾送急診處作過三十三次急救……。

王藹雲、游全球、林祖簪，在十七年馬拉松官司定讞後，從死刑改判十五年。出獄後，三人未放棄過喊冤，靠替人家寫狀子維生的王藹雲喊得最大聲，他是命案發生時，住在旅社的「倒霉房客」，多年來求訴無門，處處碰壁的結果，他感歎：「自從司馬遷寫《酷吏列傳》以來，中國司法好像沒有進步過！」

而高齡七十六的黃學文，寧死也不願重返司法黑牢，還在逃亡，他與楊薰春決定跟中國黑暗的司法糾纏到底。

平心而論，「武漢大旅社」命案，以今日客觀看來，實在有太多的疑點無法釐清，站在民主人權觀點，站在道德良心的天平，台灣司法界應該拿出翻案的勇氣，讓疑雲重重的此案，有撥雲見日，水落石出的一天。

（編按：本文原載一九九六年四月二日《中國時報》）

廿三年逃過七個死刑

／張平宜

發生於一九五九（民國四十八）年的「武漢大旅社」命案，官司從一九六〇（民國四十九）年打到現在，是全中華民國司法史上纏訟最久的官司。

長達三十八年的官司，綿延曲折，懸而未決，爲的是「殺人主角」黃學文堅不認罪，從死牢逃生後，用逃亡向全世界宣告台灣司法的黑暗。

寫下一頁傳奇的黃學文，是台灣戰後第一批前來接收台北市警察的四個中國警官之一，幹過陽明山七星區警察總所所長的他爲何被控殺人？「武漢大旅社命案」眞相如何？坐了十五年死牢，他如何展開絕地大逃亡？在二十三年亡命生涯中，他又如何取得中華人民共和國的身份，變成美國公民？層層謎霧，幾十年來就像他的行蹤一樣……

經過二年的安排等待，記者在洛杉磯終於採訪到中華民國司法史上最會逃亡的死刑犯黃學文。乍見七十八歲的黃學文，一頭白髮，拎著公事包，踩著時髦嶄新的皮鞋，儘管神情有些陰翳，但風度優雅，看不出是個潛逃多年的死刑犯。

由於涉案三十九年來，首度「現身」接受記者專訪，老人有著破釜沉舟心情，爲了把冤屈一吐爲快，進一步訪談時，他的情緒便有如洶湧的巨浪，時而低沉不語，時而仰天咆哮，激動時，更是一臉青筋暴漲、冷汗直流，像頭受傷的野獸⋯⋯

「我眞的好冤枉！三十九歲時，正是我棄警從商賺大錢的時候，我怎麼可能糾結一大群人，大費周章，用一種聽都沒聽過的農藥，去謀殺一個身上沒有一張美鈔，台幣只剩五十七塊的窮華僑呢？」

說起陳年的官司，黃學文拿起連夜趕寫，舉證歷歷的手稿直嚷嚷。

然而，就在那個「華僑至上」的時代，一名華僑陳屍在台北市最豪華的「武漢大旅社」內，不僅鬧出了好大的新聞，還震驚了國際視聽，最後連蔣介石都下令：「嚴辦，以慰僑情。」

於是，一個單純的自殺案，事隔四個月又二十天，調查局突然介入，案情急轉直下。

自殺變他殺！

老蔣交代嚴辦，自殺案變集體謀殺，問題是有誰會去謀殺身無分文的華僑？

提起十二月八日那個驚心動魄的夜晚，黃學文餘悸猶存。

「夜裡十一點，我在睡夢中被荷槍實彈的特務驚醒，我的雙手被反銬，眼睛被青布蒙上，強行被塞到一部車裡帶走。」

那一晚被帶走的除了黃學文夫婦倆，還有林祖簪（帳房）、游全球（職員）、吳亮（工友）、王藹雲（房客），一個月後，連黃學文的同鄉，跟雷震是好友的台大化工系教授陳華洲也跟著入獄。

離奇的是，原本不相干，身份背景懸殊的七個人陸續被捕後，警方認定「上吊自殺」的姚嘉薦，竟然變成「注入巴拉松致死」，「自殺」變「他殺」，而且是「集體謀殺」。

既是「集體謀殺」，就要有「主謀」與「從犯」，公開審理此案前，一群被告，在調查局被刑求七十九天。

黃學文說：「想到那七十九天，我就恨得咬牙切齒，先是拳打腳踢逼我承認貪汙，又說我是匪諜，後來他們又為了逼供『集體殺人』，把我們一行移到淡水一處僻靜的地點，開始大打刑求。」

「他們什麼手段都來，」老先生邊說邊表演，「用兩百燭光的強燈數十隻，一邊對著眼睛照射，一邊打耳光；叫我跪碎石磚塊，還用四角竹竿放在腳趾或手指用力旋轉，最狠的是把大頭針頂在指甲裡層拷問，我被兩根大頭針一頂，還痛得暈死了三天。」

在那段日夜逼供的日子裡，黃學文也曾想過自殺，他把大衣的扣子全部吞下，也吞過肥皂，嘗試過跳樓，但是一想起自己六個小孩，最大十一歲，最小的才三歲，他又含恨苟活下去，最後在「不承認殺人」送軍法；「承認殺人」送司法下，黃學文被迫簽下殺人口供，他以為，進入司法審判，至少還有最後一絲平反機會。

其實，在調查局大權掌控下，「武漢大旅社集體殺人命案」審判早成定局，「主謀」黃學文難逃一死。

從被宣判「死刑」後，黃學文被釘上腳鐐，鋃鐺打入死牢，囚號「九九零」。

問黃學文，他在死囚房如何含冤度日？「就像基度山伯爵一樣，我日夜燃燒著憤怒，靠著強烈的恨意活下去，而爲了活下去，我只有把命交給上帝。」

十五年死囚歲月，黃學文被判過七次死刑，一條命就像待宰的羔羊般，掙扎浮游於生死邊緣，靠的是不斷的上訴來延續生命，其中三次，他甚至與死神擦身而過。

第一次是入獄第四年時，姚案上訴到最高法院，有一位楊姓法官，透過司法黃牛向黃學文的律師表示：要八萬元，官司才能做有利的發回，如果不給錢，官司將駁回。當時黃家在緊急中才能湊到兩萬元，黃學文心想完了，沒想一腳踩進鬼門關，上帝出現奇蹟了，因爲素來閱卷公正、審慎出名的陳綱正好擔任第一庭審判長，他一針刺破其中關鍵：「爲何調查局與刑事局會出現兩種截然不同的驗屍報告，仍有調查其他證據的必要。」那是姚案第一次發回更審。

第二次是，從妻子羈押五年後出獄，每星期二、五一定會來面會，八年來從不間斷，有一天中央日報又開天窗了，偏偏那個星期五楊薰春第一次缺席，當時忠二舍一百多名死刑犯，只有他一人正上訴最高法院，所有死囚都猜「黃學文要被槍斃了」，然而出乎意料的是所方並無派人來安慰，熬過最漫長的一個週末，直到星期二面會，才知道原來是另外一個舍房的人被槍斃了。

與死神共舞！

當看守所廣播：黃學文交保時，死囚舍響起一片掌聲，他什麼東西都不要，連判決書也丟在獄中。

日子痛苦煎熬進入第十五年，當初入獄的七人，命運早已發生不同的變化，死的死，傷的傷，也有人即將出獄。死牢裡惟獨剩下「主謀」黃學文，還在與死神共舞。

而那一年，在結案壓力下，許多被判「唯一死刑」的死刑犯接二連三被槍決了，眼看黃學文終將倖免於難，在危急之際，看守所衛生科的唐科長突然主動叫他去看「病」，之前，黃學文因肝病及精神憂鬱，也曾住過幾次台大醫院。

去看了病，拿到醫生證明，正好高等法院的檢察官朱石炎替黃學文提出有利的上訴，並說：「這個人有病，為什麼不讓他交保？」這一來，黃學文不僅從槍口下逃生，並創下死刑犯交保就醫的特例。

黃學文交保就醫的理由是「精神病」。事實上，死囚「九九零」的確有些舉止叫人費疑猜，因為他平常不太講話，也不愛跟人打交道，大家睡覺時，他就爬起來打坐；為了練腳功，每天不斷高舉被腳鐐銬住的雙腳，十幾年掙斷了十幾副腳鍊；又，看守所沒有自來水，每個舍房前有裝水的木桶，通常死刑犯不須動手提水，有同房小廝會服務，可是黃學文不僅親自動手提水，而且每次都在房門口高舉約百斤的水桶數十下。

然而不管腦子是不是被關出「毛病」，當看守所中央台廣播：「黃學文交保」時，死囚舍響起一片響亮的鼓掌聲，他在歡送聲中被帶去卸下腳銬，由於平常有鍛鍊的關係，十五年的重擔一旦解除，他走起路來異常平穩。

就這樣，黃學文頭也不回，一路走出看守所，他什麼倒楣的東西都不要，連判決書也丟在獄中。

家人舉債，花了二十萬讓他交保就醫，一旦呼吸到外界自由新鮮的空氣，黃學文無論如何不願重回汙濁的死囚房，於是五十四歲的他密謀逃亡。

他先設法遮人耳目在台大醫院精神病房住一陣子，又轉到馬偕醫院，再轉到中壢醫院，當傳票跟著曲折來去，法官發現不對勁，從台北追到中壢時，黃學文已人去樓空了，隨後，法院發出通緝令。

神秘藏鏡人！

幹過警官，知道把戲，喬裝掩飾身份，逃亡時養過羊，也包過工程賺了不少錢。

講起逃亡二十三年，還能夠逍遙法外，黃學文臉上泛起一絲詭譎。「我的家鄉是個土匪窩，從小我逃過國、共兩黨的難，也幹過警官，知道警方循線抓人的那一套，知己知彼，他們道高一尺，我就魔高一丈。」

下定決心亡命天涯，黃學文知道從此跟家人的情緣聚少離多，行前特地潛回家中一趟，蜷縮在陰暗的家中，眼看昔日不可一世的「武漢大旅社」淪落至此，黃學文住了兩三天，大歎一聲，再也沒有踏進「武漢大旅社」一步。

南下避難時，黃學文在火車站遇到一位省府的高級官員，該官員看他一表人才，兩人聊了起來，就這樣，黃學文幸運找到他逃亡後的第一份工作，在鳳山一處工地當主任。

在工地，「黃主任」要管兩百多個工人，非常能幹，怪的是，沒人知道他眞正的大名叫什麼，他似乎沒有朋友，也從不外出應酬，是個神秘人物，有好事者於是暗中調查……當黃學文聽到有人懷疑他是共產黨的高級幹部時，嚇壞得連夜逃跑。

蒼茫大地，這一次，他要跑到何方呢？黃學文想起他的客戶中，有個姓紀的在屏東車城山上養羊，他於是去找他，向他討教一番後，黃學文買了二十一隻羊，自我放逐到另一座小山頭，過著離群索居的日子。

那座小山，除了偶爾有路過的原住民外，黃學文沒有其他訪客。他趕著羊群逐水草而居，雖然每到一處，不是山就是海，但是黃學文自己蓋工寮，工寮附近還挖個洞，並養了一隻土狗，像狡兔般，他時時提高警覺。

白天養羊，偶爾晚上黃學文也得穿過農村，下山購買米糧。有一天，他竟然在農村裡聽到幾位老人的閒言閒語：「山上養羊那個人好像電視裡一位導演？」「什麼導演？我看像匪諜，不如趕快去報案領獎金……」黃學文一聽，東西不買了，迅速跑回山上，把一群羊放生，結束牧羊人的生活。

逃出屏東山上，黃學文躲進台北一座山上養雞。有一回他下山看到一片空地，是塊理想的建地，聽說地主在屏東養羊，他立刻啓程去找人，並拿回一紙合建的合約，再轉賣，光一張紙，一毛錢沒花，黃學文結實賺了一大筆。

靠這筆錢，黃學文又去包工程，那幾年，黃學文暗地裡賺上千萬。

逍遙法外！

花錢買護照，到大陸被當作財神爺，後來拿著大陸護照到處跑！

不過，他依然過得神秘，白天西裝革履，儼然一副大老闆的模樣，晚上則脫下華服，不出工地。知道特務還三不五時帶槍去家中突擊，他跟家人多年來的聯絡，靠的是少之又少的書信，連家人也不知他的住處，每次書信都是託一家又一家的雜貨店轉來轉去。

如此躲躲藏藏在台灣過了七、八年。有一天，黃學文坐上一輛計程車，司機從照後鏡打量他許久，說：「老大，你住過愛國飯店吧。」以前台北看守所還在愛國東路一號，囚犯們每次都開玩笑說，那是「愛國飯店」；黃學文一聽，心頭一凜，想：「台灣恐怕住不下去了，遲早會被認出來。」加上他的身份特殊，跟人家做生意氣勢減弱三分，被人欺負也不敢吭聲，他遂萌生不如「落葉歸根」的舉動。

老家在台灣海峽的那一端，當時兩岸尚未正式互動，所以黃學文只有取道香港。

由於「通緝」的身份不能出境，黃學文花了一大筆錢，託旅行社搞來一本護照。而為了保他順利出境，他的表哥，一個政商背景雄厚的華僑，特地從新加坡飛來，陪他一起前往香港。離開台灣那一天，在機場送行的，並有三位警界的高階老友和一名福建同鄉。

黃學文表示，雖已喬裝打扮，但深怕被發現，再押回死牢。一路通關，他的內心抖顫個不停，直到飛機離地，他吊在半空中的一顆心，才暫時放下。

從香港到福州，輾轉再到長汀縣策武鄉，黃學文身擁一萬三千美元，終於回到他睽違三、四十年的家鄉。

在老家，他遇到空前熱烈的歡迎，親人當他是「財神爺」，而縣政府也因為他是受國民黨迫害的高官，縣府掛起他的照片，當他是「英雄」，並迅速恢復他在福建的戶口。而憑藉著女兒的海外關係，他換個名字，又申請到中華人共和國的護照。

在家鄉住了一年多，受不了上百名窮親戚對金錢的需索無度，黃學文形容自己「逃」出大陸時，全身除了一張飛香港的機票外，身上所剩無幾。在香港勉強住了一陣，眼看生活即將陷入絕境，他只好寫信向遠嫁到澳洲的大女兒求援，女兒很快寄來機票，黃學文又啓程到澳洲。

在澳洲住了兩年，又到日本住一年，再到英國住了三年。黃學文就這樣拿著「中華人民共和國」的護照，靠著親朋好友的接濟，浪跡各國。

問他一個人飄來盪去，在國外都做些什麼？

「每天寫寫冤枉書，吃吃館子，坐坐公園、逛逛博物館，日子無聊早就習慣了，有時難免心情直降谷底，好像快要活不下去了，這時，我就向上帝禱告。祂總會用悲憫的口氣在我耳邊叮嚀：不要放棄，有我與你同在。」

在語言不通，環境陌生的國外，黃學文也曾發生過一次差點回不了家的經驗。那是在雪梨海邊，他一個人冒險閒逛，突然頭昏迷了路，又不知找誰求救，一個人枯坐海邊等了又等。巡邏警察發現他時，他已無法言語，最後靠著一張女兒事先寫好的電話、地址，才被警車護送回家。

上帝給他力量！

一九九五年因追訴期過已恢復自由身，他卻怒吼：我不要免訴，我要無罪！

不忍年邁的父親在國外不斷的流浪，八年前，小女兒黃秀華在美國替他申請的移民正好批准下來。黃學文遂從英國趕赴北京美國領事館報到，完成口試後，終於踏上美國移民之旅。

正式移民美國，才入境就發生了一次讓黃學文記憶深刻的糗事。他跟著中國旅行團，從洛杉磯轉機到舊金山。在機場時，他因到處張望，竟然與團員走失。他身上什麼證件也沒有，跑到櫃台比手畫腳求救，美國人根本聽不懂，問他什麼他都說：「NO」。連警衛要來帶他走，老人家也說「NO」。面對這個「NO NO」先生，櫃台只好廣播：「有一位東方人迷路了，請來認領。」

最後，在櫃台等了兩個鐘頭，領隊終於趕回來認領他，原來領隊帶團員去吃中飯，點名時才發現少一人，趕緊回來機場找他，驚慌一陣，總算平安落幕。

這件事的發生，對黃學文刺激很大。所以他到美國安定生活後，很努力上了幾年的

黃學文與楊薰春 1998 年在美國洛杉磯。

ADULT SCHOOL。如今英文程度如何呢？黃學文坦白，考公民時筆試一百分，但口試卻是考了兩次才過，「不知怎麼，一聽到美國人英文講得好快，我的頭就發昏。」

拿到美國公民權不久，始終沒有停止喊冤的黃學文，本來不平靜的心海再起驚濤駭浪。原來打了又打的官司有了具體「結果」，台灣高等法院針對一九九五（民國八十四年）年度重上更（七）組字第一號黃學文殺人一案，以追訴期已過，做出「免訴」的判決。

「免訴」，意味著黃學文從此「恢復自由」，不用再東躲西藏。可是他拿到判決書的第一個反應，竟然勃然大怒。

「我不要免訴，我要無罪！」

他熬夜寫了上訴狀，用雙掛號寄出，怕寄丟了，又趕回台灣親自到法院送件，甚至在立委李進勇陪同下，直闖立法院去向當時的調查局長廖正豪當面喊冤。他的出現使塵封已久的「武漢大旅社命案」重新曝光，再度成爲新聞焦點。

然而，他耗盡青春，已是蒼涼的吶喊，並沒有替他喊來遲來的正義。就在九月二十日，行政院長連戰對媒體宣稱台灣沒有白色恐怖的前一天，台灣高等法院撤銷黃學文的「免訴」，判他「無期」（原為死刑，因符合減刑條例，減為無期）。

收到判決時，黃學文因揪心而老淚縱橫。

「我的人生就這樣毀了，從踏進死牢的那一天到現在，我活著就比死還痛苦，既然連戰宣稱台灣沒有白色恐怖，那我的官司已進入更九審，參與審理推事高達七、八十人，每次判我死刑，我就上訴，再發回更審，如此推拖拉快要四十年，既然不敢公然駁回，爲什麼沒有勇氣還我一個公道呢？」

說著說著，老人憤恨的容顏，變得猙獰可怕。

一場突如其來的人禍，徹底扭轉了他的人生。儘管腳踏美國這塊自由民主的土地，黃學文依舊活得辛苦，他跟家人保持安全距離，還是一個人獨住，內心有著別人不能觸碰的陰暗角落……

黃學文逃亡到美國以後，曾出席李昌鈺在紐約舉辦的中央警官學校校友會。

例如，他有獨特的交際圈，朋友叫他「老黃」，表面上他來自中國，是個領有社會津貼的美國公民，可是骨子裡他卻是「台灣通緝犯黃學文」；又他在洛杉磯各華文媒體重金刊登廣告大呼冤枉，卻只能說「黃學文是我哥哥」，此外他更用「黃天來」的筆名，寫信給林洋港、施啓揚、李登輝、鄧小平陳情告狀。

藏身幾十年，爲何突然決定曝光，老人無奈地說：「最近有一次中風，差點死在家中，無人聞問，我老了，再不說沒機會了，而官司一日不平反，我無論如何死不瞑目。」

老人還說，他寫了幾十萬字的冤獄書即將出書，控訴台灣司法的不公。此外，記者採訪前夕，他還特地去向教會的主任牧師告解：「我就是那個喊冤的殺人通緝犯黃學文！」把牧師嚇了一跳；他並計劃等待時機成熟時，拖著腳鐐到全世界教會去喊冤。

結束採訪，腦中沉甸甸的盡是黃學文被官司捆綁的一生。目送他沒入人群的寂寥背影，記者曾經追問：「黃老先生，你後來改叫什麼名字？家住哪裡？」他只是陷入沉思，不做任何回答……

（編按：本文原載《時報周刊》一〇四五期，一九九八年三月八—十四日）

第三部

正義呼聲

「雷震案」前奏曲

／黃秀華

監委陶百川在《陶百川叮嚀文存六：辨冤白謗第一天理》著作中，將「雷震案」及「武漢大旅社案」「並列」爲第一及第二冤案，足見台灣司法之黑暗。其實陶百川仍有顧忌，並沒完全說出。

「武漢大旅社案」中最突兀不搭調的，就是台大化工系主任陳華洲的被捕。我在書中曾簡略帶過，在此我進一步分析報告。

陳華洲大有來頭，他不是一般的學術人、教育界名人。陳華洲教授早稻田大學畢業，是一九四五年蔣介石政權最先抵台接受日人投降的接收委員之一，曾任台灣省工業研究所所長，是台灣白水泥的發明人。

「武漢大旅社案」其他六人都是武漢大旅社的人員，除了有家庭的會計林祖簪，其他人一天二十四小時都在旅社內。以三十九歲的老闆黃學文最年長，其餘都是三十出頭。

這是一群爲著生計，汲汲營營努力工作的普通人。有家庭的爲家庭努力，其他單身漢雖然職等不同，但年紀相若，正編織著存錢、找對象成家的美夢。努力工作、結婚、養兒育女，是他們那一個世代共同的夢想。就算老闆黃學文擁有財富，也是屬於社會新崛起的商界企業人士。黃學文交往的都是金融界商界名人，如蔡萬春、華南銀行總裁張聰明、大同公司林挺生父子、林本源的子孫等。他們每天面對的是實際的經濟問題，政治離他們很遠。

而五十來歲的陳華洲，已是學術界和教育界名人，社會地位穩固，有三個老婆和一群成年的兒女，他交往的是高階層的政治圈、學術圈、教育圈名人，如胡適、雷震、台大校長等人。他是雷震的摯友，更是堅定的政治盟友。

陳華洲除了和黃學文是來台前就認識的福建長汀同鄉。和此案的其他人完全沒有交集，找不出共同或相通的點和面，可說是分屬兩個不同世界。

陳華洲是「武漢大旅社案」與「雷震案」的關鍵

如果把陳華洲放入後來的「雷震案」，似乎比較合理。爲什麼調查局硬是把陳華洲扯進「武漢大旅社司法案」中呢？

我們來分析一下「武漢大旅社案」發生前後，台灣政治氣候和兩案的交叉關係。

雷震從一九五八年與台灣人籌組政黨，但無法取得當局的許可。

雷震的《自由中國》不斷反對國民黨專制，自由主義知識分子組織新黨的呼聲愈來愈強。

一九五九年七月，「武漢大旅社」經理姚嘉薦自殺身亡。

一九五九年十二月八日，「武漢大旅社案」逆轉成謀殺案，旅社內六人被捕。在酷刑拷問中，特務發現黃學文和陳華洲熟識，而陳華洲是情治單位早就盯住的對象。從此，「武漢大旅社案」提高到政治層次，原來被警界指責貪財、濫捕的調查局，也因有了可以合理化的政治因素，更可進一步捕到大魚，在主子面前立大功了。

一九六〇年一月台大化工系主任陳華洲以共同謀殺罪被捕。該年的一月至二月間，雷震與台港在野人士共同連署反對蔣介石三連任總統。二月六日「武漢大旅社案」開偵查庭，雷震還派《自由中國》的傅正到法庭專注記錄，預計在雜誌上刊載「武漢大旅社案」的疑點。當時，陳華洲趁機很有自信的告訴黃學文：「調查局沒甚麼好怕的，雷震會救我們。」

三月廿一日，蔣介石在自由主義知識分子的抗議聲中，於國民大會獲得九三．九七％選票，當選第三任總統。三月廿四日，「武漢大旅社案」一審判決，眾人被判重刑，陳華洲判無期徒刑。原來特務只準備要關黃學文幾年占有財物就好，順便和警界爭地盤。卻因捕到陳華洲這條政治大魚，從犯陳華洲判無期徒刑，主謀黃學文就必須是死刑。

五月四日，《自由中國》又發文鼓吹成立反對黨參與選舉以制衡執政黨。五月十八日，雷震與非國民黨籍人士舉行選舉改進檢討會，決議組織「地方選舉改進座談會」，隨即籌備組織「中國民主黨」。

九月四日，雷震、傅正等人被逮捕。九月六日，「武漢大旅社案」二審判決原判，眾人仍被判重刑。這時，陳華洲告訴黃學文，雷震被捕，他們沒希望了。起初陳華洲家人認爲是黃學文做生意和人結怨，把老同鄉陳華洲拖下水，而稍有怨言。後來就不說了，因爲他們知道，其實是陳華洲的政治因素，讓大家翻不了案。

陳華洲每每悄悄傳遞信息給黃學文，告知案件情況。而陳華洲家人的信息來源就是在大陸曾任調查局長的葉秀峯。葉秀峯是陳立夫派的中統局高級情治官員，是不是調查局的派系鬥爭和雷震組黨也有所關連？爲什麼雷震的消息，都由這名前調查局局長傳給陳華洲家人？

陳華洲的孫子曾在我的部落格留言說，如果他外公陳華洲是爲了國家民主自由而犧牲，是爲國家民主奮鬥而被拘捕，他們心甘情願接受這個罪名；但指控他提供巴拉松來謀殺一名和他無關的人，他們實在無法接受。

將陳華洲圈入命案，嚇阻校園民主學潮

何以監委陶百川將「雷震案」及「武漢大旅社案」「並列」爲第一及第二冤案？我不知道陶百川是否想到這兩案的關聯？陶百川究竟是國民黨體制下的官員，基本上他會提出諍言，但他不會和雷震一樣反對國民黨！

我母親楊薰春要出國前提及，要上美國國會作證，控訴中華民國政府的暴行。陶百川阻止她說：「我們不喜歡人去告洋狀。」因此我認爲，縱使陶百川想到這兩案的關聯，不會講也不會寫。

胡適曾去見蔣介石，爲陳華洲求情，說陳華洲是名教授，不可能會殺人。蔣介石回答：「陳華洲不會殺人，黃學文不會殺人嗎？」乍聽之下，眾人一定罵這個獨夫大小事都攬權，連民間司法都干涉。這是表面膚淺的看法。蔣介石爲了穩固國民黨一黨獨大的政權，必須阻止這一波由一群自由主義知識分子發起的組黨運動。

蔣介石的特務系統把尚未正式浮上組黨檯面的雷震政治盟友——台大化工系主任陳華洲，先單獨圈入「武漢大旅社司法案」，斬斷了雷震深入學術界與校園的觸角，成功的嚇阻了正蔓延於校園的民主思想，和正在成長的組黨運動氣勢，撲滅了竄入學院中由教授帶頭散播出的學潮火苗。「太陽花學運」讓現代的台灣人見證了學運勢力沛然難禦，教授學生一旦群起抗議，勢不可擋。這道理，蔣氏父子老早就知道了。陳華洲被捕，台大校園噤若寒蟬，沒掀起太大的抗議躁動，沒人出面救援陳華洲，唯有雷震的《自由中國》聲援。

在酷刑陳華洲時又可獲得雷震政治動向的詳細情報，再抓雷震《自由中國》的一小批人馬，整肅雷震、瓦解組黨計畫，就容易了。革命總是先由幾個人帶頭開第一槍，擒賊先擒王，其他人也就樹倒猢猻散。

「只」犧牲掉其餘六個和政治無關的老百姓，就能阻止掉一場比雷震案更棘手腥風血雨的政治鬥爭和校園學運，就能拯救人人詬病而欲推翻的國民黨。這是蔣家父子一步高明的政治權術棋。

這一高招成功鞏固了蔣家和國民黨往後數十年的獨裁政權。「武漢大旅社案」是「雷震案」的前奏曲！我們花掉了我們寶貴的一生，發掘、記錄下這一段醜陋混蛋的歷史真相！

附：《雷震日記》

一九六〇年六月七日　星期二

晨陳華洲太太來談，她說家中絕無巴拉松藥，絕未給黃學文，姚嘉荐（薦）之死係自殺，他們都是苦打成招，她說完全是調查統計局做好的。因爲總統有條子，要爭取華僑內向，不惜人命幾條完全冤獄。陳華洲在二審可能判死刑，葉秀峯太太在一審後勸他不要上訴，他未允。可見他們內中都是一氣的。此事果爲冤獄，則中國政治之黑暗，眞令人意想不到。

（《雷震全集》第四十集，台北：桂冠出版）

1996 年在美國聖地牙哥舉行的「台灣白色恐怖真相研討會」，邀請了台灣人權工作者、孫立人將軍之子及部屬參加，會後餐敘合影。

（作者補註一）

最了解武漢大旅社案、雷震案和調查局鬥爭關聯眞相的，應該是台大化工系主任陳華洲家人。陳華洲有三房妻室，兒女眾多，是大家族。案發時，他已有一群成人的兒女，不像我們是一群三歲到十一歲不懂世事的兒童。何以陳華洲冤死後，他家族從此噤聲，沒再出現？

一九九六年我們在美國聖地牙哥舉行「台灣白色恐怖眞相研討會」時，有一名聽眾自稱是陳華洲女兒的台大醫學院同學，她說，案發前陳女在班上活潑開朗，案發後沉默孤立，不再與人交談，判若兩人。這位同學買了我這本書，要我寫點信息給她已成醫生的朋友。我寫了便條，希望能大家一起爲父親們平反冤案，也留下連絡住址、電話。可是，陳華洲的醫生女兒並沒聯絡我。

這是我一直想了解的，何以最接近政治高層，最清楚何以被調查局整鬥這麼慘，有不少高官友人和內線信息的陳華洲教授家族，竟然保持沉默？他們知道什麼眞相？是不敢聲張，怕惹禍全家滅門？或者怕牽連更大？而陳華洲有權有勢的友人，除了《自由中國》派傅正觀庭紀錄外，沒人公開聲援，爲什麼？

七人中，台大教授陳華洲最晚被逮捕，卻是最先被調查局屈打成招，按下血指紋，承認殺人。是因爲學者年老體弱，不堪折磨？或者還有其他原因？

（作者補註二）

白色恐怖的戒嚴時期，一九六〇年到一九六九年期間，《聯合報》、《中國時報》等，不時以專欄形式褒揚調查局以「科學辦案」方式偵破「武漢大旅社命案」，將七名罪犯繩之以法的「豐功偉績」。年年如此，他們寫給誰看的？向誰邀功？他們要阻止什麼事件發生？他們要恐嚇誰？

答案就是：調查局藉著「武漢大旅社案」逮捕名教授陳華洲，拿到了蔣介石剷除異己、格殺勿論的尚方寶劍，年年藉著媒體，向那一群蠢蠢欲動的知識分子喊話：敢動？敢組黨？不只軍法審判，司法也能逮捕你，讓你身敗名裂，不得翻身！

二〇一六年十一月十五日

人性邪惡病毒散播的瘟疫

／黃秀華

「武漢大旅社案」是「百人共犯的集體創作」的假案，有近百名的共犯，包括：蔣介石、調查局人員范子文、打手王琪、法官呂有文、石明江、楊守城、法醫蕭道應。

然而更值得一提的是，一群正義人士，包括：在南京任審判長審判川島芳子的石美瑜、律師何祚歆、孫中山的孫女孫麗蓮律師，和一名原是對方律師的青年黨員瞭解內情後，倒戈成爲我們的義務辯護律師。

更值得並提相較的是：法醫葉昭渠和蕭道應。堅持該案死者自殺身亡，實事求是、據理力爭的法醫葉昭渠，因本案而下台，由楊日松接班。蕭道應的兒子蕭開平，是「蘇建和案」中和李昌鈺唱反調的法醫研究所組長。蕭開平也是「江國慶案」中，江父控訴的冤殺江國慶的狗官之一。而李昌鈺是葉昭渠的學生，隔了半個世紀，兩派法醫又對立起來了，非常巧合！

幾年前我曾讀到一篇紀念蕭道應的文章，作者可能出身調查局，文中提到：「命案被告大苦主黃學文夫婦的女兒黃秀華女士，多年來一直指責蕭道應害她們全家受苦受難。」我家被害的遭遇，豈是「受苦受難」四字能描述的？「武漢大旅社假案」是邪惡的調查局、貪婪的法官們，近百人共犯的集體創作。比起范子文和禽獸不如對人體施酷刑的調查局人員，我又何必單單指責蕭道應呢？

與其說我指責蕭道應，不如說我悲憐、同情蕭道應。他擁有高學識，卻因曾經加入共產黨，有把柄在調查局手中，不得不做違背良心的假證來害人，正如那幾十名有貪污把柄落在調查局手中的法官一樣。

那篇文章也提到：蕭是「五十年代白色恐怖下被蔣家國民黨逼得走頭無路後自首被捕，辦了『自新』，沒判刑坐牢」。許多台灣人被槍斃、坐了數十年的牢，何以蕭道應沒坐牢，還在調查局中任高職？

蕭開平說，調查局大概認爲他父母的罪不及死，所以提供他「自新」的機會。以出賣自己台灣人同志做爲「自新」不坐牢的交換條件，獨裁政權豈能抓到你，又白白讓你「不用判刑坐牢」，還給你工作、給你薪水花用嗎？蕭道應在調查局一直服務到一九七八年退休爲止，蕭道應從「自新」，到退休領退休金爲止，幫調查局製造了多少無辜的冤魂？他也參與了「武漢大旅社案」的炮製。

獨裁暴政、殘酷特務系統，利用一個年輕時還有點社會理想，而參加共產黨來抵抗國民黨的台灣法醫蕭道應，不管對他威脅或誘惑，終究他仍成爲幫兇走狗，成爲獨裁暴權的共犯，讓無辜者家破人亡。反之，在人人噤若寒蟬的恐怖時期，也有葉昭渠如此正直的法醫界專家，堅持眞理，無論如何不向暴力屈服，如此崇高的情操，難能可貴，實在是値得歌頌的台灣精神。這一段，台灣歷史家應該好好研究！

年輕的一代也許認爲我的「百人共犯的集體創作」是危言聳聽，我算給你們看：調查人員十幾名、司法官員近八十名，再加上下令嚴辦的獨裁者蔣介石，有沒有近百人共犯？

這麼恐怖？怎麼可能？

這就是威權政權利用人性邪惡病毒散播的瘟疫——白色恐怖。到了民主時代都還未能脫離的夢魘！

眾聲齊力　召喚正義
楊薰春臉友留言摘錄

（編按）二〇一五年「轉型正義」的呼聲開始響徹台灣每一個角落，「武漢大旅社冤獄案」受難者楊薰春，不甘同案其他六人含冤辭世，決心以其餘生奮力爭取平反。已經八十八歲的楊薰春，在親友協助下，開闢臉書專頁，得到網友熱烈迴響，繼而成立「台灣『武漢大旅社冤案』正義平反會」（網址 https://www.facebook.com/groups/1792330247674022/）。臉友在網頁中，打氣、留下感言，以及對台灣人權、司法、教育的期許，以下爲二〇一五年十月至二〇一六年十一月，網頁留言摘錄。

楊薰春：

我們這裡的一位朋友廖通盤先生昨天在我們這個臉書網頁說：「前輩，希望有一天能將『武漢事件冤案』拍成電影或紀錄片，讓前輩早日沉冤得雪！」我這樣回應他：「通盤：這個冤案的情節很有戲劇性，我們的確有把它拍成或樂見有人把它拍成紀錄片或電影的想法，但這需要有人寫劇本，有人導演，也需要有人願意投資，提供資金。您若能促成此事或您若有適當的執行人選（包括您在內），請與我們聯繫，然後我們可以在台灣或南加州來進一步談這件事。」

我順便告訴通盤及其他的朋友們：過去「民視」曾把武漢大旅社這宗冤案拍成電視連續劇「再叫一聲爸爸」，是八點檔的連續劇，可惜沒能有好的收視率。這原因是當年的台灣當局不准民視使用「武漢大旅社冤案」做爲連續劇的名稱，也不准編劇使用這個案子的苦主們以及他們的子女的眞名，倘若當年台灣人知道這個連續劇是由眞人實事改編，那應該就會引起很大的注意。

臉友在「台灣『武漢大旅社冤案』正義平反會」專頁，留下許多對台灣人權、司法、教育的期許。

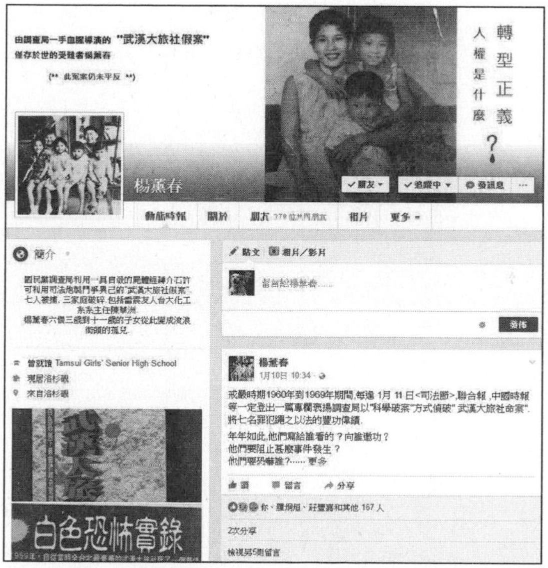

八十八歲的楊薰春的臉書，獲得很多臉友的迴響。

楊薰春：

民進黨所推出的明年台灣總統（《台灣關係法》下「在台灣的治理當局」的最高領導人）大選的副總統候選人陳建仁先生於二〇一五年十二月八日（台灣時間）在出席「全國二二八暨白色恐怖受難團體後援總會」成立大會中表示：「他代表蔡英文向後援會轉達，轉型正義是民進黨未來政治改革中最重要的事，如果進入總統府，將成立一個『調查和解委員會』，讓眞相能夠大白。」

轉型正義是支持民進黨執政的台灣住民對民進黨政府最大的期待之一，在阿扁執政的時代，可說幾乎繳了白卷。

不做轉型正義或轉型正義的工作失敗，一俟老K復辟，那就是老K依舊反動，台灣一切回到原點，甚至倒退。馬英九執政這幾年，就提供了很好的例證。

做爲「武漢大旅社冤案」唯一在世的、垂垂老矣的受害者，我希望下一個民進黨政府能將轉型正義的執行列爲首要的工作之一，而且能將在國民黨執政時期「假司法之名，行政治迫害之實」之下所炮製的所有冤案、假案與錯案都以政治手段加以平反，還被害人及其家屬清白，並給予其他適當的救濟。

沒有眞相與正義，就沒有和解或和平。

陳銘城：

想寫幾點看過《武漢大旅社》的記憶感言，你們去找書來看吧。因書不在手邊，全憑已十幾二十年的記憶，如有錯誤，請指正。

前衛出版社出版的黃秀華《武漢大旅社》一書，讓人感動，記憶深刻。

那是年輕警官黃學文得罪人，而被陷害。家在台北市武昌街（編按：應為漢口街）開的武漢大旅社發生命案，他被誣陷爲兇手，連妻子楊薰春都被關，六個兒女無人照顧。幸好楊薰春的母親有軍眷身份，帶走二個外孫女，去板橋眷村扶養。但四個男孩則生活如小乞丐，代管武漢旅社和收錢的叔嬸，人前人後不一，讓坐牢的黃學文夫妻感激涕流。

實際上，四兄弟常挨餓，撿食台北車站旅客吃剩的便當，要不然就是去隔壁白俄羅斯人開的明星咖啡廳麵包店徘徊，好心的白俄老闆娘，不捨最小的老六才三、四歲，總會拿些麵包讓男孩充飢，但台灣夥計，看到黃家兄弟就會把他們趕走。

每次去和坐牢的母親會面時，叔嬸讓他們穿漂亮衣服（回家就脫還給堂弟妹）。母子相擁哭泣，但短暫親情後，各自要面對日後現實的磨難。還好母親楊薰春較早出獄，回去照顧六個兒女。

很喜歡書裡的一個場景：武漢大旅社住了一位盲眼將軍，他一直等國民黨政府打回中國，蔣經國曾去探望他。他長期住武漢旅社，但無法看書，就找讀小學的黃秀華念武俠小說給他聽。那時黃秀華才小三、小四，很多字不會念。盲眼將軍都會教她，也讓她賺點零用錢。

旅社裡的壞人是叔嬸，還有部分惡房客強占不走。叔嬸每天下午睡到飽（也是下午兩點不露，三點就全都露臉），就找朋友去武漢大旅社吃喝，玩牌到半夜，卻讓哥哥黃學文的孩子餓肚子、睡地板。

武漢大旅社就在重慶南路武昌街口，離那不遠（約兩、三百公尺）的總統府，每年雙十節閱兵，蔣介石都會高喊：「中華民國萬歲……」。聰明的黃家哥哥，就會帶弟妹到武漢大旅社頂樓高喊：「黃學文無罪！還我武漢大旅社！黃學文萬歲！楊薰春萬歲！」來武裝黃家弟妹的心理與情感。

每看到這裡，我就有想哭又想笑的荒謬感。那是戒嚴的一九六〇年代啊！

黃家母親一九八三年到美國洛杉磯與女兒同住，黃學文也在家人協助下，偷渡到美國。但武漢大旅社的冤獄，仍是無解。不能再寫太多了，我的情緒也撐不下去。去看《武漢大旅社》那本充滿血、淚、恨的書吧！

民進黨政府，請處理這些戒嚴時期的不正義歷史案件吧。別讓太多傻傻支持你的冤案家屬失望再失望。

看後請給回應，不要只按讚。在頂樓喊口號的黃家兒女，應拍成電影或電視，那畫面太強了！

紀而軒：

很遺憾轉型正義的進行還很牛步，很多國民黨的罪行還是沒有人知道，更不用說是公開譴責了，歷史不能遺忘，眞相必須讓更多人知道。

陳燦星：

血和淚的控訴……加油……期待正義的力量進來……。

蔣遠蔭：

不公不義之冤案，當然贊成平反。這種污糟貓比黑的吏治，絕不可再存在！

Wen-Chen Chen：

一九五九年七月在台北市武漢大旅社發生了一件命案。姚嘉薦被發現上吊死亡。原本是自殺的案件，卻因爲調查局警察局等背後的因素，變成了一件陷人入獄的謀殺案。「武漢大旅社案，從自殺變成他殺。」「陳文成案，從他殺變成自殺。」

轉型正義，等待正義。

楊薰春：

寫得好！「武漢大旅社案，從自殺變成他殺。陳文成案，從他殺變成自殺。」這幾句就描述了當時的血腥調查局，一被調查，不是「變成殺人犯逃亡一生」就是「被墜樓自殺」。都遭到生不如死的酷刑。這就是白色恐怖。

張森田：

武漢大旅社案爆發時，個人已成年，媒體的社會新聞每天長篇累牘報導，轟動一時，記憶猶新。但也只知道這是在肅殺社會的一個凶殺案而已，並不知道這是個統治者刻意炮製的冤案，到現在都不得平反這麼嚴重！

何歡：

楊阿姨：妳好，我的本姓姓廖。

我現在也住在洛杉磯，看到妳的文章非常感動，感同身受。家父也是白色恐怖的受難者，所以非常可以感受到那可怕又悲傷的時代！祝福妳一切平安，妳是一個非常偉大勇敢的女士，向妳致敬！

楊薰春：

阿姨希望有更多的人能夠出面指控這血淚的冷血殘酷的事實！

劉正偉：

我們家曾受白色恐怖迫害，知道那種苦難，希望您家的冤案能眞相大白。

Angel Anton Chang：

黃媽媽，您好，

陳建仁副總統曾表示：「他代表蔡英文總統轉達，轉型正義是民進黨未來政治改革中第一件最重要的事，如果進入總統府，將成立一個『調查和解委員會』，讓眞相能夠大白。」

希望您「假司法之名，行政治迫害之實」之冤案能夠平反，還您們及家屬清白，並給予適當的救濟。祝福。

鄒武鑑：

據我所知，過去八十年，受蔣家/國民黨政權迫害的外省人總數多於本省人。可是受到迫害的外省人，並沒有集結成一股可觀的力量來對抗國民黨或要求公義，懲奸平反。有誰可以告訴我箇中的原因嗎？因此，武漢大旅社的迫害事件，當事人挺身出面控訴蔣氏暴政，雖然勢單力薄，卻有如暗室中燃燒的一根蠟燭，雖然孤單，卻照亮全室。

楊薰春：

一些原因是受難人的親友都不在台灣，或者有親友而親友們都在獨裁政權機構下，包括濫捕無辜的情治單位下工作。而國民黨和共產黨的內鬥，和後來各自在海峽兩岸殺虐無辜百姓的血腥瘋狂，人人自危，噤若寒蟬。武鑑的問題眞好，我們以後可以在我們的「正義平反會」頁上仔細討論，到時一定會有一大群人現身來說。

楊薰春：

其實很久以前就有很多受難者本人站出來，但大多是弱勢者，都沒人理。一旦參與者藉著造勢成爲政壇新貴，「其他」重要事又太多了，又不理了。

林炳炎：

一九四五年正是日本退出台灣的那一年，我們這一代，被稱做「戰後嬰兒出生潮」的一群，在這麼漫長的外來入侵者政權歲月中，我們看過，也聽過，無數的蠻橫、霸道、喪盡天良的悲悽故事一再重演。台灣人在過去的戒嚴體制下，忍氣吞聲，強顏故做歡笑，只是要一家大小溫飽，以防無爲的橫禍上身。在此時氛圍下，更有少數人或地方士紳爲求自保，而紛紛加入外來政權的行列，幫著欺壓自己的台灣人。從古老的黑白照片中，我們不難推測，楊女士過去優雅典型的台灣少女與對未來願景的祈望……到整個人生被摧毀，史蹟歷歷在目，令人鼻酸。這是停留在所有台灣人心中永遠的痛。

小時候，我家成爲思想犯的家庭之後，親友都怕死了，誰敢來？反而仁慈的新住民老師給予溫暖，雖然批判ＫＭＴ嚴厲，但對個別新住民，是看其行爲，而有不同待遇。小學時，同學就叫我政治犯！我是沒關進監獄的政治犯。

楊薰春：

我的孩子們也受很多苦，他們都沒提，當時大環境就是這樣。

受難家屬都陪同受難，不過他們可以關我們的身體，我們在自己心裡不能把自己關進去，要想辦法走出來，解放自己，要多運動。

大家都是恐怖政權的受害者，不分族群一起努力，共同追求社會正義。

張屏南：

做伙為台灣打拚，歡喜看未來，點亮台灣。

剛憶起多年的武漢旅社冤獄案。楊老太太，辛苦你了。國民黨做了壞事，從不道歉反省。白色恐怖所有家破人亡這筆帳，要由誰去平反呢？或許我應該勸妳把仇恨放下，使你的生命得到救贖。但烙印在心中的痕跡，是不可能抹滅的。如果未來的政府不清算國民黨，使正義公理顯耀於台灣，只會加速政府的終結。雖然我無錢無勢，無法為你及那些受害人家屬伸張正義，但我相信，上帝一定會讓眞理正義彰顯於人間。

願妳健康快樂。

謝鴻鵬：

立地孤枝難頂天，團結奮力終如願！唯有團結合作奮力一搏，陽光就在上頭！

李鈉：

你可不可以留下口述歷史，用錄音或錄影方式？我想，影音的記錄一定比文字更能夠感動所有的台灣人。

楊薰春：

以前都有，但搬家時不知道放在那裡。現在老了，口齒沒那麼清晰，比較少接受訪問。

李鈉：

眞實最重要，用手機就可以，錄影後上傳或直接錄影轉播。以前的找不到，就重來一次。我希望你能幫自己與台灣留下歷史記錄。

楊薰春：

眞好！很値得討論的議題，我挑出來講：「眞實最重要」。「眞實」是什麼？有了錄影，就是眞的？那麼沒有錄影怎麼辦？白色恐怖受難者大都沒有錄影，或者連說話都說不清楚。能腦袋清楚、記憶清楚就不錯了。那麼，如何知道是眞是假？那就靠著你們用去分析、去判斷，靠著你們多看幾本書，多長智識，不是先判了受害人「謀殺罪」、這個罪、那個罪，再要我們拿出錄影來證明「我們沒有殺人」。幾十年來，除了幾個敬業的媒體記者外，都是這樣對待我們。尤其最可惡的就是國民黨的媒體。現在人講究快速證據，用人云亦云聽來的？用看影視片？錯了！錄影只是參考而已。留下影像重要，留下文字讓人去研讀和分析是眞的還是假的，就是沒有影像、沒有文字，能用腦袋來判斷是非更重要。

Julia Yen：

Cheers! Great job.

Yu Wen Chen：

思考邏輯清晰，毅力勇氣十足，佩服您！沒有眞正轉型正義，台灣人民不會忘記這些白色恐怖的冤案。

何全長：

綻放心聲淚痕，聲張公道正義。

潘靜竹：

我要發聲！我要眞理！公道！不要傷害！

Tsung-sung Chao：

幾十年來受苦了！相信妳一定知道怎麼做，一定支持。加油！

廖育蔚：

駭人聽聞，眞是駭人聽聞，含冤莫白毀其一生，眞是可惡至極。前輩，事件發生時，晚輩尚未出世，今日首聞，氣憤萬分，昔日鷹犬爪牙所爲，令人髮指！晚輩期盼！這世紀大冤案能早日沉冤得雪！

Boray Chen：

有些時候，什麼都不說，比什麼都來得有力。光是這個事件本身，就清楚告知觀者，民主法治的重要性。當執政者違法、違憲，沒有程序正當性，心懷不軌就會造成嚴重後果。網友畢竟不是專家學者，歷史事件還是需要嚴謹、客觀的資料予以佐證，如果這樣不如什麼都不說。

楊薰春：

很不幸，我們已經自言自語幾十年，沒人理會。不說是不行的！如果連我們不說，根本沒人知道有這慘案。如果連受害者都保持沉默，我們怎麼要求群眾爲我們平反呢？我們不發言，歷史學家不知眞相，怎麼發言？講不客氣的話，有些學者是我女兒做運動時帶出來的，對某部分歷史眞相尤其是台人抗日和白色恐怖這方面的認知往往不如她。很不幸，這是我們家族慘劇。群眾對自己要有信心，有些事你們的瞭解看法，會比離群眾和眞相一大截的專家學者更正確。

Boray Chen：

我完全同情這樣的處境，我的家族曾因爲土地徵收分崩離析，執政者完全沒有法治精神，任意妄爲，這樣的傷害只會不斷上演。爲了讓台灣社會能夠進步，成爲眞正的民主法治社會，我們都需要好好學習，請加油！

也許寫寫家人受到的傷害與感想會更好，因爲很多受害人他們遭遇這樣的。

楊薰春：

我們就是要這些慘痛的遭遇，出現在官方的紀錄上，而不是政客和電視名嘴所說的那一套。

楊薰春：

特別謝謝年輕人的發言，支持或不支持都請發言。如此老人和年輕人才能互相瞭解，互相容忍。有些觀點只是角度不同，最重要的是保持互相尊重友善的對話。

我喜歡 Boray 的發言，他讓我們知道一些年輕人的想法。畢竟我們走過的路長，見證許多被政治誤導的錯誤。做爲長者，我們必須很有耐性的讓年輕人瞭解眞相是什麼？如何維護自己的人權和弱勢者的人權，如何辨識哪些抗爭是「造反有理」，哪些是政客在背後操縱的「無理取鬧」。沒有了「造反有理」的聲音，就只剩下「無理取鬧」的聲音了。

Lucy Hung：

楊姐：只要那些人沒下台，台灣很難有轉型正義。特偵組已淪爲打壓異己的打手，實在很難看好，不過還是懷抱正面希望，期待台灣更好。

Michelle Chen：

當我們要申訴恐怖時期冤案時，聽到的回答都是：已經超過申訴時效。即使遞狀，一定被法院駁回，我們也是投訴無門。難道唯一的一條路就只有寫書來慰藉長輩的冤靈嗎？

楊薰春：這是立法院「戒嚴時期不當叛亂暨匪諜審判案件補償條例」的缺失和不足。出書也平反不了，只有司法改革，社會改革。平反仍遙遙無期，但不能不將恐怖政權留下的血腥事蹟公諸於世。

謝鴻鵬：近七年經歷數十件官司訴訟，令我對台灣的司法徹徹底底絕望，更令我深感遵守台灣的法律是莫大恥辱！

楊薰春：有人害怕我們爲《武漢大旅社》再版的造勢台灣社會會亂。在此特別提醒各位，台灣的「亂源」是「國家暴力、政客、腐敗司法」造成的。不是我們這群「被害者」造成。好像本末倒置了！做爲八十八歲長者，我必須對台灣混亂的觀點，教育再教育。這是長者對社會的義務。

漫長的白色恐怖，受難者太多，只有沉默的忍耐。我不想沉默的忍耐，我一生沒有停止呼冤，我沒有沉默的權利。連我們自己都不說，誰說呢？我們都沉默了，能期待群眾爲我們發聲嗎？

電視媒體都是各黨政客在發聲，有幾個鏡頭是弱勢的被害者在發聲？我們對於自身不公不義的遭遇，不能沉默，必須抗爭！我們對於別人不公不義的遭遇，也不能沉默，必須爲弱勢者抗爭！

藍進興：

台灣因爲太多的不公不義事件，造成百姓是非不明，因而亂象百出。

楊薰春：

太多太多了！像一團亂麻，讓正義人士都無所適從，不知從何著手，正義之聲都被淹沒。我們就從「武漢大旅社案」開始抽絲剝繭。因這案件被害的事實和證據太多、太明顯，牽涉到調查局、警界、司法，甚至於蔣介石。許多的冤案連被害人都說不清楚是怎麼被害的，所幸此案的受害人意志力強，怎麼被害，腦筋記得清清楚楚的。

謝鴻鵬：

不能只有沉默的忍耐，不能本末倒置。台灣「亂源」是「國家暴力、政客、腐敗司法」造成的，不是我們這群「被害者」造成！

楊薰春：

有一位政治名人就對我說過，如果「武漢大旅社案」平反了，中華民國司法就破產了。

Ken Wang：

如果眞能如此，眞是台灣之大幸，正可趁此機會從根本建立一套良好的司法制度。

邱峻翔：

希望能建立台灣司法院，不是中（華民）國司法院。

Chih Min Su：

不用怕台灣社會會因此事亂，台灣不是因爲亂，才越來越民主嗎？眞相需要被揭發。

陳凱劭：

會嫌台灣在亂的，會嫌李登輝做總統之後台灣就開始亂的，就那些九點二%而已，不必理會。

「亂」本來就是民主國家正常現象，歐洲各先進國家和美國天天都有人在罷工、抗爭、遊行，要求平反老實說還稱不上在「亂」。那些民主國家反而是越亂越文明。

鄭邦鎭：

提醒小心，自是善意。然而，有人姑息，必有人受苦！現在每天名嘴談天說地，卻還談不到武漢大旅社的慘案，這正是我們應該提示、考驗媒體與名嘴的重點吧。所以，不必分心，儘管全力進行，共襄盛舉。台灣的亂，輪不到再版一本書來吹皺一池春水。放心啦！

周一回：

太重要了！太重要了！太重要了！

年輕輩們的敘述與溝通語法，是因爲很重要，所以要說三次。

雖然您的出發點是武漢大旅社冤案的正義平反，但是在我的心裡，卻是看到了妳提出了也許會是目前台灣社會最必須被堅持與重視的價值觀。

這確實是長者對社會的義務，也是長者可以堅持的「良善」。謹以敬佩心意與嚴肅心情，恭敬轉貼您的文於我的臉頁。謝謝！

台灣的民主進展，不只是小英新政府的事（相信他們一定會比國民黨好很多，即便國民黨與背後的共產黨為了大中國統一的圖騰，會不斷的反民主，打壓台灣的自主意識，破壞小英新政的推動），也是每一位台灣公民應努力的事，無論在思想觀念的覺醒，或在行動上的積極與成熟。我們大家應共同奮發，一起努力。促成台灣社會的民主共識。

楊薰春對臉友們的自我介紹

楊薰春：

我女兒說，這麼多網友支持我，我應該自我介紹，也附上幾張近照。我說放年輕時水水的照片就可以，她說沒關係，還是貼出最近的照片讓大家認識認識。

我出生於一九二九年（昭和年間）的一棟北投溫泉別墅。我本姓柯，生母楊絨，生父柯文質，台北士林人。生母弟無子嗣，我就過繼給舅舅，從母姓。出生時家境很好，日治時期名人許丙在我父親手下做事，後來許丙飛黃騰達。而我父親卻看不慣台灣鄉紳和日本人勾結，剝削勤奮工作卻窮苦的農民，遂辭去大地主代言人的工作，與親日的親友、日治時代台灣貴族之間的矛盾日增，最後走向被親日親友們隔絕孤立的抗日路線。後來家境就不好了。

但重視教育的生母，堅持家境再不好，男女平等，都要念書。我們家四個女兒，除了大姊念護理，其他都是高女畢業。我二姊和小妹是第二女中、第三女中畢業。我比較愛玩，念淡江女中。當年很多女人都不識字，我們算是受高等教育的一群。

高女生活是我一生中最快樂的時光，很愛作夢，念了很多日譯西洋文學。在二次世界大戰的隆隆炮火聲中，我們這一群小女子卻沉醉於未來美好的憧憬中。對西洋文學入迷的我，想當一名文學家；沉迷於古典音樂的二姊，想當一名音樂家，可惜後來都天不從人願。我念淡水女高到最後半年，日本投降。我們改念中文，國語由日語改成中文。一群只會講日語的高女生，一面掩著口嗤嗤的笑，一面學。三民主義青年團的外省老師怎麼教，我們的舌頭就是捲不起來。半年畢業了。後來政府鼓動社會反日文化情緒高，大家公開都不講日語，都改講台語。其實我們的台語也不怎麼流利，後來連台語都不准講，要我們講另一種國語，我們根本不會講中文，大家都變成啞巴了。

當日本語文學家的夢破碎了，就嫁人當一名平凡的家庭主婦吧！沒想到就連乖乖地當啞巴都不行，還有一場大浩劫等著我。「武漢大旅社慘案」竟然發生在我身上。

我在學校很活潑，常編話劇，在全校師生之前，自導自演。戰爭是悲苦的，我就演喜劇打氣。有一場我取名「空想是自由的」，在學校表演很轟動，師生們都笑翻了。從此以後，大家就叫我「阿諾肯」。「阿諾肯」是日本笑匠明星，就像美國卓別林一樣。有藝術系立志當電影導演的男學長，認為我將來可當電影明星，想一想，又說「就是表情還不太夠」。

沒想到我後來居然當了國民黨調查局一手導演的這齣「武漢大旅社慘案」血腥恐怖劇中的悲慘女主角。這齣戲演一輩子還都演不完。

作夢也想不到，生了六個孩子後，竟然還被抓去坐牢。日式教育一就是一，二就是二。

我連殺雞都不敢，受高等教育的我，才三十一歲，竟然因「殺人罪」坐牢五年半。不能怪許多台灣人懷念日本統治，就是當日本的次等公民，也不會這樣沒理由的三更半夜被抓去酷刑，出獄還得揹著殺人罪，打一輩子的官司。眞是無法無天。

我剛出獄時，六個孩子中三個小的，因爲陌生，都躲我躲得遠遠的，讓我很難過。有一次一個念小學的兒子，聽到我講話噗哧的笑出來說：「媽媽！妳國語不標準！」我忍住淚水不讓它流下。我知道不是孩子的錯。他們三歲、五歲時，我就被抓去坐牢，他們不認識我，也不習慣我講話的口音。講台語，他們老師要罰錢。是政府的錯，我和那三個小的無法溝通。五年半，他們失去了家庭教育，我得加緊再教育。

出獄後很長一段時間，我在深夜無法入眠時，眼淚掉了又擦，擦了又流出來。看著入睡的孩子們，我緊咬著牙根一直告訴自己：「我不能倒下去！我不能倒下去！我倒了，這個家又散了。」

我開始摸索著學習認識這一群我親生卻陌生的六個兒女。既然中文不流利，我在家中就乾脆只講台語。他們爸爸不在家，我做主。他們慢慢習慣了，也慢慢都聽懂了。現在我們在家中都講台語，孩子們長大了，出去做生意和人溝通也很方便。

就這樣在監獄外，我又努力的撐了十幾年，到孩子們都成家立業，也大都移居海外。我的艱辛責任大抵完成了。我有六個孩子，十二個孫子，十一個曾孫，該是享清福的時候了。但是還有一件未完成的心願，就是要平反「武漢大旅社冤案」。

三十多年前，我隨我女兒移民美國洛杉磯。我今年八十八歲。我很愛大自然和戶外活動。小時在草山（蔣介石怕人笑「落草為寇」，把它改成陽明山）山腳下的芝山岩，過著快樂的童年，很會爬樹採果子吃。少女時期在學校就是運動健將，我現在還繼續運動，身體還不錯。健康若出了問題，其他都是空談。有健康的身體，才能和社會的不公不義做長期的抗戰。

也祝各位身體健康，事事如意。人生無常，但要永遠保持樂觀進取的人生態度。

楊薰春 2016 年在美國出遊的手機留影。

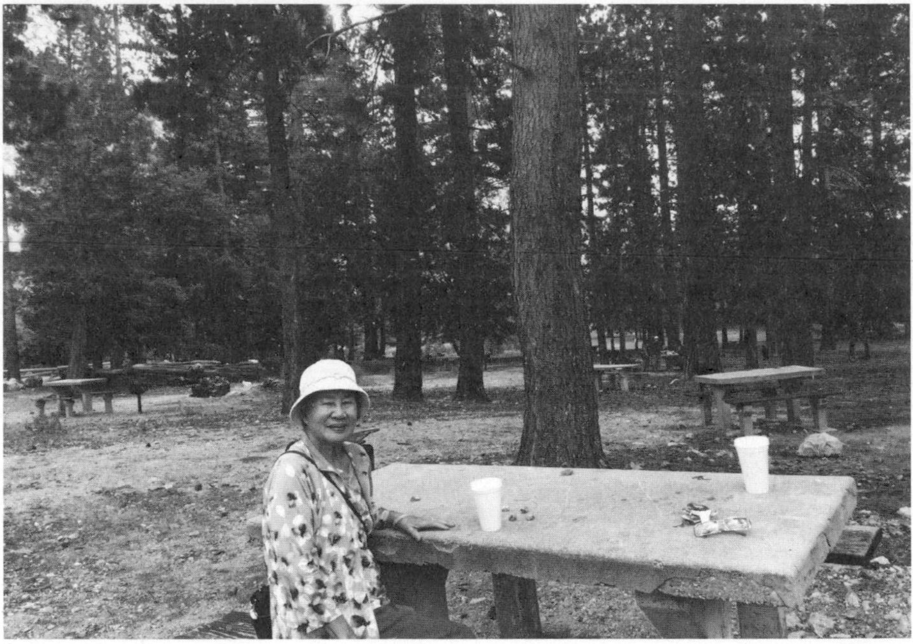
八十八歲的楊薰春依舊健康，喜愛戶外活動。

Royal Huang：

感謝妳！身體顧好，氣長的人才能贏！

詹益錦：

加油！楊阿嬤。不信正義喚不回！

蔡宏明：

楊阿姨的自述文章寫得很詳細生動，如果當年朝演藝界發展，一定很成功。可惜生在亂世，家庭受到政治迫害，人生如戲，竟演了最悲慘的角色，令人欷歔。祈願世界光明和平早臨，也祝福您身體健康，一生有美滿幸福的結局。

Omankao Kao：

只要蔡英文總統能落實轉型正義，這一切終有還原眞相之日，這段歷史子子孫孫都不應忘記！

張森田：

八十八歲高齡還能把自己作這麼詳細的介紹，很不容易喔！謹祝您福壽無疆！

❦ **邱峻翔：**

我今年十八歲，我，知道了。台灣一定要建國，轉型正義要落實！

❦ **Thomas Yang：**

建國不能只是口號，一定要有實際的行動，才有作用！

❦ **周念雲：**

楊阿嬤！辛苦了！希望您的故事能讓台灣人民知道，更期待台灣有司法正義！加油！

❦ **總統府司法改革國是會議：**

謝謝您的來訊，我們已收到您的訊息。目前無法即時回覆，但我們會撥空閱讀，並處理您的訊息。感謝您的支持與指教！

❦ **廖仁毅：**

【外省家庭的白色恐怖】

一早，冒出一個交友邀請，因爲有七十七位共同朋友，不禁好奇來者何人。後來慢慢看她家所受的遭遇，心頭一陣酸。

一九五九年，老蔣爲了整肅正要組黨的雷震，由小蔣領導的特務將一件自殺案改編成謀殺案。楊薰春夫婦被捕時，家中六個小孩，最大十一歲，最小才三歲，頓時成爲流浪街頭的乞兒。

兩蔣以及特務們的心到底是有多狠毒？

這個冤案即使過了五十七年，仍然還沒等到中華民國政府的道歉！

以前有位朋友提到，照顧他九十歲的父親很累，因爲他父親仍然走不出白色恐怖的陰影。我說，那個時代，沒辦法，都過去了，請父親放下吧。說得一派輕鬆，不記前嫌、好清高似的。

沒經過那種酷刑、恐怖，不是當事人沒有資格說原諒。

更可恨的是，這些悲劇，只有受害者，沒有加害者，沒有眞相，老蔣小蔣仍然被當民族救星、親民愛民的神膜拜，惡事幹盡的政黨也仍有五百萬的支持者！台灣如果想像德國一樣，成爲一個偉大的國家，就勇敢面對歷史吧！

德國在一九六三年法蘭克福大審前，社會上普遍也是瀰漫著「現在一片欣欣向榮，納粹已經是過去的事、別再追究、放下吧」的氛圍，可是正因爲這次的審判，才眞正讓德國脫胎換骨！

而台灣在黨國教育以及中國鄉愿的文化薰陶下，國人有種去面對自己的歷史嗎？八十八歲的楊薰春阿嬤仍然在爲她們家的名譽奮鬥，我們應該給她支持！

感恩節感言／楊薰春

美國新移民感謝土著印地安人幫助的火雞感恩節到了。

雖然國家暴力的摧殘，讓我看盡人性的醜陋，讓我一生在司法的噩夢中活著。幾十年來，我內心仍有一份溫暖的感恩名單。我藉著這個大家都忙著烤火雞的日子，公布這一群有正義感人士的善行，也表達我的謝意。

首先，我要感謝我母親柯楊絨女士。她在我們蒙難中，幫我撫養我的兩個女兒，給她們優良的家庭教育，而且教得這麼好，讓她們受用一生。她眞是一位偉大的台灣母親和阿嬤。

再來，我謝謝數十年來，和我們並肩作戰的知名法醫葉昭渠——李昌鈺的老師。葉法醫富貴不能淫、威武不能屈，堅持死者自殺就是自殺，不論調查局怎麼威脅他，要他說死者是被謀殺的，利誘、恐嚇都沒用。最後調查局用貪汙罪讓他官司纏身，打了十年的官司，讓他失業。最後這位台灣法醫界的第一把交椅，被迫移民加拿大，從台灣法醫界「被」消失了。他不屈服惡勢力，就是不屈服，臨死前還常常從加拿大打電話和我聯繫，記掛著案件的平反。高齡九十的葉法醫說，他隨時要出庭作證再作證。他是一位具有「眞正台灣精神」的偉大台灣人。

再來，我謝謝在漫長的白色恐怖時期，不畏調查局淫威，幫我們無償辯護的義務律師：石美瑜律師——戰後中國國民政府「國防部審判戰犯軍事法庭」審判川島芳子的審判長。何祚欽律師——其父是大陸知名的首席檢察長，爲我們打這場「武漢大旅社」官司後，他認爲司法界沒有正義可言，從此以後他不再接刑事案件。莫屏藩律師——警官學校出身，和校長趙龍文（原蔣介石侍衛長）一直爲營救我們而奔波努力。還有後來的台灣人權律師李勝雄，他們都不取分文，數十年來憑著一股正義感爲我們打官司。

再來我要謝謝一群有愛心的老師們。他們在我被關在牢裡的期間，照顧了我的孩子們。福星國小的陳萬得老師和蘇德興老師，在發現我兒子因父母不在，沒人照顧，遊蕩街頭時，把他帶回學校上課，鼓勵他，買便當給他吃，還要全班同學一起愛護他。我兒子的成績，從倒數的名次，進步到前十幾名。後來，也念完大學，有了大學文憑。眷村中山國小的謝國田老師、知名的畫家李錫奇老師，還有校長，都對我的女兒特別照顧，讓她雖然失怙卻不喪志，很有自信，年年都是班上第一名。還有樹林小學兩位不知名的老師，他們到空屋中，救出我那被遺棄在空屋中幾乎餓死的三個孩子。

再來我要謝謝網友們，如鄭邦鎮先生、前衛林文欽先生、陳銘城先生、林心智先生、鄒武鑑先生等，與各位網友對我們的支持。讓我們這本書能再版，能爲台灣留下白色恐怖的歷史眞相。

最後，我要謝謝我六個兒女。幾十年來，他們毫無怨言的陪著我們，度過艱難困苦的日子。他們是我們掙扎地活下去，繼續對不公不義抗爭最大的原動力。

感謝大家，感恩！

附錄

〔附錄一〕

呼冤書

（編按）爲營救被冤判死刑的父親，黃學文的孩子，曾經攔住蔣介石的車隊陳情，也到過許多高官開會的會場，跪求高官申冤。當年陳情時，他們一定遞上一本《呼冤書》。《呼冤書》長達三十六頁，除了陳述特務勒索陷害的經過、調查局刑求逼供實錄，還包括日本專家對巴拉松中毒疑問的學理說明、蕭道應法醫檢驗錯誤、葉昭渠鑑定之依據……等專業證據。這裡摘錄《呼冤書》關於案情的第一頁至第七頁。

爲姚嘉薦內弟吳雪塵（原特務人員）設計構陷，使家父黃學文等無辜蒙冤，遭科死刑，泣請各界主持正義，秉公澈查，以彰法治，而維人權由。

按姚嘉薦君自縊身死，先後迭經檢警機關勘驗現場剖驗遺體，確認自縊而死無訛，此有檢警機關歷次勘驗筆錄可稽。今檢察官與初審法院不察事實，遽以司法行政部調查局辦案人員刑求之所得，而作非法之起訴與判決，乃爲顧全其前途官位所致，置法律尊嚴、正義、公理於不顧，小民等不免有世界末日之感，迫得叩求最高當局以及社會正義人士，勿以先入爲主觀念，賜予同情支持，務求沉冤伸雪，俾維人權，謹就姚嘉薦自縊情形及家父黃學文等被刑求逼供經過泣訴於後：

索引

《呼冤書》目錄索引。

一、家父黃學文於四十八年七月十八日，姚嘉薦自縊於武漢旅社後，即被姚之親屬吳雪塵、陳玉祥以及姚之股東莊立銘、陳宗仁等糾集打手數十人，橫加恐嚇威脅，並乘機勒詐欲退還股金二十餘萬元，（按姚嘉薦、陳宗仁、莊立銘三股合共只有十五萬元）繼則到處散佈謠言，張貼賞格，以圖混淆聽聞，復又無端歪曲事實，利用輿論加以渲染，無非迫使家父不堪其擾，遂其藉死者敲竹槓之卑劣手段。事後經檢警機關數度查驗，確證姚係出於自縊，於無隙可入之際，而吳雪塵等復利用其與調查局關係，勾結辦案人員，於四十八年十二月八日深夜，發動特務人員四、五十人，將家父母等不分皂白，加以銬捕，及至調查局後，即受嚴刑拷打，強迫承認有謀殺姚嘉薦情事，並迫認以前辦理本案之檢察官蔡炳福、法醫葉昭渠，以及警務處督察王厚才、市警局公園路派出所巡官任瑞暨五分局各刑警人員等，均有受賄包庇情事，其嚴刑逼供手段之毒辣達於至極，諸如將衣服脫光，逼跪碎石磚上，用勁不斷鞭打，或將四肢綁於藤椅上，在手腳之十指叉中，插入筆桿竹根緊扣手腳，痛澈肺腑，猶不釋手，以致失卻知覺，儼若死人者幾次，在此幾次中，均由調查局法醫蕭道應注射藥劑，始復甦醒，後又繼續其慘無人道之摧殘，似此不斷刑求之下，達二十天之久，再將全身綁於椅上，用強烈燈光（二百支〔燭〕光電燈數盞）對眼猛射，並任人拳打腳踢等，無所不用其極，其所以如此苛刑者，實因姚嘉薦之內弟吳雪塵，表弟陳玉祥（調查局人員）遂以同事長官關係，勾結辦案人員蓄意陷害，以逞其藉姚嘉薦之死，嫁禍於人，以便勒索所謂一〇四萬元之民事賠償。

二、姚生前雙方股東在互控之先，於一度談判中，家父黃學文，曾於莊立銘（姚方股東之一，係憲兵出身）發生爭執，莊揚言欲打官司，有的是人事，必定勝訴等，由此足證姚嘉薦未死之前，姚方股東莊立銘、陳宗仁等，即已不懷好意，因其有吳雪塵、陳玉祥之輩，爲其背景耳！是故家父等被扣之翌日，莊立銘、陳宗仁等，即公然乘機占取旅社，其膽敢目無法紀，實出自吳雪塵等幕後加以策動，其恃勢勾串，蓄意構陷，事實至爲明顯。

三、陳玉祥（調查局人員）經常接受姚方宴請，其費用之支出，亦列入旅社公費之支付，尚有帳簿爲證，（請調家父黃學文控姚侵占案卷之證物帳簿中查證）當可知言之不謬。

四、既如前述，姚方有吳、陳等任職調查局爲其後盾，因之原承辦本案之檢察官蔡炳福，亦受其左右，突然中止執行職務，而另換唐錦黃檢察官（蓋唐檢察官未曾參與歷次檢驗屍體易於矇騙之故）其中尤以葉法醫，更是橫遭誣蔑，有冤無處申訴，（因為葉昭渠為權威法醫，如不惡意攻訐，恐難遂其陰謀。見《中央日報》四十九年二月五日第四版所載〈葉法醫申明事實真相函〉）當姚子志國返國之日，臺北地檢處，即電話通知葉法醫，準備儀器解剖化驗，及抵殯儀館後，葉法醫詢問死者親屬，對死者生前有何可資參考資料時，即有姚家親屬數人表示不愉快之顏色，在此脅迫之情勢下，逼使葉法醫顧及後來之危險，不得不知難而退。葉法醫在同一聲明中又稱：化驗之事，雖已交調查局，但仍奉命會同解剖化驗，惟內臟等，係由調查局蕭法醫取回，葉法醫未有過問，由此可知調查局辦案人員，如不心存偏頗，何不光明磊落會同葉法醫共同化驗？竟而迴旋曲繞，轉請並非法醫權威之台大農學院農化系教授陳玉麟化驗，倘蕭法醫能不爲環境之牽制，（據悉蕭法醫為自新分子，難免受人左右）當可一秉至公之立場，與葉法醫共同作爲，則事實眞相明白之後，如確屬有毒，家父因而受冤，也所情願，更有如此巧合者，姚屍有毒之化驗，出於姚子志國及其親友後援會共同懸賞十萬元鉅額獎金之後，按姚嘉薦所有財產，估計不到十萬元台幣，但姚之親友吳雪塵等，以家父產業可觀，事成之日，不愁本利無著，故不擇手段，加以陷害。

五、在法院數度公開審問時，家父黃學文、家母楊薰春以及游全球、王藹雲、林祖簪、吳亮等異口同聲，咸指調查局辦案人員非刑拷打，如何強迫自白，如何強迫錄音、復又如何編導做作，而敘述當時刑迫情形，歷歷如繪，此有旁聽群眾與在座各報記者等所共聞，以調查局辦案人員，始終將家父等個別分押提審，而各人供詞，均指前供，出自刑求，自屬千眞萬確之事，該局如此「科學辦案」，能不令人不寒而慄！

六、原審法院審理本案，不察事實眞相，以數條人命，似同兒戲，其草率枉法之處：

1. 姚嘉薦自縊於武漢旅社二一四號房門楣上，經檢警機關連同法醫數度勘驗，認爲自縊無疑，因死者舌頭伸出口外，右鼻孔流出約十餘公分長之鼻涕一條，顏面蒼白，結膜無溢血點，瞳孔放大，係典型自縊現象，此有現場相片爲證。

2. 死者自縊地點武漢旅社二一四號房，係面臨旅社大客廳梯口，經常有數十人出入之要道，且是夜隔壁二一三號與二一五號房均有住客，（有旅客登記單可資查證）再距死者僅二公尺之女服務生房，也有女服務生阿玉、阿珠二人値宿，經結證：「是夜並未聽見任何動靜」在卷，而原審不但不予置理，竟而採信旅社樓下上海浴室工人梁玉心之證言謂：「渠於四十八年七月十八日上午一時許，始行睡覺，睡後不久，在似睡非睡狀態中，曾聞二樓有移動東西之間斷聲音，約三、五分鐘。」按該梁玉心睡覺地點，距死者之房，有二十餘公尺之遠，且又隔一層鋼筋水泥樓層，竟能聽見移動之聲，而近在隔壁之二一三號、二一五號房客及女服務生，卻毫無所聞，豈不大謬，原審竟予採信，審理之草率，由此可見。

3. 姚之屍體，經葉法醫三度檢驗，蕭法醫一度剖驗，均認爲係自殺，（即去年四十八年七月十八日至八月初）而事隔旬餘，姚子志國懸賞十萬元之後，蕭法醫再度檢驗時，突認爲他殺，（因姚嘉薦屍體係由姚嘉薦之家屬保管）在保管期間，注入毒藥或泡浸毒藥，均屬可能，否則何以竟有如此極端矛盾之檢驗結果，原審不深入調查，率爾捨取，顯係受人左右。

4. 調查局提出之檢驗方法與內容顯屬錯誤，茲根據日本熊本大學法醫學權威教授兼醫學部長世良完介先生覆函指出（附原函影本與譯本摘要如下）：

(1)「台大農學院農化系教授陳玉麟所檢查之『巴拉松』報告書，而只施行 PAPER CHROMATOGRAPH〔Paper Chromatography〕法來檢驗時，其結果不能確認。」

(2)「巴拉松之原液，對皮膚之刺激，不會有反應。」而調查局辦案人員，刑求家父口供，曾記載：「陳華洲供給巴拉松農藥時，曾囑此農藥有劇毒，使用時應戴手套，以免觸及皮膚」一節，自屬子虛，此非刑求迫供而何！

(3)「若沒有證明 PARANITROPHENOL〔Para Nitrophenol〕之前，可以說不是『巴拉松』中毒。」

(4)「用巴拉松打針時，在打針處，會剩下很多沒被吸收之巴拉松，用肉眼也能看到。」而葉、蕭二法醫，豈有數度檢驗均看不到之理，此為事後構陷，明顯至極。

(5)世良完介醫學部長又稱：「如經打針後，再假裝自縊，很有疑問，最重要是在檢驗時，其眼瞳之大小如何？假若是巴拉松中毒而死時，瞳孔會極度縮小，又叫縮瞳，若沒有縮小時，要斷定為巴拉松中毒，是有疑問。」按葉、蕭兩法醫，均檢驗死者瞳孔放大，此為不可否認之事實，與注射巴拉松農藥致死瞳孔應極度縮小之學理恰成相反，據此足證姚死，絕非生前中巴拉松毒藥所致，顯係事後陷害，毫無疑義。

5.又日本東京都農林省農藥試驗所，後藤眞康博士也曾覆函指出：「台灣大學農化教授陳玉麟所用 PAPER CHROMATOGRPHY〔Paper Chromatography〕方法檢驗，是一種簡易檢出法而未用標準物質試藥如 P-NITROPHENOL〔p-Nitrophenol〕或 PARATHION 來確定 RF 是不可靠的。」由此可見蕭法醫與陳玉麟所檢驗結果，均有問題，茲將其檢驗錯誤情形分述如下：

(1)檢驗內臟是否含有巴拉松？依據學理，肝及腎須在二十天以內，尿水須在十天以內，腦須在五天以內，逾此期間即不能驗出，心、脾、胰等按現代科學方法甚難驗出，血液內是否有巴拉松？如在流動狀態以外，亦不能驗出，以上學理係依據日本熊本大學法醫學教授，兼法醫學部長世良完介所發表專題論文，於一九五九年獲得日本醫學界最高獎譽，而蕭法醫及陳玉麟教授化驗巴拉松之時間，遠在有效化驗期間以外，（按陳玉麟教授檢驗時間第一次係四十八年九月二十三日，第二次係十月二日）

距死亡時間逾七十餘天，死者腦已溶化，血液已凝固，依學理絕無可能驗出巴拉松，何以蕭法醫能於肝、脾、腎、腦、尿水、血液等，均能驗出巴拉松，究竟蕭法醫有何學理根據？

(2) 蕭法醫檢驗鑑定書中，曾謂：「將姚屍僅有48 c.c. 之胃及十二指腸液，已合併做毒物系統化驗後，已無餘液。」而該鑑定書中，於檢查巴拉松項內，又謂：「姚屍之胃及十二指腸液內，並未發現有巴拉松反應。」不知如此檢驗所需之胃與十二指腸液，從何而來？豈不有兩具屍體之胃與十二指腸，其檢驗之矛盾由此可見。（見蕭法醫之檢驗鑑定書）

(3) 依據日本上野博士所著，《新法醫學》三二九頁中述：「巴拉松之致死量爲十五 mg/kg（編按：體重每公斤需十五毫克之巴拉松），但其量少時，則不能中毒。」而蕭法醫在法院作證時，曾謂：「渠認定姚嘉薦中巴拉松毒之致死量，係憑其個人估計，認爲共注三針，每針二 c.c. 計算，共注入六 c.c.，故可致命。」等語，而蕭法醫並未作定量試驗，何以能知注有六 c.c. 巴拉松，除非係蕭法醫所爲，否則絕無不驗而知之理。

(4) 蕭法醫對姚屍左上腹部皮膚變化，認係生前注射巴拉松所致，殊屬錯誤，依據《日本法醫學雜誌》十卷三號一九二頁述及，「巴拉松之接續性與滲透性強，故在皮膚不能留有任何變化。」因之姚屍左上腹部之水泡及脂肪層之溶解，絕非因注射巴拉松作用所致者，人死後屍體腐敗時血清滲出於表皮與眞皮之間，會發現所謂腐敗水泡。（見小楠著，《法醫學》，二九二頁。如附錄〔二十〕）此水泡由輕力擦過等容易破裂而露出赤褐色之眞表皮，（見上野著，《新法醫學》，二九頁，如附錄第〔二一〕）且於姚屍背部亦有同樣之表皮剝脫現象存在，如認爲姚屍左上腹之三個水泡，係被注射三針巴拉松。而姚屍背部及肩胛間一帶，均有同樣水泡破裂後之表皮剝脫現象，是否亦可認爲係注射若干針巴拉松所致？由此可見蕭法醫所作檢驗鑑定，完全無學理依據，僅憑個人臆斷，顯屬錯誤。

(5)依據日本上野博士所著（《新法醫學》，三二九頁及《日本法醫雜誌》，八卷三號，一八九頁。如附錄第〔十二〕、〔十三〕），如巴拉松中毒，死後在口內或周圍可發現泡沫液、嘔吐物、顏面附著眼淚、唾液、肛門應附有下痢便等現象，然姚屍並無此種現象，且內衣褲穿著均甚整潔，亦無附著巴拉松、下痢便等跡象，與巴拉松中毒應有現象完全不符，足證姚嘉薦係自縊而死毫無疑問。

(6)陳玉麟教授之 Diazo 法呈色反應中記載，除腦汁呈陽性反應外，其他內臟則均呈陰性反應。依儲藏時間判斷，腦早已腐敗，如有陽性反應則尚未腐敗之腎，當更有陽性反應，其化驗結果，應有陽性反應者，反呈陰性反應，其應呈陰性反應者，卻反呈陽性反應，陳教授之檢驗是否正確？由此可見。（見附〈陳玉麟報告書〉）

(7)陳教授檢驗報告書中記載：「四十八年九月二十三日第一次檢驗時，腦汁有巴拉松反應。」但第二次於四十八年十月二日再度檢驗時記載「無巴拉松反應」，又第一次檢驗腎臟時記載爲「不能確定有無巴拉松」，而第二次檢驗腎臟時，又稱「有巴拉松反應」，按陳教授以上二次檢驗均用 Paper Chromatography 法，何以先後檢驗結果各不相同？（由此足證日本醫學部長世良完介與後藤真康博士指述陳教授僅用 Paper Chromatography 法檢驗是不能確認之學理是完全正確）。

(8)陳玉麟教授之檢驗係於四十八年九月十九日奉台大農學院交辦有關有機磷檢驗試料，（1.腦汁 2.脾臟 3.腎臟）該報告書中並未記載係姚屍之內臟，亦無記載內臟之數量（按陳教授曾作 Indophenol 法與 Diazo 法 Paper Chromatography 法等四次檢驗，究有多少內臟供其化驗並無註明）其檢驗結果前後又相互矛盾，應請陳玉麟教授說明檢驗經過以明眞相。

6.誣指家父黃學文、家母楊薰春僞造私文書部分：

(1)地方法院審理時，遭庭長出示所謂：「僞造合約」照片，亦即所謂：「姚嘉薦生前庭證家父黃學文僞造之私文書，而足使家父不利，甚至於身敗名裂，而萌殺姚之念者。」家父經當庭否認有僞造合約一事，事因武漢旅社租賃期間問題，與台產公司董事長陳華洲曾發生訟爭，惟台產公司因負債纍纍，其產業業經地院四十七年度民執字三〇五〇號查封拍賣，於四十八年初，由林信子向法院民事執行處標購，故雙方訟爭之標的已失時效（按台產公司房產已拍賣，台產公司亦已解散），所有與台產公司訂立之合約，亦已不發生效力，家父豈有僞造毫無作用之合約，實悖常理，且該照片尾端，僅蓋有姚嘉薦之私章而無陳華洲及家父黃學文等簽章，顯係姚方蓄意構陷，當時庭長與檢察官相互審視該照片後，均無言以對，之後庭長勉強以該照片「大部分是對的」爲詞，加以搪塞，旁聽群眾莫不譁然，如此審理，豈非兒戲，理應徹查該照片之來源，究係誰人攝呈之僞證。

(2)承辦本案之調查局人員及檢察官，在調查局偵查中，及至地方法院審理時，從未提及家父黃學文、家母楊薰春有私刻姚嘉薦印章之事，而原審判決書上，竟有「僞造姚嘉薦印章一顆應沒收」一語，究竟該印章從何而來？爲何人？何時？何地所刻？原審對此重要關鍵，竟不追查，顯屬偏頗，原判何能令人折服。

(3)家母楊薰春雖曾與姚嘉薦草擬合營武漢旅社之合約，旋因姚嘉薦資金不足，事後再邀莊立銘、陳宗仁等加入合夥，而原擬與姚合營合約因未成立，故未蓋有姚嘉薦之印章，此有家母楊薰春聘任之律師林伯鑑數度供證在卷，足證姚方指控家父母等「僞造私文書」一節，純屬無稽。

7.原審判決書上指：「黃學文於去（四十八）年七月十六日十一時，召集帳房林祖簪等到三樓私人住室，告以欲加殺害姚嘉薦之意」，查去（四十八）年七月十六日，適颱風襲境，林祖簪家住永和鎮，因地勢較低，恐被大水浸沒，是日林祖簪整日在家防範颱風，根本未來旅社，其鄰居可資佐證且是日因大雨滂沱，家父曾於上述時間赴東園街工廠巡視建築材料，之後復赴利華影業社接洽商務，此有工廠工頭、地主及影業社職員等多人可證。所謂是日上午十一時在三樓集議一事，純屬無稽，原審枉法妄斷，了無疑義。

8.調查局辦案人員所謂：「在永和鎮林祖簪住宅旁乾糞池中挖出針管」一節，完全虛構，按本四十九年元月五日下午調查局辦案人員，押解林祖簪前往永和鎮住宅後乾糞池土內挖掘，事先周圍由調查局人員秘密佈置，禁止路人觀看，強令林祖簪指認係埋藏該地，而後挖掘數小時，毫無所獲，復將林祖簪押返調查局，未幾乃稱，業已將針管挖出，再將林祖簪由調查局押解前往，迫林承認該針管即係用以殺姚者，並強迫林在當場拿著針管任其拍攝現場照片，此爲林在原審一再陳述可稽，所謂當場挖出針管之事，顯係有計劃之栽贓無疑，其理由茲述如下：

(1)按姚係於四十八年七月十八日自縊，若說係打針致死，而針管等即爲殺人使用之物，自應迅爲消滅，何致放在旅社內達五、六天之久（據調查局偵查筆錄中記載為七月廿三、四日），始將針管埋藏？

(2)注射針管等，爲玻璃質製，均爲極小物件，或丟於垃圾箱，或予以擊碎，或棄於糞池，或置於灶爐焚燬均可，何需由旅社攜至臺北縣永和鎮加以深埋之理，況北市至永和鎮，須經中正大橋，如林欲湮滅證據，路經該大橋時，將針管等拋棄橋下，豈不乾淨了事，基此，其栽贓手段，固屬毒辣，而其違悖常理之構陷也夠幼稚。

(3)調查局辦案人員，於所謂挖得針管後，將針管拿至與林祖簪毗鄰住戶吳財發家，令吳財發承認當場目睹在該糞池挖出之供述，原審傳證吳財發時，吳否認有看到挖出該針管，並稱當時調查局人員不准路人行近觀看，惟事後由調查局人員將針管拿到吳家，吳始見到該針管等語，此爲百餘旁聽群眾所共聞，試問調查局辦案人員，爲何要硬令吳財發簽目睹挖出之記錄，無非想藉此矇騙世人耳！

(4)又調查局辦案人員，刑逼林祖簪供述針管、手套之埋於永和鎮住宅後，何以挖掘時，僅有針管，而無手套？蓋因手套埋土數月，勢必腐壞，若以新手套栽贓，誠恐露出破綻，故僞稱手套業已被大水沖流，加以掩飾，事實上針管爲眞空玻璃管，較易漂流而未漂流，豈有僅沖流易於沉土之鋼質針頭與手套數付，致一隻不留之理，況深埋土下，何能流失？其欺人自欺，事實俱在。

9. 原判指稱：「游全球、王藹雲、林祖簪、吳亮等與黃學文關係深厚」一節，亦屬荒謬，游全球與家父僅係同鄉，林祖簪爲登報所招僱，而吳亮卻係姚嘉薦所僱用者，與家父漠不相關，再王藹雲平素跟家父感情不睦，旅社鄰居多知此事，豈有無故糾同彼等，公然在公共場所殺人，而不慮及他日彼等予取予求，後患無窮，家父至愚，亦不至如此作爲。

10. 家父如要殺姚，既有五、六人之眾，任何方法均可置姚於死地，何須索取農藥，再購手套，復討針管，又買繩索，故授柄於多人，然後將姚殺害僞裝自縊之理？況又何須將姚殺死於自行經營之旅社內，豈能令人置信？

11. 原判指：「僞裝自縊之繩索，係林祖簪向本市城中市場光山行所購。」業經該行女老板林陳卻於原審當庭結證稱：「渠從未見過林祖簪其人」，據此，林祖簪自無向該行購買繩索之事，至爲明顯，何以原審竟不詳察，遽爾處斷，草菅人命，莫此爲甚。

12. 按姚嘉薦死亡之當日（即四十八年七月十八日上午一—三時），查斯時有武漢旅社三樓房客朱或文，因患氣喘病，難以安寢，在三樓客廳靜坐至三時許，始返房睡覺，若按調查局辦案人員以家父等於是夜走動於二、三樓之間實施殺姚，豈有不爲朱某所見之理。

13. 調查局辦案人員迫使家父供稱：「注射之針管，係三樓房客洪玉樹所供給。」查洪玉樹爲一貿易商人，係暫時居留武漢旅社三樓，又非醫生，何來注射針管供人使用，顯係辦案人員之刑求，何能採信。

14. 姚嘉薦自縊是夜，其住房後窗布簾尚高懸未放（按當時七月天熱之故，此有現場照片為證），而對鄰爲四層高樓，憑眺姚房，一目了然，似此環境，豈能公然殺人，卻毫無忌憚之理。

綜上論結，家父等無辜蒙冤，至爲明顯，伏思家父黃學文，出身於反共之家，三伯父蓮采，任陸軍軍官，從事江西剿共，不幸陣亡（入祀忠烈祠），遺子黃衍燈，亦繼承父志，現服役金門，四伯父萇采，於廿三年在家鄉抗共時，慘遭殺害，姑丈郭栢生之父郭鳳鳴，字岐山，任閩贛剿匪獨立第五師中將師長，亦相繼殉職（入祀忠烈祠），二伯父芸采、姑丈郭栢生、蔡步朝暨堂兄衍藩（大伯父之子），均出身軍校，爲反共鬥士，於三十八年抗共先後被捕，不幸全遭殺害。家母之父柯文質（外祖父），一生以光復臺灣復興祖國爲職志，當留學東瀛時，即密集抗日台胞，組織臺灣啓蒙會，回臺後，參與蔣渭水等發起組織臺灣文化協會、臺灣民眾黨等，從事維護祖國文化及反抗日人統治工作。迨抗戰軍興，更秘密內渡投歸祖國，擔任軍事委員會軍統局華南、臺灣等站地下工作，不幸於卅三年九月廿五日在汕頭殉職（蒙總統頒有旌忠狀），小民等非但世代書香，更爲抗日反共世家，況家父學文，亦曾獻身黨國十有餘載，今竟無故冤以殺人罪名，個人犧牲事小，政府尊嚴何在？伏念小民等均屬童年，而長輩爲國捐軀殆盡，父母無故又遭冤押，今後將賴何以爲生！迫得泣血叩陳，敬請司法當局本大無畏精神，秉公審理，期免冤屈無辜，藉彰憲法保障人權之至意，國家幸甚！小民幸甚！

謹呈

鈞鑒

呼冤人　黃學文　楊薰春

子女　黃東藩　黃屏藩　黃嫚娜　黃秀華　黃來藩　黃國藩

同泣告

〔附錄二〕

百年罕見大謀殺案　偵破經過曲折離奇

（編按）一宗自殺命案，調查局介入後變成謀財害命，引起台灣社會的議論。蔣介石親自下令「嚴辦以慰僑情」，調查局「偵破」後，到立法院「宣揚」特務「科學辦案」的功績。一九六〇年三月十五日《聯合報》還配合，大肆宣傳。諷刺的是，特務將刑求、誣攀，講成「平反」，而「平反專案」負責人范子文，後來也因調查局內部派系鬥爭，和他妻子滿素玉雙雙下獄。凡走過必留下痕跡，從這篇剪報可以鉤沉出特務炮製「武漢大旅社冤獄案」的蛛絲馬跡。

【本報訊】因連續破獲重大刑案而受各方推重的司法行政部調查局，昨日上午應立法院僑政委員會之邀，列席該會報告姚嘉荐（薦）的偵破經過。立委林競忠、戰慶輝、鄒志奮、黃哲眞等人於聽取報告後，曾要求該局播放黃學文與警察人員及法醫等人勾結行賄掩飾罪證的供詞錄音，並主張澈底查究責任，依法嚴辦。該局張局長答復說：「關於這一部分，目前尚在繼續偵查中，不便在公開場合報告，如各委員認為有此必要，調查局可另外向立法院作詳細報告。」立院僑政委員會乃決定會同內政委員會另行定期舉行秘密聯席會議，分別邀請調查局，內政部及台灣省警務處作詳細說明。

百年罕見大謀殺案

偵破經過曲折離奇

司法調查局報告姚嘉薦案

勾結行賄部份尚偵查中

台北地院刑庭

明日再開庭

《聯合報》1960 年 3 月 15 日的報導。

調查局在報告中，曾透露姚案涉及政治問題。據林祖簪在錄音中供稱：黃學文主謀殺害歸國華僑姚嘉荐（薦）的動機，除爲財產糾紛及陰謀爭奪台產大樓產權外，並有爲匪作倀，從事海外統戰工作的企圖，目的在將姚嘉荐（薦）殺死後，造成華僑對政府的不滿。至於黃學文與法醫及警察人員的勾結行賄情事，調查局於質詢中未作正面答覆，僅暗示該案的偵察工作，已接近成熟階段。

調查局在立院報告案情時，曾在會場張貼有關圖片及照片多幀，並當場播放錄音及彩色幻燈。張局長說：一般社會案件，原不在調查局的工作範圍以內，此次偵辦姚案，係奉　總統命令承辦。調查局於偵辦此一國內外重視的重大刑案，係根據四項基本原則進行：一、一切遵循合法途徑；二、事事求眞求實；三、採證力求愼重；四、毋枉毋縱，善惡分明。

調查局副處長范子文報告姚案偵查經過時表示：姚案是一百年來最爲可怕最爲周密的一件謀殺案，亦是一次空前激烈的善惡之戰。因本案直接影響政府威信，法律尊嚴，以及僑胞對於政府的觀感，故該局於奉命偵辦該案後，即以戒愼戒懼的心情全力以赴，遴選幹員組織「平反」專案小組。姚嘉荐（薦）於去年七月十八日被害，調查局係於七月卅一日奉檢察官之命解剖屍體，十月廿四日奉命接辦該案，因時間相隔過久，困難重重，但經全體辦案人員之激勵奮發，卒底於成。

據平反專案負責人范子文說：調查局於接辦該案後，第一個困難是要平反外間對於姚嘉荐（薦）所作的自殺之認定。姚嘉荐（薦）腹部所呈現之紅斑，並非姚屍送至該局解剖時所發現，而是在此之前，姚嘉荐（薦）的屍體，尚在台北殯儀館冰藏時即被家屬指出，但警方法醫堅指該項紅斑爲屍斑。經調查局法醫進行頸部、胸部、腹部、頭腔部剖驗檢查後，發現死者腦部有大量溢血，頸部胸部均有不正常之瘀血痕跡。腹部紅斑經切片化驗後發現針眼，其皮下脂肪亦呈乳白色，經進一步委託台大農學院等機構作權威性之鑑定，始驗明姚嘉荐（薦）之死係他爲者，其死因爲生前遭受窒息，並注射毒性猛烈的殺虫農藥巴拉松致死。

范子文說：姚案之偵查工作，約可分爲四個階段，第一階段（八月十日至九月二十日）確定姚之死因，發掘現場痕跡，作爲追尋之根據。第二階段（九月二十日至十月十五日）發掘本案之主兇與共犯，對若干可疑分子佈置內線，進行跟蹤。第三階段（十月十六日至十一月二十五日）運用關係打入疑兇集團，化裝身份直接晤談，相機進行心理測驗，配合秘密錄音，反覆參證，瞭解案情。第四階段（十一月廿七日至十二月八日）對各疑犯進行全面跟蹤監視，並指派幹員化裝住入武漢旅社，進行偵查監守。據范副處長說：各疑犯均極狡滑，同時又均具有高度警覺，隨時逃避偵查人員的注意，並利用他們所知道的偵查技術，經常對辦案人員反偵查，但這些困難均被辦案人員以高度機智克服，而於去年十二月八日將黃學文等人逮捕。

據范副處長說：在偵訊期中，沒有一個疑犯的口供是出於刑求，林祖簪坦白供認的日期是被捕後十二天，但黃學文則遲至於被捕後廿九天始全部供認，其他各疑犯的供認日期，均不一致，如果是出之於刑求，各疑犯的供認日期，當不至於相差如此之遠。

范副處長說：黃學文起先不肯供認，辦案人員乃對其實施心理戰術個別談話，當談到風花雪月賭博女人時，黃學文娓娓道來，有說有笑，但一提及七月十六日他到那裏去了，話題觸及命案本身，他即以心臟病發爲詞，拒絕與辦案人員談話。一直到被捕後的第十二天，專案小組出動一位能說福州話的辦案人員去和他瞎聊時，才由他的口中獲得一部分偵查線索，而查出陳華洲與本案有關。王藹雲於被捕後，辦案人員以爲他是最弱的一環，但卻費盡口舌，毫無所獲，一直到報紙發出黃學文供認案情的消息後（其實此時黃學文尚未供認），王藹雲看到報紙，始拍桌大罵，將全案和盤托出。陳華洲於被捕後，雖然坦承巴拉松是他供給黃學文的，但卻推說他所供給的巴拉松，其濃度不足以致人於死，辦案人員囑其具結試驗，始說出該項毒藥劇烈無比，吃醉了酒的人，只要將巴拉松拿到鼻子前略爲一聞，十餘分鐘後，即可致人於死。各疑犯的口供，均經在此種情形下逐步求得，他們在法庭上說是出於刑求，那是不憑良心的話。（據說：他們的翻供內容，是在未被逮捕前商量好的，串供的地點是在本市金城飯店。）

據范副處長表示：姚案在調查局而言，已盡其一切可能，以精密客觀的方式做到了毋枉毋縱的地步。這件重大刑案，調查局共出動幹員一百四十八人，歷時一百七十六天，全案始告結束。

（編按：本文原載一九六〇年三月十五日《聯合報》）

〔附錄三〕

武漢大旅社案審理推事名錄

（編按）「武漢大旅社冤獄案」從起訴到定讞，黃學文等一再上訴，始終誤判，得不到平反。難道經手審理的推事、法官都欠缺法律素養嗎？他們眞正的欠缺的是「道德」和「擔當」。

這案子從起訴到定讞，前後共十六年又九個多月，經一、二、三審，最高法院九次發回更審，參與審理的推事，多達七十多人，可查出的，列表如下：

年月日	字號	推檢人員姓名職稱	審別	刑度
四九、二、六	四九起六四一	唐錦黃（檢）	偵查	
四九、三、二四	四九刑判一九七六	曹德成（推）	一審	黃、林、王、游死刑，陳、吳無期徒刑，楊十五年。
四九、九、六	四九判三九一	陳思永（審判長） 陳鐘（推） 蔣伯邢（推） 張美明（檢）	二審	維持原判

年月日	字號	推檢人員姓名職稱	審別	刑度
缺	缺	缺	三審	原判撤銷，發回更審。
五一、九、七	五〇更一三七一 五一判五四九六	汪輔（長） 梁冠臣（推） 林宗肯（推）	更一	黃死刑，林、王、游、陳無期徒刑，吳十五年，楊十年。
五二、四、一一	五二臺上六八五	陳綱（長） 李百鈞（推） 葉樹瑛（推） 廖源泉（推） 吳昌麟（推）	更一上	發回更審
五二、一〇、一八	五二上更（二）一九九 五二判五〇一五	石明江（長） 胡遲（推） 王迺俊（長）	更二	維持前判
五三、三、二六	五三臺上六八五	陳綱（長） 葉樹瑛（推） 廖源泉（推） 吳昌麟（推） 楊守成（推）	更二上	發回更審
五三、九、一一	五三上更（三）一二八 五三判四六二〇	陳奉謙（長） 羅仁賢（推） 張承韜（推）	更三	維持前判

年月日	字號	推檢人員姓名職稱	審別	刑度
五三、一二、二九	五三臺上三一一二	李百鈞（長） 夏華夏（推） 汪輔（長） 楊守成（推） 楊大器（推）	更三上	發回更審
五四、一二、一八	五四上更（四）五四 五四判六四八〇	陳思永（長） 王明焱（推） 黎志強（推）	更四	黃死刑，林、王、游無期徒刑，吳十二年，楊七年半。
缺	缺	缺	更四上	發回更審
五七、九、三	五五上更四四五 五七判四六三〇	周宗頤（長） 王炳輝（推） 劉鴻儒（推）	更五	維持前判
缺	缺	缺	更五上	發回更審
五九、三、二七	五八上更二八四 五九判一五七八	呂有文（長） 黃雅卿（推） 潘天壽（推）	更六	維持前判
五九、八、二七	五九臺上二六七七	廖源泉（長） 汪輔（推） 吳運祥（推） 黃叔琚（推） 夏華夏（推）	更六上	發回更審

年月日	字號	推檢人員姓名職稱	審別	刑度
六二、一二、二七	五九上更（七）四二六	劉日安（長） 呂一鳴（推） 王興仁（推）	更七	林、王、游十五年，吳七年，楊三年。
六三、四、九	六三臺上一一二四	吳運祥（長） 張承韜（推） 鄭健才（推） 張祥麟（推） 孫繼敏（推）	更七上	發回更審
六四、三、一二	六三重上更（八）一五	董國銓（長） 金經昌（推） 楊力行（推）	更八	林、王、游無期徒刑，吳七年，楊三年。
六四、七、三〇	六四臺上二二六八	霍維四（長） 李在琦（推） 何芳龗（推） 王甲乙（推） 孫繼敏（推）	更八上	發回更審
六五、九、一四	缺	劉日安（長） 張信雄（推） 王剛（推）	更九	林、王、游十五年，吳七年，楊三年。
六五、一一、一三	六五臺上三七一六	吳運祥（長） 張承韜（推） 鄭健才（推） 張祥麟（推） 陳煥生（推）	更九上	維持原判、確定。

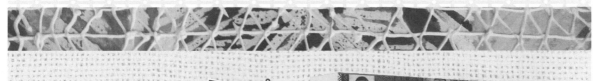

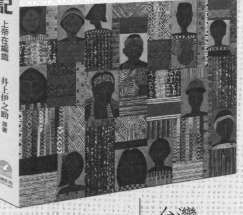

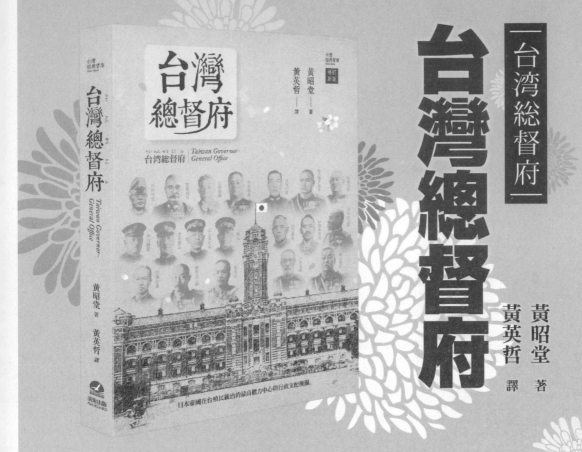

甘爲霖牧師原著
素描福爾摩沙
Eslite Recommends
誠品選書
2009.OCT
二〇〇九・十月
Wm Campbell
一位與馬偕齊名的宣教英雄，
一個卸下尊貴蘇格蘭人和「白領教士」身分的「紅毛番」，
一本近身接觸的台灣漢人社會和內山原民地界的真實紀事……
譯自《Sketches From Formosa》(1915)
原來古早台灣是這款形！
百餘幀台灣老照片
帶你貼近歷史、回味歷史、感覺歷史……
前衛出版
VANGUARD
誠品書店

國家圖書館出版品預行編目資料

一九五九武漢大旅社 / 黃秀華等著. -- 二版. -- 臺北市：前衛, 2017.04
416面：17×23公分
ISBN 978-957-801-816-7（平裝）

1.白色恐怖 2.政治迫害 3.臺灣傳記

733.2931 106003695

一九五九武漢大旅社

編 著 者 黃秀華
文稿提供 黃學文、楊薰春、黃怡、李進勇、張平宜
編輯協力 蔡宏明
責任編輯 林雅雯
美術編輯 Nico
出 版 者 前衛出版社
10468 台北市中山區農安街 153 號 4 樓之 3
Tel：02-2586-5708 Fax：02-2586-3758
郵撥帳號：05625551
e-mail：a4791 @ ms15.hinet.net
http://www.avanguard.com.tw
出版總監 林文欽
法律顧問 南國春秋法律事務所
出版日期 2017 年 4 月二版一刷

總 經 銷 紅螞蟻圖書有限公司
台北市內湖舊宗路二段 121 巷 19 號
Tel：02-2795-3656 Fax：02-2795-4100

定 價 新台幣 450 元

Printed in Taiwan ISBN 978-957-801-816-7